中共黑龙江省委党校（黑龙江省行政学院）学术著作出版资助项目（DXCB2304）

黑龙江省哲学社会科学研究规划项目"数字化赋能黑龙江省制造业绿色转型的机制与对策研究"（22JYC326）

全国党校（行政学院）系统重点调研课题"高质量发展视域下数字技术赋能黑龙江省制造企业绿色转型的机制与对策研究"（2023DXXTZDDYKT026）

买方市场势力
对供应商影响的实证研究

丁正良 著

中国社会科学出版社

图书在版编目（CIP）数据

买方市场势力对供应商影响的实证研究 / 丁正良著.
北京：中国社会科学出版社，2024. 6. -- ISBN 978-7
-5227-4237-3

Ⅰ. F123

中国国家版本馆 CIP 数据核字第 20249LA119 号

出 版 人 赵剑英
责任编辑 田　文
责任校对 张爱华
责任印制 张雪娇

出　　版 中国社会科学出版社
社　　址 北京鼓楼西大街甲 158 号
邮　　编 100720
网　　址 http://www.csspw.cn
发 行 部 010-84083685
门 市 部 010-84029450
经　　销 新华书店及其他书店

印刷装订 北京君升印刷有限公司
版　　次 2024 年 6 月第 1 版
印　　次 2024 年 6 月第 1 次印刷

开　　本 710×1000　1/16
印　　张 19
插　　页 2
字　　数 302 千字
定　　价 118.00 元

前　　言

　　买方市场势力理论是近年来产业组织理论研究的重要问题之一。买方市场势力指产业链下游市场主体拥有的市场势力，传统理论一般认为产业链中供应商居于主导地位，买方所拥有的市场势力能够起到对供应商势力的抗衡作用，这种买方市场势力实际上是买方抗衡势力。近些年，另外一种形式的买方市场势力引起了学术界和反垄断部门的关注，如零售产业中大型零售商相对于上游制造商的势力，医药产业中医疗机构相对于上游制药企业的买方市场势力，这些产业中的买方市场势力在产业链中拥有绝对的主导权，引发了一系列的产业矛盾和经济问题，激发了学术界对买方市场势力的研究兴趣。当下游的市场势力在产业链中占主导地位，而不仅仅是起到抗衡作用的情形下，其市场势力如何影响上游企业决策，会对上游企业造成怎样的影响？这些影响背后的机理是什么？反垄断部门是否应该对其进行规制？如何规制？这些问题都是值得仔细探讨的理论和现实问题，也是目前学术界关注的重点。

　　本书根据产业组织理论的基本逻辑，扎根于现实产业环境，实证考察了不同市场环境下买方市场势力的经济效应，探讨买方市场势力与市场环境之间的相互关系，揭示了买方市场势力的作用机理。本书是对不同产业环境下买方市场势力经济效应的基本描述，是买方抗衡势力研究的延续，属于产业组织理论的研究范畴。本书结果是对现有买方市场势力理论和纵向关系理论的有益拓展，能够丰富产业组织理论及买方市场势力理论的研究成果，同时也为企业战略规划及规制政策出台提供一定的理论参考。

　　本书选择制药行业作为研究对象，由于中国独特的医药制度，制药行业面临着比一般市场更苛刻的买方条件和更大的买方市场势力，是买方市场势力突出的典型行业。由于制药企业面对着强大的买方市场，其企业决策不仅受自身产业特征的影响，还受到来自下游买方市场势力的影响。在传统的结构—行为—绩效（SCP）分析框架的基础上，对产业链的层级进行了扩展，将纵向势力特征纳入对制药企业决策行为以及利润影响的分析中，基于2014—2018年中国上市制药企业层面数据集，依托面板数据模型、面板Tobit模型和面板负二项模型，考察买方市场势力对制药企业利润、工艺创新和产品创新、产品差异化和资产专用性的影响。

具体来说，本书主要研究以下内容：

第一，对买方市场势力的定义、内涵及来源进行研究；系统梳理关于买方市场势力效应的已有研究成果，对国内外已有研究成果进行评述，明确其局限性及拓展方向，提炼出本书的研究问题，从而奠定整体研究框架。

第二，基于中国上市制药企业数据，按照产品类别、所处地域、所有权性质和规模将样本进行分组，实证研究了买方市场势力对制药企业利润的影响，以及不同类别制药企业抗衡势力与买方市场势力交互作用的背后机制。结果表明，当制药企业的市场势力较弱时，不能依靠横向市场势力抗衡来自下游买方市场势力，买方市场势力会对制药企业的利润产生显著的负向影响；如果制药企业的市场势力较强，其抗衡势力能够改善买方市场势力对自身利润的负向影响，买方市场势力不会对制药企业的利润产生明显影响。

第三，在对总体样本分组的基础上，加入制药企业创新能力分组，分析买方市场势力对制药企业创新行为的影响。结果表明，买方市场势力抑制制药企业创新能力的提升，不利于其创新活动的开展。制药企业拥有抗衡势力时，可以削弱买方市场势力的负效应，增强自身创新能力。若制药企业抗衡势力较弱，企业横向市场地位难以发挥正向调节作用，买方市场势力的创新抑制效应仍占主导地位。

第四，在分组基础上，考察了买方市场势力对制药企业产品差异化的影响。产品差异化与创新相关联，与买方市场势力对制药企业创新行为的影响构成递进关系。研究表明，买方市场势力降低制药企业差异化产品的生产能力，其产品差异化水平与横向市场企业特征有密切关系。若制药企业的市场势力较强，其抗衡势力能够削弱买方市场势力对产品差异化的负面影响，提升自身产品差异化水平。

第五，仍基于分组思路，考察了买方市场势力对制药企业资产专用性的影响，专用性资产投资也与新药品的开发能力相关联。研究结果表明，下游客户的市场势力与供应商的资产专用性水平负相关，买方市场势力会降低制药企业的专用性资产投资。当制药企业依靠横向市场特征形成抗衡势力时，能够对买方市场势力的抑制效应起到制约作用，增加专用性资产投资。

第六，本书的实证研究结果证实了部分学者对买方市场势力效应的结论，表明买方市场势力对供应商的影响是不利的。本书提出了上游产业抗衡势力新的来源渠道，能够从产业组织层面为企业行为和绩效的解释提供理论依据。把下游产业的买方市场势力和上游产业的横向市场企业特征联系起来，展现了纵向关系中买卖双方的作用方式，以及产业组织中不同层级产业交互作用的背后机制，能够体现卖方抗衡势力所发挥的重要调节和制约作用，拓展了纵向关系研究方法。

目　　录

第一章
绪　论

一　研究背景

买方市场势力指市场交易中买方所拥有的市场势力。Galbraith（1952）首次把买方市场势力表述为买方拥有且能够抗衡制造商的市场势力，其认为当卖方在产业链中居于主导地位时，能够依托抗衡势力将成本节约向消费者传递，最终降低产品价格并提高消费者福利。Galbraith（1952）对买方抗衡势力的出现及效应予以肯定。

在以往对买方抗衡势力的研究中，隐含的产业链背景是买方市场势力相对较小，卖方势力占据主导地位，所以称其为"买方抗衡势力"。近年来，随着大型零售商的崛起，买方市场集中度不断提高，来自买方的市场势力逐渐增强，买卖双方在市场交易中的地位发生了转变。那么当下游的市场势力在产业链中占主导地位，而不仅仅是起到抗衡作用的情形下，其市场势力会对上游企业造成怎样的影响？理论上，在下游主导的产业链情形下，买方市场势力的作用可能与抗衡势力的作用一致，但也可能不相同，因为买卖双方势力对比发生了转变，买方市场势力已然成为一种新的势力。本书着重探讨买方市场势力的经济效应，是抗衡势力研究的延续和有益拓展，可以丰富产业组织理论及验证抗衡势力作用的各种效应和机理。

（一）现实背景

本书选择制药行业作为研究对象，以上市制药企业为样本展开研究。

由于中国独特的医药制度，制药行业面临着比一般市场更苛刻的买方条件和更大的买方市场势力。根据利益相关者理论，客户是企业重要的非财务利益相关者，目前我国经济面临严重产能过剩，竞争日益加剧，客户已然成为企业重要的战略资源。制药企业的客户包括以中间投入品为原料的下游制药企业、医药公司、零售药店（独立药店、连锁药店、多种经营的药店和食品连锁店）和医院。其中，最重要的下游客户为从中央到地方、由不同层级卫生部门管理且规模差异的医院，按所有权可分为公立医院、民营医院和集体办医院等；按等级可分为一级医院、二级医院和三级医院；按管理类别可分为营利性和非营利性医院；按机构类别可分为综合医院、专科医院和医疗卫生机构等。

医院的药房是药品到达患者手中的重要渠道。中国医院有自己的专属药房，鉴于患者对医生专业诊疗知识和服务，以及对医院药房药品质量的信赖，加之医生推荐和所开设的标准处方和药品购买的便捷性，大多数患者在门诊医院药房购买处方药而非在零售药店购买处方药，尤其对于治疗重大疾病的药品，只有进入医院才有销售市场。这种关系使得医院药房加持了医院（医生）的专业性，使医院（医生）成为比零售药店更具有谈判势力的买方，在面对制药企业时往往具有强大且无可争辩的讨价还价势力。

中国"医"与"药"独特的混业经营体制，使中国制药行业面临比一般市场条件更苛刻的买方条件和更大的买方市场势力。"三甲"大型公立医院为拥有强大买方市场势力的典型代表，提供良好诊疗服务和设施，拥有消费者极其信赖的专业技术，具备公费医疗和医保定点资格，实际控制药品终端销售80%以上的市场份额（Sun et al. , 2008）。医院（医生）对药品"处方权"的控制形成了其在诊疗市场的垄断势力，通过严格限制处方外流等手段形成了相对患者的卖方垄断势力，更进一步提升其买方市场势力。与其他行业相比，制药行业是买方市场势力突出的典型行业，可以作为买方市场势力效应较好的研究对象。

（二）理论背景

1. 对影响企业利润因素的研究多集中于市场结构、市场壁垒、需求预期、需求弹性等，对来自产业链下游的市场势力因素关注较少。对制药企业创新不足的解释多集中于药品专利保护、金融体系发展、行政许可、药品市场监管和定价等，极少关注来自产业链下游的买方市场势力。对制药企业产品差异化行为的研究中，主要从市场竞争程度、价格成本加成率、研发人员技能、学习效应等维度展开，买方市场势力因素受关注程度较低。对制药企业资产专用性问题的研究中，主要从企业特征包括资产负债率、股东权益比率、产权比率、资产运营效率、外部经济环境和内部战略规划等视角展开，极少关注来自下游客户市场势力的影响。

随着大型零售商的崛起，纵向市场中许多行业经历不断集中的过程，来自下游的市场势力逐渐增强，买卖双方在市场交易中的地位发生了转变。逐渐增强的买方市场势力已成为不可忽视因素，买方市场势力效应愈发受到政府反垄断机构和学术界的关注。Galbraith and Stiles（1983）、Geroski（1992）、Harhoff（1996）和 Köhler and Rammer（2012）均指出供应链中一个企业的生产成本、行为和绩效不仅取决于自身所处的市场特征，而且依赖纵向相关市场企业行为，相邻行业（企业）有对其进行控制的激励。因此，产业组织中纵向势力不可忽视，产业组织中来自下游客户的买方市场势力特征就能够影响供应商利润、工艺创新和产品创新、产品差异化和资产专用性。

制药行业面临的下游产业拥有强大的市场势力。影响制药企业决策的因素不仅包括横向市场中自身产业结构特征，还包括下游产业特征，其中市场势力就是典型代表。本书认为产业组织中纵向势力特征不可忽视，对产业链的层级进行扩展，将产业组织中下游客户的市场势力因素纳入对上游产业利润等影响的分析中，由一层产业链扩展至两层产业链，体现了产业组织纵向关系的本质特征。

2. 在关于买方市场势力效应的理论研究中，尚未得到一致性结论。一部分学者认为买方市场势力的存在给供应商带来不利影响，而另一部分学者持相反观点，认为买方市场势力的存在是有利的。Orland and Selten（2016）基于三寡头垄断模型评估买方市场结构对均衡结果的影响，认为当下游市场为垄断或寡头垄断时，买方向供应商支付的批发价格和供应商利润均更低。Kalayc and Potters（2011）指出即使买方具有强大的市场势力，供应商可以通过增加不需承担成本、也不影响买方使用价值但增加买方评估复杂程度的产品属性，使买方不能作出理性选择，最终达到提高产品批发价格并增加自身利润的目的，与 Orland and Selten（2016）的结论相反。

Battigalli et al.（2007）分析了买方市场势力来源对供应商产品质量提升的影响，认为买方市场势力的增加不仅降低供应商利润，而且降低供应商产品创新激励。Inderst and Wey（2011）分析了买方市场势力对制造商动态效率的影响，表明买方能够诱使制造商在产品质量的提升上投资更大数额，以达到提高制造商产品质量和差异化水平的目的，制造商的生产技术和创新能力随之得以提升，得出和 Battigalli et al.（2007）相反的结论。

Chen（2004）探索了零售商抗衡势力对制造商产品差异化和垄断定价的影响，得出零售商抗衡势力减缓了价格的扭曲程度但加剧了产品差异化的扭曲程度。刘智慧等（2013）依托完全信息动态博弈模型得出与之相反的结论，当主导零售商具有议价势力时，主导零售商议价势力通过影响批发价格激励供应商的差异化产品生产行为。

郭永和周鑫（2010）指出作为需方的航空公司，凭借更强的讨价还价能力拖欠机场费用，降低机场专用性设施建设投资，影响航空业的发展。Chen et al.（2017）表明当上游制造企业面对拥有强大买方市场势力的国际品牌时，上游企业的专用性资产有利于维护双边关系，能够为合作双方带来更大利润，上游企业投资于专用性资产的激励更强，与郭永和周鑫（2010）的结论相反。

综上所述，当来自产业链下游客户的市场势力逐渐增强时，企业行为绩效不仅受横向市场因素的影响，产业组织中纵向势力的影响也不容忽视。然而在以往的研究中，买方市场势力的经济效应尚未达成共识，产生不同结论的原因可能是假设条件的差异、上游或下游竞争环境的差异、买卖双方主导地位的差异、纵向市场结构的差异、决策类型的差异、博弈顺序的差异等。表明需要对买方市场势力影响供应商经济效应的内在机理进行深入探讨，因此从实证角度验证买方市场势力效应具有非常重要的意义。

二 问题提出

（一）研究的必要性

本书以制药行业为研究对象，结合制药行业（企业）的特点和产业组织中买方市场势力特征，从如下视角体现研究的重要性。

1. 基于企业发展视角，研发构成制药企业生存与发展的核心，新药的开发是制药企业提高产品竞争力、增加品牌知名度和扩大市场份额的关键，也是其整体实力的体现。但开发具有显著临床疗效的新化学实体、新分子实体及新活性实体生产工艺复杂，前期需要大量资金投入，需要企业源源不断的利润提供资金支持，利润作为制药企业的创新行为、差异化产品生产行为和专用性资产投资行为资金来源的保障，同时体现创新绩效，对其研究意义明显。

基于社会矛盾视角，医患矛盾已成为社会关注的焦点，除了"看病难"之外，"看病贵，药价虚高"居于诸多矛盾首要位置，昂贵的药价无疑加重社会大众负担，成为民生领域亟待解决的问题。产业链中药品从生产到使用需经历药材生产行业、药品制造行业和药品销售行业（包括零售药店、连锁药店和以医院为主要代表的医疗行业，其中医院占据绝对主导地位），各层级所得利润均来自患者这一特殊消费群体支付的虚高药价。面对"看病贵，药价虚高"的社会问题，探索供应链中上下游行业的交互关系及利润流向，能够为反垄断机构对药品的强制削价、最高限价规制提供参考意见，有利于降低居民药品费用支出及增进社会福利。从企业发展及社会矛盾视角出发研究制药企业的利润，意义显著。

2. 制药行业关系国民健康和社会发展，在国民经济中占据重要位置。制药行业与人类生命安全紧密相关，具有科技含量高、高投入、高风险、高收益的特征，几乎涵盖了所有重大科技成果。近年来生物工程技术的迅速发展，率先在制药领域广泛应用，并为其超前发展提供强大的技术支撑。从产品结构视角来看，制药企业仿制药偏多，原创药较少。与国外大型制药企业相比，研发经费投入和研究人才不足，创新产出水平较低。影响中国制药企业创新不足的因素是什么呢？制药行业是典型的高科技行业，从产业链视角探索制药行业（企业）创新不足的影响因素，对于提升其创新能力具有典型意义。

3. 制药企业只有突出企业产品多元化特征并建立特色知名品牌，才能吸引更多消费者、扩大市场份额并获得长远发展。与产品种类繁多、差异化经营的药企相比，药品种类较少的企业收入来源单一，抵御风险能力较差。在与特定客户进行市场交易时，若制药企业面临的下游客户谈判势力较强，买方以增加自身利润为动机提出各种苛刻交易条件，或可置信威胁转换供应商时，可能给制药企业带来损失。产品差异化与创新相关联，此发展战略在制药企业的管理实践中占据重要位置，从产业链视角研究其产品差异化行为的影响因素，对于提高制药企业产品差异化水平，以及反垄断执法过程中对下游企业进行规制具有显著意义。

4. 专用性资产投资能够给企业带来差异化竞争优势，且满足消费者多元化的个性需求，有助于提升企业产品竞争力，获得竞争对手难以完全模仿和替代的优势。制药企业作为典型的高新技术企业，研发能力是其生存和发展的根本，只有加大对专用性资产的投资力度，才能增强开发新药品的能力和提升企业的竞争力。制药行业（企业）是资产专用性极具代表性的行业（企业），从产业链视角分析其专用性资产投资的影响因素，对于提高制药企业竞争力，促进其长远发展，以及反垄断执法过程中规制来自下游客户的市场势力具有显著意义。

（二）买方市场势力效应研究中存在的不足

虽然关于买方市场势力经济效应的理论文章很多，但由于数据的可获得性，实证研究相对较少。在已有的实证文献中，选取的行业多集中于汽车、啤酒、食品、酸奶和咖啡豆等行业，对制药行业的关注程度较低。

买方市场势力对制药行业（企业）利润影响的文献较为稀缺，少量关于买方市场势力影响供应商利润的实证研究中，尚未达成一致性结论。李凯等（2017）基于行业数据，以医院总数衡量买方市场势力，以制药企业总数衡量卖方抗衡势力，在空间视角下探索买方市场势力对制药行业利润的影响，得出本地买方市场势力不仅降低本地制药行业利润，还通过空间溢出效应降低其他地区制药行业利润的结论。Ravenscraft（1983）基于综合管理系统数据，认为如果只有数量极少的买方，供应商能够减少营销成本支出，得出买方集中度与供应商利润正相关的结论，与李凯等（2017）的研究结论相反。

买方市场势力对制药行业（企业）技术创新影响的实证文献中，大多只关注创新投入，但技术创新包括创新投入与创新产出，还未有学者全面分析买方市场势力对创新行为的影响。在已有关于买方市场势力与供应商创新活动关系的分析中，也未达成一致意见。李凯等（2019）在空间视角下探索了买方市场势力对制药行业创新行为的影响，得出本地买方市场势力不仅抑制本地制药行业的研发投入，还通过空间溢出效应抑制其余地区制药行业的研发投入，但空间溢出效应不显著。与之类似，Peters（2000）认为汽车制造商市场势力降低零部件生产商创新强度和研发雇员强度；Weiss and Wittkopp（2005）得出零售商市场势力抑制食品制造企业的创新活动；Köhler and Rammer（2012）表明来自下游客户的市场势力降低供应商创新激励；但 Krolikowski and Yuan（2017）的研究得到了与之不同的结论，表明客户市场的高集中度能够更大程度激励供应商从事于关系专用性投资活动，提高供应商创新能力和研发投入水平。

关于买方市场势力影响供应商差异化产品生产行为的研究结论存在差异化。Chen（2004）探索了零售商抗衡势力对制造商产品差异化和垄断定价的影响，得出零售商抗衡势力减缓价格的扭曲程度但加剧了产品差异化的扭曲程度。刘智慧等（2013）构建完全信息动态博弈模型，考察买方竞争程度和买方谈判势力对卖方产品差异化策略的影响，表明当主导零售商具有议价势力时，主导零售商议价势力通过影响批发价格激励供应商的差异化产品生产行为，与 Chen（2004）的结论相反。

买方市场势力对供应商资产专用性影响的理论研究与经验研究均较为稀缺，且结论仍未形成共识。郭永和周鑫（2010）指出作为需方的航空公司，凭借较强的讨价还价能力拖欠机场费用，降低机场专用性设施建设投资。Krolikowski and Yuan（2017）在包含交易成本经济学、资源依赖理论和不完全契约理论的内部组织框架中，得出买方市场集中度较高能够更大程度激励供应商从事于关系专用性投资活动。Ebers and Semrau（2015）基于德国建筑行业 149 对买方供应商样本数据，得出买方市场势力与供应商的关系专用性投资正相关的结论。与郭永和周鑫（2010）的结论相反。

到目前为止，买方市场势力效应实证研究并未得出能够令人信服的一致性结论，结论的差异可能源自行业的差异、数据选取的差异、买卖双方势力衡量指标的差异、计量模型的差异、估计策略的差异等，那么买方市场势力对制药企业利润等效应的影响究竟如何？在这种影响过程中，不同制药企业的市场特征或竞争环境会起到何种作用？对于抗衡势力不同的制药企业，其作用是否会存在差异？

以上这些问题的存在，为本书的研究提供契机。实证探索买方市场势力对制药企业的上述四种效应，会有益于买方市场势力理论的发展，也会进一步加深对许多实际问题的理解。现实中突出的"看病贵，药价虚高"等社会问题，国内制药企业创新不足问题，关系制药企业长期发展且在企业管理实践中占据重要地位的差异化产品生产行为和专用性资产投资行为问题，都需要更进一步地分析，以上这些问题的研究也具有非常重要的现实意义。

三　研究思路与技术路线

买方市场势力理论为产业组织理论中的纵向关系理论研究提供了新的研究思路，而基于产业链上下游产业环境特征对买方市场势力的研究为本书提供了研究思路。本书以研究问题为导向，依托上市制药企业层面数据，以每家制药企业下游最大五家客户交易量占比作为买方市场势力的代理变量，供应商横向市场份额作为卖方抗衡势力的衡量指标，实证分析买方市场势力对供应商利润、工艺创新和产品创新、产品差异化和资产专用性的影响。并对比分析制药企业在不同竞争模式下抗衡势力的形成机理及效应。同时将本书研究得到的理论和现实情况相结合，指出在未来研究中可能的应用领域。

基于以上研究思路，形成本书研究的技术路线图，如图 1.1 所示。

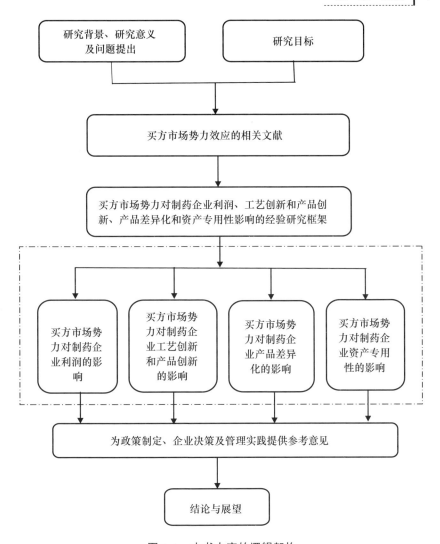

图 1.1　本书内容的逻辑架构

四　创新点

本书依托计量经济模型，基于上市制药企业层面数据集，对买方市场势力效应进行实证研究，具有一定的创新性。具体而言，本书的创新之处体现在以下五个方面：

第一，影响企业决策的因素不仅包括横向市场中本产业的结构特征，产业组织中纵向势力特征也不容忽视，下游产业特征同样在上游产业的决策中起作用，其中市场势力就是典型代表。本书以制药行业为研究对象，对产业链的层级进行了扩展，将产业组织中下游客户的市场势力因素纳入对上游产业利润等效应的影响分析中，体现了产业组织纵向关系的本质特征。

第二，关于买方市场势力效应的理论研究中，尚未得到一致性结论。一些学者认为买方市场势力的存在给供应商带来不利影响，而另一些学者持相反观点。本书以中国制药行业为研究对象，扎根于中国市场的现实背景，选择买方市场势力突出的典型行业制药行业展开研究，证实了制药企业面临的买方市场势力确实存在且具有普遍性，买方市场势力对纵向关系的扭曲会给制药企业带来不利影响。本书对中国产业背景的挖掘，能够增强研究问题的理论性，拓展现有关于买方市场势力效应的经验研究，丰富了产业组织理论，并揭示了买方市场势力对上游产业影响的背后机理。

第三，本书提出了上游产业抗衡势力新的来源渠道，丰富扩展了已有关于上游产业抗衡势力来源的研究，能够从产业组织层面为企业行为和绩效的解释提供理论依据。对比已有研究从市场集中度、企业行为、企业定价权、现金流、交易成本等视角体现上游产业的抗衡势力来源，本书从制药企业的产品类别视角、所处地域视角、所有权性质视角、企业规模视角、创新能力视角体现上游产业的抗衡势力来源。尤其对于制药企业的产品类别分组，是本书的显著创新点。

第四，本书把下游产业的买方市场势力和上游产业横向市场中的企业特征联系起来，体现了纵向关系中买卖双方的作用方式，以及产业组织中不同层级产业交互作用的背后机制。本书认为上下游企业的市场势力是相伴而生、相互依存的关系，不仅买方会对卖方产生单向影响，制药企业的横向市场特征能够起到抗衡作用，可以调节和制约买方市场势力的影响，如图1.2所示。在实证研究中，通过在计量模型中加入买卖双方势力变量的交互项，能够体现卖方抗衡势力所发挥的作用，拓展了纵向关系研究方法。

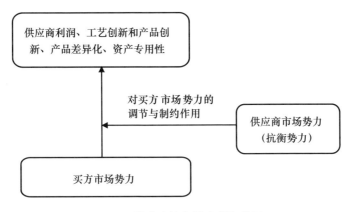

图 1.2 供应商抗衡势力所起作用

第五，第四章至第七章的实证研究结论，能够对我国制药企业的未来发展提供启发。由于中国独特的医药制度，我国制药企业面临着强有力的下游买方。在医药分离短期内很难实现的背景下，买方市场势力对制药企业经济效应和行为决策的抑制作用会在较长时期内一直存在。横向市场因素对制药企业的影响，可随着外部环境的改变而改变。在面临强有力买方的情形下，制药企业可通过多种渠道提升自身的抗衡势力，以削弱买方市场势力的负向效应。

五 主要研究方法

（一）文献研究法

已有关于买方市场势力的文献是本书的研究基础，一方面为本书的研究问题提供了理论线索，另一方面为本书具体研究的开展提供了启发。本书采用文献研究法分析买方市场势力效应领域的已有文献，并对不同类别文献进行归类总结；概括提炼买方市场势力与供应商利润、技术创新、产品差异化和资产专用性之间关系的基本发展脉络，厘清买方市场势力的概念，深刻思考其来源，提炼买方市场势力效应的作用机理。

（二）实证分析计量建模法

实证建模是本书核心研究方法，贯穿第四章至第七章。基于我国上市制药企业数据，选择合适的计量模型分别分析买方市场势力对供应商利润、技术创新、产品差异化和资产专用性的影响。具体的计量模型包括面板数据模型、面板 Tobit 模型和面板负二项模型等。

第二章
文献综述

一 买方市场势力的定义和内涵研究

买方市场势力的概念最早由 Galbraith（1952）提出，作者首次将买方市场势力表述为买方抗衡供应商的市场势力，即市场交易中卖方拥有市场势力的条件下，买方形成的抗衡势力。Galbraith（1952）在其著作《美国资本主义：抗衡势力概念》中指出，连锁商店（A&P, Sears and Roebuck）通过行使抗衡势力，能够降低向供应商支付的批发价格并把成本节约部分向消费者传递。此后对其定义未达成共识，且存在与买方市场势力有关的一系列术语，比如购买力（Buying power）、垄断势力（Monopsony power）、抗衡势力（Countervailing power）和议价势力（Bargaining power）等。本书在梳理大量文献基础上，基于不同视角对买方市场势力含义进行归类总结，具体内容见表2.1。

表2.1　　　　　　　　基于不同视角对买方市场势力的定义

研究视角	代表性作者
买方支付中间品价格	Chen（2008）、Noll（2005） Blair and Harrison（1993）
机会成本	OECD（1998）
议价势力	OECD（1981）、Dobson et al.（1998） Dobson（2005）、Brandow（1969）吴清萍和怡红（2009）

研究视角	代表性作者
下游市场结构和相对供应商势力	Chen (2007)、Kirkwood (2005) Clarke et al. (2003)、Albert (2006)
经济效率和社会福利	Chen (2008)

基于买方支付中间品价格视角，Chen (2008)、Noll (2005) 和 Blair and Harrison (1993) 认为完全竞争市场中的价格是社会最优资源配置下的结果，此时厂商最大限度利用资源向社会提供产品。如果买方也处于完全竞争市场，此时不拥有加价能力；如果买方所处非完全竞争市场，能够通过各种类型交易契约对横向市场竞争者及供应商施加影响，拥有影响供应商制定价格、产量和销售方式的能力，且能够长期保持此能力。三者均认为买方以实现自身利润最大化为目标，通过降低中间品价格渠道行使买方市场势力。

然而许多学者认为买方市场势力的行使方式不仅限于降低中间投入品价格，更关注有势力买方对供应商的可置信威胁能力及对供应商的其他纵向约束行为，比如独占交易、区域排他、转售价格维持（resale price maintenance）、通道费、提前支付和最优惠交易条款等。

基于机会成本视角，OECD (1998) 表明如果买方能够对供应商生产或交易条件施加可置信威胁，对供应商当期或后期收益带来损失时，买方具有市场势力。

基于议价势力视角，OECD (1981) 和 Dobson et al. (1998) 均认为相比其他竞争对手，当买方购买产品或服务时能够得到利己交易条款时，此时拥有市场势力。交易条款比中间投入品价格含义更广泛，如果买方不拥有控制市场的能力，仅在正常市场环境下开展交易，不能够在谈判过程中获得相对竞争者更优惠交易条件，则不拥有市场势力，两者观点体现对买方行使市场势力的深层认识。Dobson (2005) 以大型零售商为案例，细分双边契约，进一步推动相关研究。Brandow (1969) 表明企业通过设定进入壁垒和掠夺性定价等方式提高横向市场势力，并以此为基础作为纵向市场交易中讨价还价势力来源，通过要求参与方重新分配利润方式行使买方市场势力。吴清萍和怡红（2009）指出势力强大买方，凭借购买量占供应商销售额的显著比例优势，或全国范围内销售规模优势，通过降低购买量、转换卖方或解除合约等方式行使买方市场势力。若供应商与大型买方解除合约，短时间难以搜索条件相等买方时，供应商外部选择价值降低，不得不接受买方提出的可能对自身带来损失的交易条件，本质体现下游客户相对供应商的更强议价能力。

基于下游市场结构和相对供应商势力视角，Chen（2007）把买方市场势力区分为"买方垄断势力"和"买方抗衡势力"。分类方法依赖于上下游市场结构，当垄断买方面对竞争性供应商时称为买方垄断势力；当供应商在市场交易中居于主导地位，买方拥有的与之抗衡的势力称为"买方抗衡势力"或"买方议价势力"。Clarke et al.（2003）、Kirkwood（2005）和 Albert（2006）也进行相同分类；Kirkwood（2005）进一步分析行使两种势力的背后机理。

基于经济效率和消费者福利视角，Chen（2008）认为当买方处于垄断地位时，买方垄断势力会带来无谓损失，此时消费者以较高价格购买低质量产品，福利受到损失。当买方市场激烈竞争时，买方抗衡势力能够把商品价格降低部分向消费者传递，使消费者受益和提高经济效率。

上述作者基于不同视角，对买方市场势力的定义、行使途径和分类进行深层次分析，且在不同视角下逐级递进，对买方市场势力的内涵和外延进行拓展。

二 买方市场势力来源研究

Cool and Henderson（1998）依托法兰西银行收集的 2000 家制造业企业数据集，探索供应商势力和不同来源买方市场势力对中间层级卖方利润的影响，指出九种买方市场势力来源并进行分类。笔者认为 Cool and Henderson（1998）的分类几乎概括买方市场势力来源，在对其略微修改的基础上，提出买方市场势力新的九种来源（潜在买方数量、买方市场集中度、买方议价势力、买方在价格协商中的角色、卖方转换买方成本、买方转换卖方成本、买方对卖方产品销售渠道的控制能力、买方购买额占卖方销售额显著比例和后向一体化能力），且将其归结为结构型买方市场势力、属性型买方市场势力、依赖型买方市场势力和一体化型买方市场势力，并结合下文文献依不同类别展开研究，表 2.2 呈现分类结果。

表 2.2　　　　　　　　　　　　买方市场势力来源分类

买方市场势力类型	买方市场势力来源	代表性作者
结构型买方市场势力	潜在买方数量和买方市场集中度	Fauli-Oller et al.（2011）、Inderst and Wey（2003）、王再平（2007）、Lustgarten（1975）、Schumacher（1991）、Orland and Selten（2016）、Peters（2000）
属性型买方市场势力	买方议价势力和买方在价格协商中的角色	周霄雪和王永进（2015）、OECD（1981）、Dobson et al.（1998）、Dobson（2005）、Brandow（1969）、Galbraith（1952）、King（2013）、Schmalensee（1985）、Smith et al.（2012）、Ruffle（2013）、Chen（2019）、Inderst and Valletti（2007）、Dobson and Inderst（2008）、Battigalli et al.（2007）、Inderst and Shaffer（2007）
依赖型买方市场势力	卖方转换买方成本，买方转换卖方成本，买方对卖方产品销售渠道的控制能力，买方购买额占卖方销售额显著比例	马龙龙和裴艳丽（2003）、Hsu et al.（2015）、Elking et al.（2017）、Inderst and Wey（2005）、Köhler and Rammer（2012）、李丹蒙等（2017）、王爱群和赵东（2019）、吴祖光（2017）
一体化型买方市场势力	买方后向一体化能力	Katz（1987）、Inderst and Wey（2007）

对结构型买方市场势力来源的分析中，潜在买方数量反映买方市场结构，如果潜在买方数量较多，则买方市场集中度较低，买方市场势力较小；如果潜在买方数量较少，则买方市场集中度较高，买方市场势力较大。买方市场集中度反映销售收入或产值最大的 n 家企业占行业比值，体现某些企业对市场的控制能力。两者体现行业市场结构，因此归结为"结构型买方市场势力"。

Fauli-Oller et al.（2011）和 Inderst and Wey（2003）得出买方兼并

导致市场集中度增加，买方市场势力增加促进制造商 R&D 投资激励。王再平（2007）指出零售商市场集中度的提高对经济效率既存在正效应也存在负效应。Lustgarten（1975）实证得出买方市场结构与卖方利润负相关。Schumacher（1991）表明高集中度市场买方施加的市场势力尤其削弱寡头垄断消费品行业供应商利润。Orland and Selten（2016）指出买方市场结构为垄断或寡头垄断时，供应商利润更低。Peters（2000）以市场集中度 CR_3 衡量买方市场势力，得出买方市场势力降低供应商创新强度和研发雇员强度。上述文献为"结构型买方市场势力"提供支持。

对属性型买方市场势力来源的分析中，买方议价势力体现买方在谈判中的地位，即下游客户在市场交易中占据优势地位或拥有更多话语权，相比竞争对手能够获取价格折扣、数量折扣等一系列利己但可能给供应商造成损失的优惠条款。买方在价格协商中的角色体现买方在市场交易中的定价能力，如果拥有制定交易价格的能力则具有买方市场势力。两者是买方依靠自身规模、技术条件、市场地位等形成的讨价还价势力，归结为"属性型买方市场势力"。

属性型买方市场势力的代表性研究为周霄雪和王永进（2015），基于11 家跨国连锁零售企业 287 个城市的门店分布信息，得出零售商市场势力的提升抑制制造商研发投入，零售商门店数量体现其规模大小，成为议价势力来源。OECD（1981）、Dobson et al.（1998）、Dobson（2005）和Brandow（1969）对买方市场势力的定义中，也体现来自买方的议价势力。Galbraith（1952）分析零售商市场势力对最终产品价格和消费者福利的影响时，认为其势力来源于议价能力。对消费者福利效应分析中，King（2013）指出下游企业或企业子集为了获得更优惠的交易价格和条件，集中购买而形成买方集团，目的是增强市场交易中的谈判势力。Schmalensee（1985）认为议价势力越大的企业能够得到联合利润中的更多分成。Smith et al.（2012）认为大型买方在卖方对市场需求不确定的条件下，买方依靠议价势力能够获得极其有利的投入品价格，由此降低卖方利润。Ruffle（2013）实证得出大型零售商的强大市场势力来自其规模，能够获得更大的批发价格折扣，使得利润从供应商向零售商流动。Chen

（2019）、Inderst and Valletti（2007）和 Dobson and Inderst（2008）理论表明零售商通过讨价还价地位提升获得的买方市场势力对供应商产品创新有负向影响。Battigalli et al.（2007）和 Inderst and Shaffer（2007）均以客户议价势力衡量买方市场势力，表明买方市场势力与供应商创新行为负相关。上述文献为"属性型买方市场势力"提供支持。

对依赖型买方市场势力来源的分析中，当卖方面对要求批发价格低于正常价格的买方时，卖方可能会搜寻可替代买方，如果转换既定买方寻找潜在客户的成本很高时，此时可替代买方不得不从下游市场排除，卖方由此形成对买方的依赖，买方市场势力随之产生。若一家或少数几家买方控制卖方的产品销售渠道，使得卖方外部选择范围降低时，也形成卖方对买方的"经济依赖"。若市场交易中一家客户或几家客户的联合购买量占据卖方销量的显著比例时，任何一个大客户陷入财务困境会很大程度导致卖方的应收账款发生坏账，卖方不得不持有较多现金以对冲潜在的现金流风险。同样，客户终止合约的要求也会给卖方带来较大流动性风险，为了维持和买方的市场交易关系，卖方不得不满足客户提出的各种要求，由此被交易对手"锁死"或"拿住"而丧失市场交易灵活性。卖方对买方的"经济依赖"是形成买方市场势力的重要途径。

马龙龙和裴艳丽（2003）认为当卖方市场存在众多中小企业，均希望与大型零售商建立长久合作交流关系以寻求稳定销售渠道时，中小企业形成对买方的依赖，受买方较大程度影响。Hsu et al.（2015）表明当卖方销售份额很大程度依赖主要买方时，卖方创新绩效和利润之间的关系更加微弱。Elking et al.（2017）表明卖方对买方的高度依赖与买方财务绩效正相关。Inderst and Wey（2005）指出当买方面对既定卖方拥有许多外部性选择时，买方具有市场势力，买方市场势力促进卖方工艺创新。Köhler and Rammer（2012）、李丹蒙等（2017）、王爱群和赵东（2019）、吴祖光（2017）均以下游最大三家或五家客户交易量占比衡量买方市场势力，得出买方市场势力与供应商技术创新负相关。上述文献中，买方市场势力来自卖方对买方的"经济依赖"，为"依赖型买方市场势力"提供支持。

对一体化型买方市场势力来源的分析中，若买方有实施后向一体化的能力，则可以减少对卖方中间投入品的需求，这样形成对卖方的可置信威胁，不同于上述几种买方市场势力来源，而单独归结为"一体化型买方市场势力"。Katz（1987）和 Inderst and Wey（2007）认为大型买方能够可置信威胁实施后向一体化，加剧卖方市场竞争程度和打破卖方合谋，此时卖方利润被降低。上述文献中，买方市场势力来源于买方实施后向一体化的能力，为"一体化型买方市场势力"提供支持。

三　买方市场势力与加尔布雷斯假说

Galbraith（1952）首次提出抗衡势力假说，认为大型零售组织（零售巨人 Carrefour、WalMart、Kroger、Home Depot、Tesco、Metro）依托议价势力从供应商获得更低批发价格，并将成本节约部分向消费者传递，能够降低消费者价格和提高社会福利。

Galbraith and Stiles（1983）认为正是卖方市场集中度不断增加产生的市场力量促使买方抗衡势力的出现，买方抗衡势力不仅实现利润从卖方到买方的再分配，而且降低消费者价格，使消费者从商品价格降低中获得益处。Orland and Selten（2016）表明当买方市场为垄断或寡头垄断时，批发价格、最终产品价格和供应商利润更低。更高买方市场集中度与更强买方市场势力相联系，买方市场势力的增强降低最终消费品价格，与 Galbraith and Stiles（1983）观点一致。Chen et al.（2016）探索买方市场势力的变化对消费者福利的影响，结果表明大型零售商买方市场势力增强后，降低了批发价格和零售价格，提升了消费者福利。当大型零售商在买方市场处于独家垄断地位时，结论保持稳健性。Chen et al.（2016）也认为买方市场势力增强降低零售价格，支持"加尔布雷斯假说"。Matsushima and Yoshida（2017）和 Mills（2010）均表明零售商在具有促销能力的前提下，不断增强的买方市场势力降低终端消费者价格。Fauli-Oller et al.（2011）认为横向兼并有助于抗衡大型供应商的市场势力，且能够把更低的零售价格向消费者传递。Chen（2003）构建垄断供应商，主导零售商和竞争性边缘零售商组成的纵向市场结构模型，其中主导零售商拥有抗衡势力，边缘零售商无抗衡势力，得出主导零售商抗衡势力的提升降低消费者支付的均衡价格。

一些学者对 Galbraith（1952）的观点持怀疑态度，认为买方市场势力增强既不会提高也不会降低零售价格，即买方市场势力效应为"中性"，其中以 Snyder（1996）和 Christou and Papadopoulos（2015）为代表。一些学者也对 Galbraith（1952）的观点持怀疑态度，认为大型零售商并非代表消费者利益，并无激励代替消费者节约成本，其中以 Stigler（1954）和 Hunter（1958）为代表。此后的深入研究中，Von Ungern-Sternberg（1996）和 Dobson and Waterson（1997）表明零售商市场集中度的不断增加并不一定给消费者带来更低的零售价格，一定条件下可能导致更高的零售价格。Dobson and Waterson（1997）以英国食品零售行业为例，指出具有强大势力的英国连锁超市（特易购和 Asda 集团）并未把成本降低部分向消费者传递，反而依靠卖方势力提高消费者价格。Erutku（2005）假定每个下游区域市场中一个国内连锁零售商和一个当地零售商竞争，两者提供的服务并非完全替代品。国内连锁零售商拥有相对垄断供应商的抗衡势力，当地零售商不拥有抗衡势力。Erutku（2005）表明当供应商被迫向国内连锁零售商提供较大价格折扣而利润遭受损失时，可能提高当地零售商批发价格，由此提升当地零售商零售商品价格。Inderst and Valletti（2011）表明线性价格合约下，当主导买方能够从供应商得到更低投入品价格，其他买方对相同投入品可能支付更高价格，产生"水床效应"。长期而言，中小零售商可能迫于成本压力从行业退出，导致买方市场集中度提高，双边垄断的纵向市场结构最终提高平均消费者价格，产生对消费者不利的影响，导致消费者总剩余降低。吴清萍和怡红（2010）认为长期内，有势力买方通过纵向约束条款（独占交易、区域排他）限制供应商行为，降低竞争者外部选择价值，导致竞争对手成本上升，由此降低下游市场竞争程度，提高零售行业市场集中度。有势力买方依靠相对供应商的市场势力形成卖方势力，提升消费者价格。

四　买方市场势力与水床效应

"水床效应"指势力更大买方通过自身规模或其他条件获得更有利交

易条款，但是以势力更小买方为代价。势力更小买方相对供应商议价地位更差，导致更不利于自身的交易条件。

Dobson and Inderst（2008）认为鉴于不同零售商买方市场势力的差异化，"水床效应"可能出现，即势力更强买方的更优惠交易条款使得势力弱小买方的交易条件更差，后者进一步丢失市场份额，相对供应商的议价势力降低，甚至会逐步退出市场。King（2013）指出买方集团是产生"水床效应"的重要因素，买方集团通过集中购买形成的买方市场势力降低批发价格，利润降低的制造商只能向集团外买方收取更高价格以弥补损失，如此集团内买方以损害集团外买方为代价而获得益处。水床效应改变不同规模下游企业竞争条件，损害制造商和供应链底层消费者福利。Dertwinkel-kalt et al.（2015）实证得出外部性选择越多的买方市场势力越强，买方市场势力的增强提高其他企业的中间投入品价格，拥有更强势力的买方以降低势力弱小企业的利润为代价增强自身绩效。吴清萍和怡红（2008）也指出强势零售商行使买方市场势力使得供应商对势力不同零售商实施价格歧视，产生"水床效应"。此效应既直接影响买方竞争条件，又通过影响卖方市场结构而间接影响卖方竞争条件，并以 Walmart 为案例，分析其横向效应和纵向效应。英国竞争委员会（2008）对国内杂货供应商的调查表明，绝大多数供应商暗示在生产能力受到约束的条件下，如果大型零售商订单规模增加，会不惜以停止向中小零售商供货为代价满足大客户需求。少量供应商"同意"或"强烈同意"如果大型客户向其索取更低批发价格或要求更优质服务，供应商会提升对中小客户的供给价格或降低对中小客户的服务水平。

五 买方市场势力与产业链绩效

Inderst and Shaffer（2007）认为供应商创新行为降低边际生产成本，从而提升了相对零售商的议价势力，因为供应商更低边际成本带来更低的单位批发价格，选择转换供给来源的零售商相对竞争对手会处于更不利境地。因此，供应商可以通过加大创新投资力度，实现更大的成本降低以应对不断增强的大型零售商议价势力。零售商抗衡势力增强了供应商降低生产成本的激励，提升了产业链绩效。付红艳和李长英（2009）假设拥有买方市场势力的国有连锁企业在多个相互分割的零售市场，分别与一个没有买方市场势力的私有企业以斯塔克伯格模式进行数量竞争。得出无论连锁企业是否先行进入市场，买方市场势力的存在都提高消费者福利和社会福利，同时产业链利润随着连锁企业买方市场势力的增强而得以提升。李凯和陈浩（2011）分析下游厂商利用消费者偏好特征形成买方市场势力的机理，及该行为对自身和竞争对手议价能力、收益和规模的影响。结果表明，存在消费者偏好差异的厂商并购行为不仅可以提升并购厂商自身的买方抗衡势力和收益，也不会对竞争对手造成负面影响，甚至可以提高部分竞争对手的买方抗衡势力、收益和规模，均衡结果下的福利分析表明下游厂商并购行为提高产业链总利润。Inderst and Shaffer（2007）、付红艳和李长英（2009）、李凯和陈浩（2011）均表明买方市场势力的增强提升了产业链绩效。

六　买方市场势力与消费者福利、社会福利和社会效率

消费者福利包括最终消费品价格，产品差异化和产品质量三个维度。买方市场势力对消费者福利影响的相关文献中，研究结论存在差异，既存在买方市场势力对消费者福利负向影响的观点（Cotterill，1986；Marx and Shaffer，2007；Battigalli et al.，2007），也存在买方市场势力对消费者福利无负向影响的观点（石奇和岳中刚，2008）；既存在买方市场势力对消费者福利正向影响（Fauli-Oller et al.，2011）和附加一定条件下正向影响的观点（程贵孙，2010），还存在买方市场势力对消费者福利混合影响的观点（庄尚文和赵亚平，2009）。

Cotterill（1986）对欧洲连锁超市的调查得出：如果大型连锁超市获得主要品牌产品的价格低于中小超市获得价格的9%，后者可能退出行业，如此提高零售行业市场集中度。消费者不得不花费较多时间和支付更多交通成本从地域较远的连锁超市购买产品或服务，消费者对产品的可选择范围和对产品的差异化需求等非价格福利均受到损害。Cotterill（1986）

认识到消费者福利并非仅代表较低的商品价格，同时包含购物便捷性需求和对产品的多样化需求，此研究丰富了消费者福利内涵且扩大买方市场势力效应研究范围。Marx and Shaffer（2007）构建垄断制造商和两个竞争性买方的纵向市场结构模型，两个买家向制造商购买中间投入品，假定买方除了支付投入品价格外无生产和分销成本。结果表明：当主导零售商使用买方市场势力获得通道费时，结合其他契约条款，纯策略均衡中一个零售商被排除在交易之外。制造商向主导零售商支付通道费销售其产品后，不会再和竞争性零售商交易，因为制造商担心主导零售商将削减部分或全部计划采购。此时卖方外部选择范围减少，潜在零售价格可能更高，消费者福利损失程度更大。Marx and Shaffer（2007）表明主导零售商向制造商施加市场势力获得通道费时，实现了下游市场圈禁和排除竞争对手的目的，更少的产品分销渠道和更高的零售价格均损害消费者福利。Battigalli et al.（2007）认为下游客户行使的市场势力挤压供应商利润，削弱供应商创新激励，直接损害消费者和整体社会福利。

石奇和岳中刚（2008）、Fauli-Oller et al.（2011）、程贵孙（2010）、庄尚文和赵亚平（2009）却得出相反结论。石奇和岳中刚（2008）构建区域内垄断零售商、n 家竞争性制造商和 n 个消费者组成的三层市场结构模型，探索垄断零售商向制造商收取通道费是否损害消费者福利，得出此行为未对消费者福利产生负向影响，且零售企业还能够通过扩大外部选择范围提高纵向市场效率。Fauli-Oller et al.（2011）分析买方横向兼并如何影响卖方成本降低的 R&D 投资激励，得出买方兼并促进卖方 R&D 投资行为；卖方创新活动带来更低的批发价格，最终使消费者受益，买方兼并通过降低下游竞争程度增加消费者剩余。程贵孙（2010）对买方抗衡势力效应的分析中，表明只有零售市场竞争激烈，零售商之间的服务能够高度替代时，买方抗衡势力才能给消费者带来较低的产品价格，消费者福利才能增加。庄尚文和赵亚平（2009）指出当零售商通过买方市场势力向制造商收取不同类别通道费时，对消费者福利影响存在差异化。零售商对差异化产品制造商收取的比例性通道费能够提高零售服务水平，吸引更多消费者进入，同质产品均衡价格降低，消费者福利水平提高。零售商对同质产品制造商收取的一次性和比例性通道费降低消费者福利水平。

买方市场势力对社会福利影响的相关文献中，研究结论存在差异，既存在买方市场势力对社会福利负向影响的观点（Chambolleab and Villas-Boas，2015；Chen，2004；Li et al.，2013；赵玻，2005），也存在附加一定条件下买方市场势力对社会福利正向影响的观点（Chen，2003），还存在买方市场势力对社会福利综合影响的观点（岳中刚，2010；付红艳和赵爱姣，2015；马龙龙和裴艳丽，2003）。

Chambolleab and Villas-Boas（2015）经验表明相互竞争的零售商甚至以降低产品质量为代价，在纵向市场中对供应商实施差异化交易，以提升自身市场势力，零售商增强买方市场势力的动机损害消费者福利和社会福利。Chen（2004）探索零售商抗衡势力对制造商产品差异化和垄断定价的影响，得出零售商抗衡势力减缓了价格的扭曲程度但加剧了产品差异化的扭曲程度，且后者效应超过前者效应，即额外效率损失程度大于零售价格下跌程度，买方抗衡势力使消费者情况更糟，降低消费者福利和社会福利。Li et al.（2013）构建垄断制造商、双寡头零售商在下游市场进行数量竞争的模型，假定单个零售商拥有抗衡势力且能获得批发价格折扣，探索买方抗衡势力对垄断制造商产品创新激励的影响，结果表明：当单个零售商具有抗衡势力时，抗衡势力的存在损害联合利润，提高产品市场价格，降低均衡生产数量，降低消费者福利和社会福利。赵玻（2005）表明在卖方完全竞争条件下，无论单个零售商还是买方集团向卖方行使市场势力，买方市场势力均对社会福利产生负向效应；若零售商同时具有卖方势力，社会福利进一步恶化。

Chen（2003）认为一定条件下买方市场势力对消费者福利影响为正，消费者价格降低导致的社会福利增加，并非大型零售商抗衡势力增强后将成本优势转嫁给消费者，而是供应商为了弥补大型零售商买方抗衡势力带来的利润下降而降低对其他中小零售商的批发价格，以此提高销售量弥补损失。因此他认为边缘中小零售商的存在是确保大型零售商买方抗衡势力有利于消费者福利和社会福利的关键。

岳中刚（2010）、付红艳和赵爱姣（2015）、马龙龙和裴艳丽（2003）得出综合结论。岳中刚（2010）指出买方市场势力对消费者福利和社会福利的效应取决于买卖双方市场结构，双边垄断市场结构下，买方市场势力降低消费者剩余和社会福利；主导零售商市场结构下，买方市场势力增加消费者剩余和社会福利；对称性零售商市场结构下，消费者福利和社会福利在弱竞争条件下均降低，在强竞争条件下均提升。付红艳和赵爱姣（2015）在 1×2 纵向关系中，运用多阶段博弈模型，得出零售商买方市场势力增强对社会福利的影响取决于零售商资本来源类型。国内零售商买方市场势力增强使社会福利受益，国外零售商效应相反，且指出政府应当对引进外资实施的优惠政策持审慎态度，避免以损害本国福利为代价引进外资。马龙龙和裴艳丽（2003）指出评估零售商买方市场势力对社会福利的影响时，应根据行业发展环境，零售商相对供应商势力和交易条款具体内容等作出综合判断。

买方市场势力对经济效率影响的研究中，既存在买方市场势力对消费者福利正向影响的观点（Inderst and Shaffer，2007；Lariviere and Padmanabhan，1997），也存在买方市场势力对消费者福利综合影响的观点（王再平，2007；Kokkoris，2006）。

Inderst and Shaffer（2007）认为零售商的抗衡势力增强了供应商降低成本激励，提升总体经济效率。Lariviere and Padmanabhan（1997）表明零售商依靠市场势力向供应商收取通道费的行为，能够发挥向零售商传递信息的作用，且更能够激励零售商把新产品推向市场，能够提高产业链效率。

王再平（2007）一方面指出买方市场势力对经济效率的正效应，即零售商市场集中度的提高有利于规模经济和范围经济的实现，降低社会零售成本和提高零售市场效率，"一站式购物"也为消费者节约了搜索成本和为消费者提供了便捷的购物环境。另一方面指出买方市场势力对经济效率的负效应，即买方市场势力扭曲资源配置。有势力买方对供应商利润空间的挤压，导致供应商缺乏足够资金从事研发活动和扩大生产规模，且诱导社会资金从生产领域向零售领域集中，不利于社会再生产。

Kokkoris（2006）表明近几十年来，在先前较为分散的行业中，大型买家的发展使得买方市场势力成为竞争法律案件中经常出现的问题。买方市场势力对市场和竞争既是恩惠也是威胁，一方面，对于持续增强的买方市场势力，它提供了抗衡供应商的市场势力，把成本节约部分向消费者传递，使得零售市场产品价格降低。另一方面，当买方市场势力不断升高，买卖双方地位发生根本转变，买方在纵向市场交易中占据主导地位时，买方市场势力可能对供应商长期生存发展和供应商创新行为产生影响，此时不利于产业链效率的提高。因此应全面分析买方市场势力对经济效率的影响，对其分析应以个案为基础，并综合评估对上游市场和下游市场可能的影响，不应把"本身违法原则"强加于买方市场势力。

七　买方市场势力对供应商利润的影响

买方市场势力对制造商利润影响的理论和实证研究主要集中于国外，不同于中国医药市场混业经营模式，发达国家药品市场普遍实行医药分业经营模式，药品的销售由药店等独立于医院的零售企业完成，医疗机构很难对上游制药企业施加约束，因此买方市场势力对制药行业（企业）利润影响的研究较少。对其余行业的研究中，Lustgarten（1975）、Galbraith and Stiles（1983）、Nyaga et al.（2013）和 Schumacher（1991）表明处在高集中度市场的买方能施加强大的市场势力，实现利润从卖方到买方的分配，降低卖方利润。Schmalensee（1985）广泛分析美国企业 1985 年生产线数据后，得出对卖方施加市场力量的买方能够获得更低的投入品价格，比市场势力更低的竞争对手获得更多利润分成，并对卖方利润产生负向影响。Wyld et al.（2012）研究连锁超市买方市场势力对中小供应商利润的影响，得出拥有强大势力的买方通过限制中小供应商数量和降低批发价格等方式降低中小供应商利润，Sheu and Gao（2014）也证实此观点。

Hsu et al.（2015）基于美国高技术产业部门 10124 个供应商数据集，探索供应链产品流、资金流和信息流对供应商绩效的影响，得出当供应商销售份额很大程度依赖主要买方时，供应链中势力强大的买方能够获取供应商创新收益的较大份额。因此供应商与买方进行信息流共享时应对自身行为更加谨慎，并努力扩大外部选择范围，以保持创新绩效。Orland and Selten（2016）基于三寡头垄断模型评估买方市场结构对均衡结果的影响，得出当下游市场为垄断或寡头垄断时，买方向供应商支付的批发价格和供应商利润均更低。Deng et al.（2016）基于价值链方法分析鲜食葡萄供应链中成本收益、财务绩效和关键因素的作用关系，得出尽管种植商利润占总利润最大份额，主导批发商买方市场势力仍是种植商利润减少的关键因素。

Smith and Thanassoulis（2012）表明当供应商对市场需求不确定时，大型买方依靠议价能力能够获得极其有利的投入品价格，由此降低供应商利润。Mills（2017）表明当大多数消费者偏好某一品牌时，垄断零售商依靠买方市场势力诱使竞争制造商签署排他性交易合约，此时垄断零售商能够从制造商获得更大利润。李凯和高佳琪（2011）表明产业链下游的跨国公司利用买方垄断势力对当地配套企业的纵向压榨，导致本地企业生存状况窘迫。并以昆山 IT 产业集群为例分析纵向压榨产生的原因，认为纵向压榨起源于跨国公司的买方垄断势力和上下游市场势力的严重不对等。

还有一类文献研究买方通过各种方式增强市场力量以实现利润从制造商向自身流动。Hartwing et al.（2015）探究买方战略性库存对供应链绩效的影响，战略性库存通过改变公平分割的观念来增强买方市场势力，如果持有库存的成本足够低，买方通过持有战略性库存限制供应商市场势力，使得利润向自身流动。Ruffle（2013）实证得出大型零售商依赖其相对规模和卖方竞争产生强大买方市场势力，大型零售商能够从供应商那里得到更大的批发价格折扣，使得利润从供应商向自身流动。Marx and Shaffer（2010）认为通道费广泛存在于食品杂货行业，当零售商能够提供的货架空间容量远远低于供应商提供的产品数量时，零售商产生了买方议价势力，供应商必须向零售商支付名目繁多的费用，使得利润流向零售商。

一些学者提出相反意见，Ravenscraft（1983）基于综合管理系统数据，经验表明买方集中度与供应商利润正相关，解释为如果只有数量极少的买方，供应商能够减少营销成本支出。Chen et al.（2017）表明当上游制造企业亚洲供应商面临拥有强大买方市场势力的国际品牌制造商时，上游企业投资于专用性资产有利于双边关系，尽管买方市场势力更加强大，仍旧能够为合作双方带来更大利润。Kalayc and Potters（2011）在供应商向具同质性偏好的买方提供产品的条件下，使用双寡头定价模型检验是否买方困惑提高市场价格。得出即使买方具有强大市场势力，供应商通过增加不需承担成本，也不影响买方使用价值但增加买方评估复杂程度的产品属性，使买方不能作出理性最优选择，供应商据此提高产品批发价格并增加自身利润。可见，买方市场势力并不一定降低制造商利润。

代表性研究为 Cool and Henderson（1998），作者采用因子分析法把九种买方市场势力归结为结构型买方市场势力、一体化型买方市场势力、属性型买方市场势力和依赖型买方市场势力。得出不同来源买方市场势力对卖方利润的影响并不相同，可能互相抵消。此研究也许揭示买方市场势力对供应商行为绩效作用相反的根源，即实证建模中买方市场势力来源和衡量指标的异质性。Hu et al.（2013）考察从垄断供应商购买相同关键投入品的两个买方，集中两者需求作为单个实体购买时，获得的利润是否高于单独购买的情形。结果表明垄断供应商通过最优化契约设计从集中购买中攫取利润更容易，此时买方市场势力对供应商利润的提升具有促进作用。Xue et al.（2014）研究供应链中不同势力变化机制如何影响合作伙伴绩效和消费者剩余，得出占据渠道主导地位，能够施加势力决定批发、零售价格，能够把库存风险转移到处于弱势地位的供应商的买方并不能保证得到总利润中的更大份额。Bönte（2008）构建下游垄断上游竞争模型，当上游行业存在研发溢出时，垄断买方相比竞争买方更有激励对制造商进行R&D 补贴，此时合作双方总利润更高。

对买方市场势力的不断细分与深入研究中，逐渐关注到卖方抗衡势力作为调节变量对买方市场势力的制约作用，其描述不同产业链层级市场势力的交互作用和动态变化，及导致的买方卖方相对势力的改变，如此利润分配内在机制得以深刻体现。即买方市场势力是供应链买方相对卖方的势力，当买方在横向市场处于垄断或寡头垄断地位，面对市场集中度较低的卖方时，可通过通道费、价格折扣、数量折扣等方式获得更多优惠条款，实现利润从卖方到买方的分配。若卖方市场集中度较高，拥有与买方对等的市场势力时，买方相对卖方的市场力量则不确定，卖方利润并非一定与买方市场势力负相关，而是由相对买方的市场势力决定，由此扩展了对纵向市场和产业链不同层级横向市场的认识。

Ruffle（2000）认为现今零售行业呈现寡头垄断特点，几家零售巨头占据主导地位，众多小型零售商处于边缘地位，制造商不得不面对有势力买方。然而寡头垄断理论和反垄断立法都忽视了卖方的抗衡势力所发挥的作用，即卖方势力可能对买方市场势力起到制约与调节作用。两个下游客户情形下，买方往往会对供应商强加利己条款；四个下游客户情形下，卖方能够抵制并拒绝买方的不合理要求。Ruffle（2000）体现卖方抗衡势力在利润分配中的作用，不同买方数量体现市场结构类型，深层次反映买方市场势力和相对供应商的市场势力。当买方为双寡头时，可能相对卖方势力较强。当买方数量增加时，相对卖方势力可能发生转变，卖方能够对客户行为加以制衡甚至控制，并获得联合利润中更大份额，实质是势力对比导致新的讨价还价结果，并通过利润分割体现。Jain et al.（2016）、Chen et al.（2015）、Beckert（2018）、Cowan et al.（2015）、Kelly and Gosman（2000）、Inderst and Wey（2003）、Wen and Wang（2014）、Gosman and Kohlbeck（2009）、韩敬稳和赵道致（2012）、李凯和李伟（2014）也证实此观点。

制药行业经验研究典范为 Ellision and Snyder（2010），作者基于出售给美国药店抗生素批发价格数据，经验检测"抗衡势力"理论文献。得出对于竞争性供应商生产的抗生素，大型药店能得到适量批发价格折扣；但是对于垄断供应商，大型药店得不到批发价格折扣，行业垄断地位成为垄断供应商抗衡势力来源。李凯等（2017）构建上游制药行业，下游医疗行业的纵向关系，分析医疗行业买方市场势力对制药行业利润的影响，得出制药行业拥有与买方相抗衡势力时增加自身利润和提高自身绩效。Köhler（2014）探索纵向关系中卖方讨价还价势力对自身 R&D 投资绩效的影响，认为研发活动创造新产品并降低产品成本，产生的利润能否被卖方所得取决于卖方与买方交易时的议价势力。如果买方有强大市场势力将攫取卖方 R&D 收益的巨大份额，如果卖方有强大市场势力也会抽取买方利润中的绝大部分。并收集 472 家德国制造企业数据进行实证检验，估计结果支持所有假设并体现卖方议价势力的重要性，即卖方 R&D 投资绩效由自身势力和买方市场势力共同决定。

八 买方市场势力对供应商技术创新的影响

大量文献基于不同方法探索买方市场势力对供应商技术创新的影响，所得结论存在差异，既存在正向影响，也存在负向影响。

买方市场势力对供应商技术创新影响的数理模型分析中，Battigalli et al.（2007）分析买方市场势力来源对供应商产品质量提升的影响，得出买方市场势力的增加不仅降低供应商利润，而且降低供应商产品创新激励。凌超和张赞（2014）把创新分为过程创新、产品创新和创新投入，得出买方市场势力与产品创新和创新投入呈负相关关系，并指出买方市场势力对不同类型创新影响呈现差异化的内在机理需要深入探讨。Chen（2019）在供应商产品创新和工艺创新条件下，从零售商的议价地位、议价能力和供应商的议价地位三个角度探索不同来源的买方市场势力对供应商创新行为的影响。结果表明，零售商讨价还价能力的增强提升买方市场势力，能够降低下游零售商的销售渠道数量，及供应商的外部选择范围和利润，抑制供应商的工艺创新激励。对于产品创新激励，受产品需求弹性的影响，两者之间的关系存在不确定性。Chen（2019）全面分析了买方势力与供应商不同类型创新的关系，在数理建模研究中具有代表性。Ma et al.（2021）指出供应商产品创新和流程投资的一个重要障碍，是供应商和买方之间的非对称依赖关系；此关系已被证明是有害的，不仅提高双方冲突的可能性，且对更依赖的一方产生不利影响。占据绝对优势地位的买方能够影响供应商的意图和行为，供应商对大型买方的依赖增加了供应商对双方关系中的模糊性和风险性的感知，对其信任、承诺和创新投资意愿产生负面影响。Ma et al.（2021）注意到势力失衡情形下买方势力对供应商行为决策的影响，现实中国内大型跨国零售商与小型供应商的矛盾纠纷可以提供较好的案例支撑。

Stefanadis（1997）得出大型买方可能具有强烈动机迫使供应商签署排他性协议，此契约将降低供应商创新激励，抑制供应商创新行为。Inderst and Valletti（2007）和 Dobson and Inderst（2008）表明当供应商作出创新投资决策的时候，将考虑从此项目上获得的未来租金折现值，并对投资决策的合理性进行评估。当面对拥有强大势力的买方时，供应商创新动机较低，因为创新租金的独占性太低。Inderst and Valletti（2007）和 Dobson and Inderst（2008）观察到下游客户市场势力是影响供应商创新行为的重要因素，大型买方能够攫取供应商创新产品收益的较大份额，降低其创新激励。产品差异化与创新相联系，新产品的开发与生产通常构成创新活动，基于产品差异化视角，Chen（2004）、Inderst and Shaffer（2007）和欧盟委员会（1999）均得出买方市场势力降低供应商差异化产品生产激励。企业往往把产品差异化策略视为区分竞争对手，降低同类产品竞争程度和获得更大市场份额的重要策略，目的是增强横向市场势力，抗衡势力的增强提高其在交易中的议价地位，往往对买方不利，因此买方从自身利益最大化角度出发，阻止供应商通过技术创新行为增加产品类别。Jovanovic et al.（2013）、Suttonbrady et al.（2017）、李凯和李伟（2015）、李凯等（2014a；2014b）也通过数理模型证实买方市场势力抑制供应商技术创新。英国竞争委员会（2008）认为当买方进行激烈价格竞争时，零售价格的降低导致买方利润降低，有势力的买方可能挤压供应商利润以获得相对其他竞争对手的竞争优势。供应商需要在同等价格条件下提供更高质量（更大数量）的产品，或者在更低价格条件下提供相同质量（相同数量）的产品。创新租金过低可能降低供应商研发投资水平，降低供应商创新投资激励，导致供应商的产量和产品质量降低，减少推向市场的新产品数量。

限于数据可获得性，经验研究相对理论分析较少，国外对汽车、食品、制药和啤酒等行业的集中研究中，得出买方市场势力降低供应商创新激励和创新绩效。Peters（2000）以 R&D 雇员强度和创新强度衡量创新投入，市场成功引进创新产品数量和成功实施工艺创新数量衡量创新产出，以市场集中度 CR_3 衡量买方市场势力，探索汽车制造商市场势力对零部件生产商技术创新的影响，得出买方市场势力降低生产商创新强度和研发雇员强度。基于 2002 年德国食品制造企业的调查问卷数据，Weiss and Wittkopp（2005）分析买方市场势力对食品制造企业创新的影响，以制造企业对零售商定价压力的评估程度衡量买方市场势力，也得出零售商市场势力负向影响制造商产品创新活动。调查问卷衡量方式虽然具有较强的主观性，普遍适用性受到一定限制，但也为买方市场势力的衡量方式提供新的路径。基于德国制造业和服务业 1129 个企业样本数据，以每家上游企业最大三家客户购买额占比衡量买方市场势力，Köhler and Rammer（2012）使用 Tobit 模型从买方价格竞争和技术竞争两个维度探索买方市场势力对供应商创新激励的影响。实证结果表明，买方市场势力对抑制供应商的创新强度；下游企业价格竞争和技术竞争越激烈，买方市场势力对供应商创新行为的促进作用越显著。Köhler and Rammer（2012）在探索买方市场势力与供应商创新行为关系的基础上，更加深入考察买方价格竞争和数量竞争在两者关系中所起的作用，为产业组织理论纵向关系实证研究提供新视野。

国内经验研究中，孙晓华和郑辉（2013）探索中间产品制造商买方市场势力对供应商创新行为的影响，得出买方市场势力降低供应商工艺创新水平，供应商在面对具有买方市场势力的下游企业时，运用新生产技术和操作工艺提高生产率的激励较低。张庆霖和郭嘉仪（2013）在我国医药混业经营模式下，分析拥有双边垄断地位且决定药品最终需求的医疗机构尤其是医院，对市场集中度较低的制药行业创新行为的影响，经验表明买方市场势力降低制药行业创新水平。丁正良和于冠一（2019）以地区医院总数、制药企业总数作为买卖双方势力的代理变量时，经验表明买方市场势力降低制药企业创新投入和创新产出，不利于其创新能力的实现。买方势力较大，上游制药业具有与下游相抗衡的势力时有利于企业创新行为，不拥有抗衡势力时不利于创新行为；买方势力较小，上游制药业相对等的较小市场势力更能够增强企业创新投入与创新绩效，较大的市场势力反而不利于企业创新激励，即上下游行业之间较为对等的市场势力更能够促进创新行为的实现。李凯等（2019）在空间视角下探索买方市场势力对制药行业创新行为的溢出效应，得出本地买方市场势力不仅抑制本地制药行业的研发投入，还通过空间溢出效应抑制其余地区的研发投入，但空间溢出效应不显著；同一地区纵向产业链市场交易主体交易关系和经济联系更紧密，下游行业对供应商行为纵向约束力更强；上下游行业之间较为对等的市场势力有利于研发活动的开展，卖方相对市场势力较强和较弱均降低研发激励。丁正良和于冠一（2019）关注到了供应商抗衡势力在买方势力对自身创新行为影响中的调节作用，更进一步，李凯等（2019）把空间计量模型引入纵向关系实证分析，拓展了纵向研究方法。基于2012 年至 2016 年沪深 A 股高新技术企业上市公司数据，郭晓玲等（2021）探索不同市场竞争环境下买方市场势力对供应商研发投入的影响。实证表明，市场竞争程度越激烈，市场动态性越低，市场不确定性越高，买方市场势力对上市公司研发投入的负向效应越显著。李丹蒙等（2017）实证表明客户市场集中度与供应商研发投入负相关，相对于国有控股企业，非国有控股企业的研发投入受客户集中度的影响更显著。吴祖光等（2017）实证表明客户集中度与供应商研发投入负相关，企业规模能够改善客户集中度的负向影响。王爱群和赵东（2019）实证表明客户市场集中度与供应商研发资本化概率、比例均显著负相关；民营企业和盈余门槛压力较小企业的研发资本化受客户集中度的影响更为显著。三者从企业管理视角拓展了企业创新行为研究深度和买方市场势力研究宽度。将下游企业数量（李凯等，2019；丁正良和于冠一，2019）和买方市场集中度（郭晓玲等，2021；李丹蒙等，2017；吴祖光等，2017；王爱群和赵东，2019）作为市场竞争程度的指标衡量买方市场势力，能够从市场结构视角体现整个市场的竞争状况和行业层面上的产业组织结构特征，从而反映下游市场势力的大小及对交易伙伴的控制程度，但难以刻画企业层面上的以买方为主导的产业链特征，更无法刻画行业内企业间的价格、规模、服务等特征性差异。因此，有学者从企业视角出发，用上下游企业的相对规模衡量双方市场势力的大小，并认为企业规模是影响企业谈判势力和议价势力的重要决定因素。基于 1995 年至 2005 年中国 18 个轻工制造业与零售业的面板数据，周勤和黄亦然（2008）以行业资产总量对比衡量上下游的相对市场势力，探索买方市场势力是否会对上游制造企业的利润进行纵向压榨。实证结果表明，在纵向市场结构下，下游零售商利用渠道优势形成的买方市场势力会对上游制造企业的利润有压榨的动机，减少了供应商的创新资金来源，不利于其创新活动的开展。基于 2001 年至 2008 年 11 家在华跨国连锁零售企业在 287 个城市的门店分布数据，周霄雪和王永进（2015）以每个零售商市场份额衡量横向市场中的势力，探索零售商规模扩张对制造企业研发行为的效应，得出两者负相关的结论。

部分学者提出与买方市场势力抑制供应商技术创新结论相反的观点，Inderst and Wey（2003）构建双边寡头竞争的纵向市场结构模型，探索下游买方通过横向兼并导致买方市场势力增加时，上游供应商所选择的技术创新策略。研究结果表明，虽然下游买方兼并导致供应商的议价地位下降和压缩其利润空间，但供应商仍会增加研发投入以推广更有效的工艺创新和产品创新模式，旨在提高自身的议价势力和抗衡势力，降低买方市场势力的负向效应。基于外部选择价值视角，Inderst and Wey（2005）认为当买方面对现在的供应商有许多外部性选择，或者寻找潜在供应商的成本降低时，买方就具有市场势力，买方市场势力增强供应商投资于成本降低的激励，提升供应商工艺创新水平。Inderst and Wey（2007）构建卖方垄断，多家竞争性买方的博弈模型，当买方市场结构与李凯和李伟（2015）、李凯等（2014a；2014b）的研究存在差异时，结论则完全不同。此时卖方处于垄断地位，产品创新投资降低边际生产成本，提升了与大型买方谈判时的地位，持续增强的买方市场势力对卖方创新投入存在正向促进作用。Inderst and Wey（2011）分析买方市场势力对制造商动态效率的影响，表明买方能够诱使制造商在产品质量的提升上投资更大数额，以达到提高制造商产品质量和差异化水平的目的，制造商的生产技术和创新能力随之得以提升。以案例研究为基础，Makkonen et al.（2018）收集核电行业及三家主要机械工程供应商 18 次半结构式访谈数据，探索供应商创新成功的影响因素。实证得出，即使供应商对强势买方并不完全满意，但相互理解对方的利益和业务，供应商仍能够高度致力于双方合作，以促使自身创新成功。Makkonen et al.（2018）的贡献在于拓展了买方势力实证研究数据的获取范围，即通过面对面访谈获取数据。Kyung et al.（2019）使用 209 家韩国一级供应企业的数据，探索契约公平性、市场势力来源、买卖双方关系质量对供应商创新绩效的影响。实证表明，即使买方具有较强的市场势力，合作性供应链的买卖双方关系仍旧提高了供应商的创新绩效。Kyung et al.（2019）从建立合作性的上下游关系及提高双方关系质量视角，为提高供应商创新产出提供了独特的见解。Caprice 和 Rey（2015）在产业链纵向市场中探索买方集中采购形成采购联盟时，对供应商过程创新的影响。结果表明，当采购联盟的规模较小时，其市场势力与供应商的过程创新正相关；当采购联盟的规模超过临界点时，其市场势力与供应商的过程创新负相关，两者呈现"倒 U 型"关系。

Faulí-Oller et al.（2011）假设下游零售商为非对称形式的市场结构，买卖双方采取非线性定价形式两部类收费制的情形下，探索相对市场势力非对称零售商横向兼并后，下游市场集中度提高后对供应商 R&D 投资激励的影响。研究结果表明，买方兼并通过降低买方竞争程度增加消费者剩余、卖方利润和行业总利润，供应商 R&D 投资激励也随之增强。在两部类收费制的条件下，Johansen（2007）构建上游垄断、下游竞争的纵向市场结构模型，以下游零售商数量衡量买方市场势力，探索其对供应商工艺创新的影响。实证表明，零售商之间的兼并引致较强的市场势力，由此降低供应商的工艺创新激励。Li et al.（2013）构建垄断制造商，双寡头零售商在买方市场进行数量竞争的模型，探索零售商抗衡势力对卖方产品创新激励的影响，得出零售商抗衡势力促进制造商向市场推出新产品和增强制造商差异化产品生产水平。Kirkwood（2016）认为制药企业近些年获得巨额利润，即使准许包括联邦政府在内的最大买方向制造商施加压力，降低处方药价格，制药企业仍旧能够得到创新投入的回报，开发新产品的激励仍旧很高。Krolikowski and Yuan（2017）基于 1980 年至 2005 年美国企业数据集，在包含交易成本经济学、资源依赖理论和不完全契约理论的内部组织框架中，经验探索客户市场集中度对供应商过程创新和产品创新的影响。得出高客户市场集中度能够更大程度激励供应商从事关系专用性投资活动，提高供应商创新能力和研发投入水平。专用性资产投资与创新行为紧密相连，能够给企业带来差异化竞争优势，Krolikowski 和 Yuan（2017）从买方势力对供应商资产专用性影响的视角展开研究，为提升企业技术创新能力提供新思路。Robertson and Langlois（1995）、Klepper（1996）、Christensen and Bower（1996）、Klevorick et al.（1995）、Scherer（1982）和 Waelbroeck and Allain（2003）也证实买方市场势力增强供应商创新激励。

国内研究中，何然（2014）认为强大买方出于竞争需求，会对投入品进行一些特殊规格要求，此行为可能沿着产业链将自身更高层次需求向供应商传递。当供应商不能满足买方技术复杂性要求，或难以将买方高技术吸纳进生产过程时，鉴于违反契约、转化卖家的高成本和维护双方交易关系稳定性的考虑，买方甚至资助供应商专门针对其需求进行研发，或与供应商共享现有技术，使得一些缺乏自主开发能力的生产者获得研发机遇，如此买方市场势力为卖方技术进步提供动力。付红艳和赵爱姣（2015）构建上游垄断制造商、下游双寡头的纵向结构模型，其中一家零售商拥有买方市场势力，另一家零售商无市场势力只能作为价格接受者，结果表明买方市场势力增强提升供应商工艺创新激励。一方面，买方市场势力增强表明价格折扣数额增大，供应商利润空间缩小，工艺创新能够降低供应商单位产品生产成本，实现效率提升；成本降低产生的利润增量可以一定程度弥补由于买方市场势力增强导致的利润损失。另一方面，供应商工艺创新投入增大新产品推出概率，产品种类增加有助于市场势力的提升，使得买方经济依赖程度增加，提高了买方的转换成本和买方实施后向一体化的困难程度，进而提高供应商市场交易中的议价势力，逐步改善被买方控制的不利局面。上述两个层面观点为买方市场势力越强供应商创新积极性越高提供理论解释。孙晓华和郑辉（2011）依据2000—2008年我国汽车行业样本，以买方企业数衡量买方市场势力，实证得出买方市场势力增强促进制造商技术创新，当买方在双方谈判中的地位增强时，供应链传导机制下，买方对中间投入品的更高质量要求会促进上游企业创新行为。基于2012年至2016年中国121家医药制造业上市公司数据，郭晓玲和李凯（2019）探索买方市场势力对供应商研发投入影响的背后机理。实证表明，买方市场势力与制药企业研发投入呈"倒U形"关系，即当买方市场势力较小时，对制药企业研发投入的"激励效应"占主导位置；当超过临界点，买方市场势力对制药企业研发投入的"挤出效应"占主导位置；制药企业的资产专用性强度越高，买方市场势力与其研发投入的"倒U形"关系越显著。基于2008年至2013年沪深两市A股上市企业数据，徐虹等（2016）探索客户集中度对供应商研发投资的影响，实证结果表明两者呈现"倒U形"关系，但仅在非集团企业样本和地区金融发展水平较高样本中成立。基于2009年至2012年134家上市企业数据，郑登攀和章丹（2016）以客户市场集中度衡量买方市场势力，探索其对供应商创新绩效的影响，实证表明两者呈现"U形"关系。

有关买方市场势力的认识在不断细分与深入，当逐渐关注供应商抗衡势力在市场交易中的调节作用时，更加深刻体现买方市场势力含义。众多产业链层级构成的纵向市场中，每个层级包含众多企业，除了不同层级横向市场企业交互作用，纵向市场不同层级企业在市场交易中也存在交互作用，两者讨价还价能力的强弱取决于相对势力。当买方市场势力远远超过卖方势力时，对卖方行为绩效产生较大程度影响；当卖方具有抗衡势力时，影响结果可能完全不同。

一些学者从供应商市场集中度视角考察市场势力，把供应商市场集中度视作市场力量的替代变量，即买卖双方市场集中度越高（越低），市场势力越大（越小）。Farber（1981）基于美国 50 个四位数制造行业数据，分析买方市场结构对供应商 R&D 努力的影响。得出买方市场集中度对供应商 R&D 激励产生影响，但此效应依赖供应商市场集中度。如果供应商市场集中度较低，买方集中度的增加对供应商研发强度的影响为负；如果供应商市场集中度充分足够高，此负效应得以减轻。此结论与 Peters（2000）研究保持一致，Peters（2000）基于 401 家德国汽车供应商企业层面数据集，探索买方市场结构对供应商创新投入和创新产出的影响。结果表明，对于创新投入，向高度集中买方供给产品的供应商创新强度较低；然而，如果供应商所处行业市场集中度较高，此负效应得以减轻。Weiss and Wittkopp（2005）以德国 2005 年食品制造行业 15 个子行业企业为样本，以市场集中度衡量制造企业卖方势力，探索零售商买方市场势力对食品制造企业创新的影响。得出若制造企业拥有抗衡势力时，将减轻下游零售商对其创新活动的负效应。

基于供应商市场份额视角和产品差异化视角，Weiss and Wittkopp（2003a；2003b）基于德国食品制造企业调查数据，以三年内引进的新产品数量、常规新产品总数、优质新产品总数衡量创新活动，以制造商主观评估零售商是否能够对其施加定价压力表征核心变量买方市场势力，分别基于 88 家和 87 家企业数据经验检验零售商买方市场势力对食品制造企业创新的影响。观察到零售商对制造商较强定价压力显著降低制造商引进新产品数量，制造商横向市场份额增加时，减轻零售商对其产品创新的负效应，从市场份额视角体现抗衡势力。对于引进质量差异化新产品呈混合结果，即零售商定价压力显著抑制常规新产品引进数量，对优质新产品引进数量无显著负效应。常规质量产品同质化严重，零售商外部选择较多，制造企业市场势力较弱。优质产品制作工艺复杂，技术含量高，替代性弱，零售商外部选择较少，成为制造企业抗衡势力来源，从产品差异化视角体现供应商抗衡势力。

基于供应商所处行业市场结构、产品差异化和行为视角，Köhler and Rammer（2012）基于市场结构视角，表明供应商创新投资激励也可能受市场竞争环境影响，完全垄断或寡头垄断供应商市场赋予卖方更强抗衡买方的势力，供应商能够得到联合利润中更大分成，因此研发投资激励更高，反之研发投资激励更低。同时存在一些企业特征（产品差异化，营销活动或策略），可能削弱有势力买方负向影响并增强供应商议价地位，成为供应商抗衡势力来源。相比单一产品供应商，高度差异化产品为供应商提供更多外部选择机会，极大程度减弱有势力买方对其利润压榨，为研发活动的有力开展提供资金支持。供应商积极扩展营销活动能够吸引更多潜在新客户，扩大其外部选择范围，达到与产品差异化正向促进其创新活动相同效果。Köhler and Rammer（2012）不仅从行业市场结构、也从产品差异化和企业行为视角体现供应商抗衡势力。

其余视角下，Wang and Shin（2015）从定价权视角体现供应商抗衡势力。周霄雪和王永进（2015）分别从市场份额、现金流、出口类型、运输成本和企业年龄视角考察卖方抗衡势力，对其来源认识较全面。孙晓华和郑辉（2013）从行业属性视角体现供应商抗衡势力。李丹蒙等（2017）从企业所有权视角体现供应商抗衡势力。王爱群和赵东（2019）不仅从行业市场结构视角和企业所有权视角，也从是否面临盈余扭亏视角体现供应商抗衡势力。吴祖光等（2017）从企业规模视角体现供应商抗衡势力。

九 买方市场势力对供应商产品差异化的影响

基于古诺模型和伯川德模型对寡占理论的研究中，往往都以一个关键假设为前提：即产业链上游或下游企业生产无差异化同质产品，因此企业竞争的唯一条件在于产品价格，同时企业无法把价格降低到边际成本下。然而现实竞争环境下，很难满足产品同质性假设，产品质量的差异，产品包装和款式的差异，购物距离的远近及导致的交通成本差异，购物环境的舒适与否，服务态度的好坏，销售产品时的一切附带服务条件如售前或售后服务，消费者偏好等等，均形成了差异化的产品。总之，消费者面临的产品总是有差异的。产品差异化作为企业市场细分和定位的一项策略，是企业决策层战略规划的重要内容。

Shaw（1912）最早对企业产品差异化进行研究，认为差异化产品能够满足消费者多层次需求，突出企业产品和服务特色。Porter（1976）在《竞争战略》中提出，差异化策略能够降低现有市场竞争程度，增大竞争对手产品进入市场壁垒，进而增强自身竞争力，增加市场份额。产品差异化主要包括横向差异化（Horizontal differentiation）和纵向差异化（Vertical differentiation）。Hotelling（1929）线性空间城市模型和Salop（1979）环形空间城市模型对横向差异化展开研究。Swan（1970）、Mussa and Rossen（1978）和Walsh and Whelen（2002）对纵向差异化展开研究。

买方市场势力与供应商产品差异化的相关研究中，所得结论存在差异，既存在正向影响，也存在负向影响。Chen（2004）构建上游垄断、下游主导零售商和边缘零售商竞争的纵向市场结构，探索零售商抗衡势力对制造商产品差异化和垄断定价的影响，得出零售商的抗衡势力减缓了价格的扭曲程度，但削弱了供应商的创新投入，降低了社会福利且加剧了产品差异化的扭曲程度。Chambolleab and Villas-Boas（2015）构建三阶段零供谈判古诺博弈模型，探索买方市场势力与供应商产品质量差异化的关系。研究结果表明，上游较低的产品质量差异化程度是形成买方市场势力的重要因素，拥有较强市场势力的零售商基于自身利润最大化的目标会选择向消费者出售低质量产品，从而降低消费者剩余和社会福利，抑制供应商的质量提升。这一结论与Chen（2004）的研究结果类似。刘智慧等（2013）基于零售商谈判能力差异，构建完全信息动态博弈模型，考察买方竞争程度、买方谈判势力对卖方产品差异化策略的影响。结果表明，买方市场竞争与买方谈判能力对卖方产品差异化的影响不能互相替代；当零售商不具有议价势力时，市场竞争程度通过影响卖方利润激励供应商的产品差异化策略。当主导零售商具有议价势力时，主导零售商议价势力通过影响批发价格激励供应商的差异化产品生产行为。

十　买方市场势力对供应商资产专用性的影响

买方市场势力对供应商资产专用性影响的少量文献中，结论存在异质性，既存在正向效应，也存在负向效应。

郭永和周鑫（2010）对航空公司拖欠机场费用案例进行考察时，表明企业的市场势力由横向势力和纵向势力共同决定，航空业资产重组改革加强了横向市场势力，由此扩大了其纵向市场势力，作为需方的航空公司拥有了更强的讨价还价能力，促生了航空公司的买方抗衡势力，除北京、上海等大型枢纽机场外，国内其他机场与航空公司在航权、定价权的对话中缺乏话语权，导致欠费问题的激化。航空公司欠费降低机场专用性设施建设投资，为航空业的安全运营埋下隐患，进而影响航空业的发展。

Chen et al.（2017）、Krolikowski and Yuan（2017）和 Ebers and Semrau（2015）却得出相反结论。Chen et al.（2017）表明当上游制造企业亚洲供应商面临拥有强大买方市场势力的国际品牌制造商时，上游企业投资于专用性资产有利于双边关系，尽管买方市场势力更加强大，仍旧能够为合作双方带来更大利润，上游企业投资于专用性资产的激励更强。Krolikowski and Yuan（2017）在包含交易成本经济学、资源依赖理论和不完全契约理论的内部组织框架中，经验表明高买方市场集中度能够更大程度激励供应商从事于关系专用性投资活动。Ebers and Semrau（2015）基于德国建筑行业 149 对买方供应商样本数据，经验得出买方供应商势力不对称和买方对供应商的信赖决定关系专用性投资中两者所占的份额；买方市场势力与供应商的关系专用性投资正相关，即买方拥有的市场势力越大，供应商投资额越多。

十一　买方市场势力规制

对买方市场势力规制之前，首先确定买方是否拥有市场势力。Chen

（2007）认为企业规模是形成买方市场势力的重要因素，但不能仅凭借买方相对供应商有更大规模就简单判定买方拥有市场势力，两者不存在对等关系。在中间投入品市场上，购买供应商产品时，若买方必须和行业内其他买方进行激烈竞争，即使买方规模很大也不能从卖方得到正常价格以下的更低批发价格，那么买方就不拥有市场势力。反之，如果买方处于行业垄断地位，卖方难以寻找可替代产品销售来源，即使买方规模很小也拥有买方市场势力。因此规模并非对买方市场势力的判断标准，而是买方购买供应商产品时的现实或潜在竞争程度。Chen（2007）未从企业规模表层现象，把企业规模等同于买方市场势力，同时考虑买方竞争程度和纵向市场结构，形成了对买方市场势力的深层认识，对反垄断实务中买方市场势力认定标准和具体实践有重要参考意义。Kirkwood（2005）指出尽管下游相关市场买方购买份额可能是行使买方市场势力必需的，但买方市场势力的行使并非必然要求买方大量购买份额，必须考虑买方进入壁垒所发挥的关键作用。Kirkwood（2005）认为如果买方进入壁垒较低，存在大量潜在进入者，供应商花费高成本仍可搜寻到替代买方，即使在位者购买量占据卖方的显著份额，在位者行使买方市场势力的能力依旧较弱。Kirkwood（2005）的补充条件使得买方市场势力的行使条件更加严密。

对买方市场势力进行规制，其次需要分析买方市场势力是否产生反竞争效应。Dobson et al.（1998）围绕五个问题考察买方市场势力的反竞争效应，即买方对价格设定、购买条款、交易数量、供应商一个或更多阶段生产或分销周期是否有显著影响？买方是否面对低集中度无势力的供应商？买方是否凭借卖方势力提高买方市场势力？买方是否通过利润抽成、数量折扣、非线性定价、搭售、排他性供给要求、共同代理、价格约束、区域排他、拒绝交易、特定要求的设计等试图约束供应商行为？买方市场势力与生产效率降低和消费者福利降低有关联吗？并提出相关政策建议。

Chen（2007）从竞争性买方和垄断性买方两个层面分析买方市场势力是否产生反竞争效应，对于买方竞争情形，如果下游市场存在大量小规模买方，均衡状态时不存在买方市场势力。但是短期情形下，若买方或卖方的变化改变了双方势力对比且更有利于买方，可能导致买方市场势力产生反竞争效应。例如，消费者偏好改变可能导致产品需求降低，需求降低导致的产能过剩引发供应商之间的价格战，于是在短期内赋予一些零售商市场势力。然而长期内买方市场势力可能会消失，因为一些供应商被迫退出，市场中供应商数量达到新的均衡。因此买方竞争情形下，买方市场势力不产生反竞争效应。买方垄断情形下，单个买方面对大量竞争性供应商，垄断买方选择的购买数量小于社会最优数量；垄断买方通过限制购买数量成功地降低了批发价格，导致经济效率的损失和福利从卖方转移到买方，此时买方垄断有确定的反竞争效应。

Shaffer（1991）表明在寡头垄断零售市场中，零售商可能滥用买方市场势力赋予的市场支配地位，例如迫使供应商不得向竞争对手销售产品，对供应商强加排他性交易约束，人为降低批发价格提升竞争对手成本，以试图消除或抑制买方市场竞争，此时买方市场势力具有反竞争效应。

十二　反垄断法发展历程

文中首先叙述在美国具有"经济宪法"之称的反垄断法发展历程，因为其最早发轫于美国且在全球居于主导地位，在各国反垄断法立法思想和实施过程中具有引领作用。其次详细阐述国内相关反垄断法律法规，并依据相关反垄断执法案件，笔者提出对反垄断立法的观点。

美国反垄断法根植于经济学理论，而不断更迭的时代背景及持续演变的对于市场机制的认识左右反垄断立法思想，因此过去 100 多年来，Chicago School，Harvard School 和 Post Chicago School 依次主导美国反垄断主流思想。1890 年美国《谢尔曼法》开启了哈佛学派和结构主义立法思想的先河，直至 20 世纪 60 年代后期才占据主导地位。下文展现不同学派经济学家与法学家理论的属性、影响和观点差异，同时结合提出的时间与背景，详尽阐明不同学派思想发展脉络和交互影响。

1. 平民主义的兴起：《谢尔曼法》

美国《谢尔曼法》立法思想始于同情弱小企业的美国伦理观念。平民主义（Populism）流行于美国社会，时代背景为：美国石油冶炼厂和铁路公司进行大规模并购，大规模并购案使得铁路企业市场集中度高达 96%，制糖业、火柴行业和棉籽油行业相继成立托拉斯组织。美国于 19

世纪末爆发的抵制托拉斯群众运动成为《谢尔曼法》立法催化剂。此法案实施的第 18 年，美国最高法院裁定标准石油公司垄断市场，其被拆分成 34 家地区性石油公司。尽管 20 世纪初期"结构主义"并未直接应用于反垄断法，但此法规的实施思想和对长期占据市场垄断地位、市场力量过于强大的大规模超大规模企业进行拆分则体现结构主义内涵。虽然哈佛学派 20 世纪 50 年代正式提出"结构主义"，但其已萌芽于《谢尔曼法》诞生之时。

2. 哈佛学派反垄断经济理论的提出

20 世纪 50 年代左右，以张伯伦、梅森和贝恩为代表的哈佛学派系统提出产业组织分析框架，指出行业中企业数量及相对规模在市场有效运行中起决定作用。1970 年，谢勒在贝恩研究基础上，建立"结构—行为—绩效"（SCP）分析范式，认为正是企业所处市场结构决定企业行为，企业行为产生绩效。当某个企业市场份额过高时，更有可能实施反竞争行为。为了维护市场竞争秩序，保持市场正常运行和提高市场绩效，政府应对垄断企业进行拆分，对兼并行为实施严格控制。"结构主义"思想运用起点是 1945 年美国铝业案例，美国铝业公司因为控制铝锭市场 90% 的市场份额被裁定违反《谢尔曼法》，1962 年布朗制鞋案将结构主义推向高峰。受哈佛学派的深度影响，美国国会通过了对《克莱顿法》第 7 条进行修正的《塞勒—凯弗维尔法》（Cellar-Kefauver Act），管制的范围由对其他企业的股票、股权收购扩大至资产收购，此法案拉开了随后 20 年反合并执法浪潮的序幕。

3. 从结构主义到行为主义：芝加哥学派强调市场自由调节，政府无需干预

以施蒂格勒、德姆塞茨和波斯纳等人为代表，基于经济自由主义思想的芝加哥学派，认为不存在进入壁垒的市场中，市场能够通过自身调节实现出清。该学派强调经济效率，认为反垄断法的根本落脚点是促进经济效率，不应认定市场份额过高或高市场集中度适用本身违法原则。竞争仅视为实现效率最大化的手段而非最终目的，占据市场支配地位的企业有可能优化资源配置，提高消费者福利。反垄断机构不应关注行业集中程度，应关注占据市场主导地位的企业是否对横向市场竞争对手或上下游企业实施

了滥用市场支配地位的行为。由"结构主义"转向"行为主义",体现芝加哥学派核心思想。效率论在 20 世纪 70 年代后逐渐居于主流地位,成为产业组织理论和反垄断政策理论的主流观点。

最高法院在 1993 年的布鲁克集团案例中为掠夺性定价设定较高门槛,对于一系列搭售案件,也从本身违法原则转向合理抗辩原则。1982 年、1984 年和 1992 年三次对兼并指南(Merge Guidance)的修改中,仅将兼并后市场占有率视作参考要素而非决定要素。

4. 从"无需干预"到"温和的干预":后芝加哥学派的反垄断理论

"新产业组织理论"认为信息不对称条件下,企业间存在多次博弈行为,存在以效率损失为代价的竞争策略。政府应对企业行为进行审查,以确保消费者福利和经济效率最大化,美国的反垄断政策由宽松管制转向"温和干预"。后芝加哥时代,"本身违法原则"和"合理抗辩原则"的界限越来越模糊,新产业组织理论被广泛应用。1992 年的柯达案中,最高法院运用博弈论和信息不对称理论认定柯达公司存在市场支配地位。

5. 现代反垄断法对消费者福利的辩驳

纵观美国 100 多年反垄断历史,核心在于保护消费者福利和提升经济效率。时至今日,芝加哥学派把消费者福利和经济效率等同的思想受到挑战,一些学者认为两者不可等同。反垄断法以维护消费者福利为目的的理论也受到挑战,消费者福利不仅包括终端产品价格,还包括产品质量、产品多样性与产品创新。而且反垄断立法精神也是为了促进政治经济各相关方利益——包括工人利益、生产商利益、企业家利益和公民利益,而非仅维护消费者利益。

6. 我国相关反垄断法规

从保护供应商利益角度,我国商务部于 2006 年颁布《零售商供应商公平交易管理办法》和《反不正当竞争法》,后者约束强势零售商与供应商之间的具体交易行为。《反垄断法》于 2008 年 8 月正式生效,旨在强化竞争政策的基础性地位和营造公平竞争的制度环境。该法查处垄断协议、滥用市场支配地位和滥用行政权力限制竞争案件超过 400 件;对扑尔敏、冰醋酸等垄断行为作出处理并向社会公开;在全国集中开展原料药反垄断执法,对燃气、供水、供电等公用事业领域加大执法力度;在公共资源交易、医疗和发电设备等领域纠正 57 起行政性垄断行为；制定《关于汽车业的反垄断指南》等 4 部指南，明晰反垄断执法取向，增强反垄断法可操作性和可预见性；研究起草禁止垄断协议、禁止滥用市场支配地位和制止滥用行政权力限制竞争 3 个部门规章，统一执法标准和程序。

笔者认为中国反垄断立法和执法应：（1）从社会现实和经济理论视角制定适应新经济发展的竞争规则，照顾众多利益相关者利益，执法过程中因地制宜对待特定案例。（2）破除行业垄断和行政垄断，研究解决突出垄断问题。（3）全面实施公平竞争审查制度，加强竞争中性问题研究。

第三章

买方市场势力对供应商影响的
理论研究框架

　　近年来，随着大型零售商的崛起，一些行业经历市场集中度不断提高的过程，来自买方的市场势力逐渐增强，买方市场势力理论已然成为产业组织理论研究的热点问题之一。随着产业链上下游行业（企业）之间的联系日益紧密，买方市场势力的相关问题愈发受到学术界的关注，学界对其来源、形成机理、影响及效应、作用机理等诸多方面进行了深入的分析。基于产业组织理论视角，买方市场势力理论研究框架的建立能够从理论层面加深对纵向市场势力的认识，且为后续实证研究提供理论依据；因此，买方市场势力理论研究框架的构建意义显著。本章从研究定位、研究范式、作用机理、理论意义与对纵向关系研究领域的贡献等方面构建本书的核心分析框架，期冀为后文探索买方市场势力对供应商利润、工艺创新与产品创新、产品差异化和资产专用性影响效应及作用机制的研究提供理论基础。

一　理论研究框架的建立

（一）研究定位

1. 理论基础定位

　　本书主要基于哈佛学派 SCP（"结构—行为—绩效"）分析范式，构建买方市场势力研究的一般分析框架，进而对产业链纵向关系的相关问题进行讨论和分析。

　　产业组织理论的研究对象是产业组织，此概念大约在 20 世纪六七十年代逐渐得到公认，认为专指同一产业内部企业之间的组织或者市场关系。这里的企业关系包括企业间的交易关系、资源占有关系、利益关系和行为关系等，这些关系的变化和发展不仅影响企业本身的生存与发展，而且影响产业的生存与发展，最终影响该产业对国民经济发展的贡献（苏东水，2013）。产业组织理论在价格理论的基础上，考察了市场经济发展过程中的产业内部企业之间竞争与垄断的关系，以及规模经济与效率的关系，探讨了产业组织状况及其变动对产业内资源配置效率的影响，研究了市场经济条件下涉及的市场运行问题，能够为维持合理的市场秩序和经济效率提供理论依据与对策途径，是现代产业经济学的重要组成部分。

　　产业组织理论是本书依据的基础理论。本书采用产业组织理论探索来自下游客户的市场势力对制药企业利润等效应的影响，主要基于如下两个层面的考量：

　　一方面，产业组织理论研究范畴不仅包括横向关系，也包括纵向关系，比如来自供应商和下游客户的纵向势力、纵向一体化、纵向控制、纵向约束及纵向反垄断问题等。产业链背景下买卖双方的交易关系属于较为常见的纵向关系，任何一个交易主体的行为决策和市场绩效不仅受自身所处行业竞争环境的影响，同时也受到来自产业链上下游交易伙伴的影响。本书描述了不同产业环境下买方市场势力的经济效应，仍属于产业组织理论的研究范畴，是对纵向关系理论的有益拓展，能够丰富产业组织理论，同时也为企业战略规划及规制政策出台提供一定的理论参考。

　　另一方面，本书选择制药行业作为研究对象，在中国独特的医药制度背景下，制药行业面临着比一般市场更苛刻的买方条件和更大的买方市场势力，是买方市场势力突出的典型行业。由于制药企业面对着强大的买方市场，其行为决策和绩效的影响因素不仅包括横向市场中本产业的结构特征，产业组织中纵向势力特征也不容忽视，下游产业特征同样在上游产业的决策中起作用，其中市场势力就是典型代表。此时，有下游影响的情形与无下游影响的情形是截然不同的，这导致一个分析视角：至少二层产业的 SCP 综合分析才能解释企业决策激励，所以单层产业的 SCP 必须扩展。本书在产业组织理论传统的结构—行为—绩效（SCP）分析框架的基础上，扩展了产业链的层级，由一层产业链扩展至两层产业链，将纵向势力特征纳入对制药企业行为绩效影响的分析中，体现了产业组织纵向关系的本质特征。

总体来看，本研究定位于产业组织理论中的纵向关系实证研究，并在具体分析中借鉴哈佛学派以及传统产业组织相关研究的有益思想。本书的理论定位如图 3.1 所示。

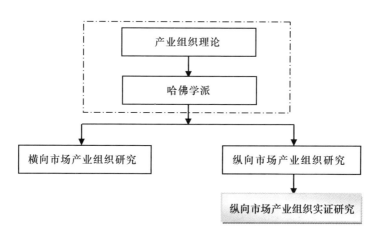

图 3.1　本书的理论定位

2. 竞争战略定位

企业战略是指企业根据环境变化，依据本身资源和实力选择适合的经营领域和产品，形成自己的核心竞争力，并通过差异化在竞争中取胜。企业战略包括多种战略，比如竞争战略、营销战略、发展战略、品牌战略、融资战略、技术开发战略、人才开发战略和资源开发战略等；其中竞争战略在企业战略中占据重要位置，主要是指企业为充分发挥竞争优势，及提高自身核心竞争力而制定的相关战略，对于维持企业核心竞争力和在市场交易中保持持久竞争优势具有重要作用。因为在经济环境日益复杂的形势下，企业作为横向竞争与纵向竞争的交叉点，自身发展和决策都无法离开外部竞争环境而单独存在，其影响因素不仅取决于竞争主体，还受竞争环境中其他诸多因素的影响，而行业内的竞争和产业间的竞争是最常见的两种竞争关系，正是这种来自横向、纵向维度之间的市场竞争环境成为企业生存发展的重要外部环境。

自从迈克尔·波特的《竞争战略》[①] 一书在 1980 年出版以来，企业竞争战略已经成为一门重要的学科，极大地激起了学术界的研究兴趣。竞争战略核心关注的问题是通过确定客户需求、竞争者产品及本企业产品三者之间的关系，来奠定本企业产品在市场上的特定地位并维持这一地位。

迈克尔·波特认为决定企业盈利能力的首要和根本因素是"产业吸引力"，而影响产业吸引力的竞争法则可以用五力竞争模型来分析，即产业中存在着决定产业吸引力和企业竞争优势的五种力量，正是这五种力量共同决定了产业竞争强度以及产业利润率。五种力量分别为：新进入者的威胁、替代品或服务的威胁、同业竞争者的竞争程度、供应商的议价能力和购买者的议价能力（见图 3.2）。

在波特五力模型中，按照方向维度对影响产业吸引力的五种力量进行分类，可以划分为横向维度与纵向维度两大类，其中横向维度包括新进入者的威胁、替代品或服务的威胁、同业竞争者的竞争程度；纵向维度包括供应商的议价能力和买方的议价能力。这种来自上游供应商和下游客户的议价能力本质上是一种纵向市场势力，能够体现市场交易过程中上下游交易伙伴通过议价势力对核心企业的产品价格、产品规格、交易条款、行为和绩效等产生影响的能力。

中国"医"与"药"独特的混业经营体制，使中国制药行业面临比一般市场条件更苛刻的买方条件和更大的买方市场势力，制药行业是买方市场势力突出的典型行业，产业组织中纵向势力特征不容忽视。因此，本书在考虑横向行业竞争影响因素的基础上，基于纵向关系视角，将产业组织中下游客户的市场势力因素纳入对上游产业利润等效应影响的分析中，有助于为企业战略决策的制定和市场绩效的提升提供经验支撑和指导意见，而波特五力竞争模型理论分析框架为文中买方市场势力对供应商的效

---

① Porter M. E. , *Competition Strategy: Techniques for Analyzing Industry and Competitions*, New York: Free Press, 1980.

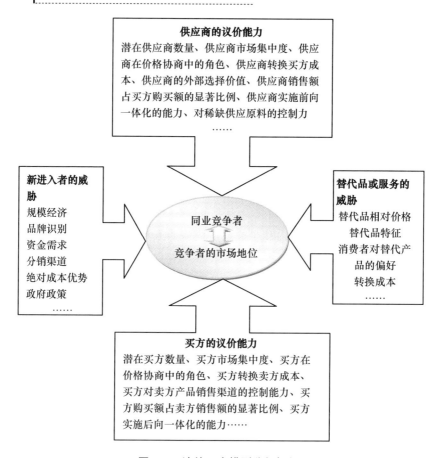

图 3.2　波特五力模型分析框架

应分析提供理论依据。

（二）研究范式

1. 传统的 SCP 研究范式

产业组织理论的研究对象为市场和企业，主要研究同一产业内部企业之间的组织或者市场关系。本书定位于产业组织理论的研究视角，主要采用产业组织理论的研究范式对产业链背景下买方市场势力效应及买卖双方的作用关系进行分析。产业组织理论体系中，哈佛学派提出的"结构—行为—绩效"（Structure-Conduct-Performance，简称 SCP）分析框架是最为重要的核心理论体系与研究框架。

这一理论模式的形成大致经历了两个阶段（苏东水，2013），第一阶段是贝恩（1959）出版的《产业组织》一书中提出从市场结构推断竞争效果的"结构—绩效"模式。他认为，判断一个行业是否具有竞争性，不能只依据市场行为（如定价行为）或市场绩效（如是否存在超额利润），而要同时根据该行业的市场结构的若干要素，如市场集中度、进入壁垒等来判断。贝恩十分强调市场结构对市场行为和市场绩效的决定作用，而忽视市场行为对市场绩效的影响。

第二阶段是在谢勒（1970）出版的《产业市场结构和市场绩效》一书中，提出了完整的"市场结构—市场行为—市场绩效"的模式。他认为市场结构首先决定市场行为，继而市场行为又决定市场绩效。他对产业组织理论的发展的贡献在于，在看到市场结构对市场绩效的意义的同时，更强调了市场行为的重要性，认为只有通过对不同市场结构的市场行为的具体分析，才能确定市场的效果。

市场结构，通常定义为对市场内竞争程度及价格形成等产生战略性影响的市场组织的特征，包括下游客户和供应商的数量、市场集中度、产品差异化、进入和退出壁垒、纵向一体化和产品多样性等；至于市场结构则是由一些基本条件决定的，如生产供给、技术条件、规模经济、范围经济、消费者需求、产品的需求弹性、消费者偏好等。

市场行为是指企业在充分考虑市场的供求条件和其他企业的关系的基础上，所采取的各种决策行为，具体包括广告宣传行为、产品定价行为、研发创新行为、差异化产品生产行为、专用性资产投资行为、对供应商或买方纵向控制或约束行为、合谋行为、兼并与收购行为等。

市场绩效是指在一定的市场结构和市场行为条件下市场运行的最终经济效果，主要从产业的资源配置效率和利润率水平、与规模经济和过剩生产能力相关的生产相对效率、分配效率、产品的质量水准和技术进步等方面进行评价。

SCP范式的形成标志着产业组织理论已趋于完善，但对于三者之间关系的讨论并未就此停止。到目前为止，产业组织学者不再简单地认为结构决定行为、行为决定绩效，他们发现三者之间的关系是非常复杂的。从短期来看，可以把市场结构看成是既定的要素，作为企业市场行为的外部环境，市场结构从某种程度上决定了企业的市场行为，而产业内所有企业的市场行为又决定了市场绩效。从长期来看，市场结构也在发生变化，而这种变化正是企业市场行为长期作用的结果；市场绩效的变化也会反作用于市场行为，直接导致市场行为发生变化。所以，在较长的时期内，市场结构、市场行为和市场绩效之间是双向的因果关系。

基于此，本书基于产业链纵向关系新视角，依托 SCP 分析范式，在考虑横向竞争影响因素的基础上，着重探索来自下游买方市场势力对制药企业利润等效应的影响，以期为企业行为决策的制定、绩效的提升和政府规制政策的实施提供理论基础。

2. 本书的研究范式

在产业链上下游行业（企业）之间的联系日益紧密的背景下，纵向市场中上下游产业之间的关联度日益增强，处于产业链条上的各行为主体之间存在着紧密的相互依赖与相互作用关系。企业运营发展的影响因素不仅包括自身特征，还包括产业链中下游产业的特征。为了获得竞争优势，现代企业的竞争范围已经不仅是依靠自身能力与资源在横向市场展开竞争，竞争范围业已扩展到与产业链下游客户之间的纵向竞争，企业与下游客户的有效整合与资源共享也成为获取竞争优势的重要源泉。因此，企业在进行经营决策选择时不仅要把自身微观特征和行业竞争对手的情况纳入考虑范围，还必须要考虑其面临的下游产业特征对企业行为绩效可能产生的影响，如来自下游客户的市场势力和议价能力。

买卖双方市场势力对比情况决定竞争关系的强弱，而竞争关系的强弱决定着对利益和有限资源的占有情况，因此纵向市场结构中拥有市场势力的一方往往有对另一方进行控制的激励。当下游企业在纵向交易过程中占据优势地位时，则认为下游企业具有买方市场势力；反之则认为上游企业具有卖方势力。本书以制药行业为研究对象，在"医"与"药"独特的混业经营体制下，其面临比一般市场条件更苛刻的买方条件和更大的买方市场势力，下游客户在市场交易中往往具有强大且无可争辩的讨价还价势力，两者存在明显的势力对比，制药企业的行为绩效不可避免地受到来自下游客户市场势力的影响。

　　基于企业发展视角，研发在制药企业的生存和发展过程中凸显核心地位，工艺创新和产品创新能力的提升有助于开发具有显著临床疗效的创新药物；产品差异化策略与创新相关联，有助于建立品牌优势，扩大市场份额和提升竞争力；专用性资产投资能够给企业带来差异化竞争优势，有助于增强开发新药品的能力和提升企业产品竞争力。上述行为均在制药企业的发展中发挥极其关键的作用，但需要持续不断的利润提供资金支持，利润同时可以视作创新绩效，对其研究意义明显。基于社会发展视角，"看病贵，药价虚高"加重了社会大众的负担，成为民生领域亟待解决的问题。探索供应链中上下游行业的交互关系及利润流向，有利于规制药品价格和降低民众医疗费用支出，意义显著。

　　制药行业关乎人类生命健康安全，在国民经济中占据重要位置。具有"高投入、高收益、高风险"特征，几乎涵盖了所有重大科技成果，是典型的高新技术产业。技术创新是其生存与发展的根本，有助于改进药品设计和工艺、提高药品质量，以及形成更加稳定、成本更低的供应链，是企业重要的市场行为。基于产品结构视角，我国制药企业产品同质化严重，原创药较少，仿制药偏多，能够获得批准的创新药数量稀少。相比于国外大型制药企业，研发经费投入与世界先进水平差距较大，缺乏高端研发人员，缺乏创新药物筛选及发现平台。影响中国制药企业创新不足的因素是什么呢？是否与面临的较强买方市场势力有关联呢？因此，从产业链视角探索制药行业（企业）创新不足的影响因素，对于其创新能力的提升具有典型意义。

　　产品差异化策略指企业开发出与竞争对手相异的具有特色的产品，并在开拓不同的市场时，对自身的产品进行改进创新，以满足不同市场目标消费者的需要。在竞争日益激烈的市场环境下，制药企业只有突出自身产品多元化特征并建立特色知名品牌，才能在产业中独树一帜，在消费者中树立权威形象，扩大客户范围和市场份额，获取更高利润。相比药品种类较少的企业，差异化经营的药企在纵向交易中拥有更强的议价势力和更多的话语权，更易于凭借产品优势弥补下游买方市场势力过大引致的利润损失，缓冲买方传导而来的交易风险，抵御买方带来的外部冲击。产品差异化与创新相关联，此发展战略在制药企业的管理实践中占据重要位置，从产业链视角探索制药行业（企业）差异化产品生产行为的影响因素，对于提高其产品差异化水平具有显著意义。

作为"可置信承诺"信号的专用性资产投资，一方面有助于交易双方建立长期战略合作伙伴关系，增强双方长期合作的意愿，及维持稳定的业务关系；另一方面有助于开发新产品，丰富产品线，使公司的产品除了能够满足普通市场的需求之外，还能更好地满足特殊市场的需求，适应更多细分市场的需求，从而有利于企业提升信用水平、获得较高的市场估值和持续经营承诺（徐虹等，2016）。制药企业作为典型的高新技术企业，研发创新在其生存和发展中扮演核心角色，只有加大对专用性资产的投资力度，才能为自身带来差异化竞争优势，增强开发新药品的能力。制药行业（企业）是资产专用性极具代表性的行业（企业），从纵向关系视角探索资产专用性的影响因素，对于提升企业竞争力和维护客户关系具有重要意义。

因此，本书探讨买方市场势力对制药企业行为绩效的影响不仅符合SCP产业组织理论的研究范式，也是产业组织理论研究的核心内容之一，同时也具有较强的现实背景和现实意义，能够在理论层面为企业提高市场占有率、争夺定价权、提高价格成本利润率、增进社会福利、提升创新研发水平、产品差异化水平和资产专用性水平提供指导意见。

二 买方市场势力对供应商纵向策略性
行为的作用机理

对买方市场势力的定义来自卖方势力的定义，卖方势力指供应商设定高于完全竞争市场均衡价格的能力，即纵向市场交易中卖方拥有的市场力量。传统的纵向市场结构为卖方在供应链中居于绝对优势地位，买方市场势力极其弱小几乎没有势力，甚至可以忽略，纵向关系中更多地表现为卖方对买方的纵向控制。

以零售行业大型零售商的崛起为代表，随着买方市场集中度的不断提高，来自下游客户的市场势力逐渐增强。苏慧清（2017）从产业链环境因素（上游供应商和下游买方交易环境，及外部市场环境）视角分析了买方抗衡势力的形成过程。上下游产业环境包括供应商的生产成本和竞争程度，买方的市场结构、企业规模、外部选择价值和风险偏好等；外部市场环境包括消费者对零售商品牌声誉的偏好、对零售商消费环境的偏好和对零售商便捷性的偏好等。他认为供应商的边际成本递增或剩余函数为凹函数，上游市场竞争，买方市场集中度的提高，买方较大的采购规模和外部选择价值，买方为了降低交易风险实施纵向兼并行为，及消费者对零售商的偏好是形成买方抗衡势力的条件基础或重要来源。加之零售商对消费者信息的收集与掌控而获得的信息优势，同时零售商的规模经济优势更加持了其市场势力，此时买方所拥有的市场势力能够起到对供应商势力的抗衡作用（李伟，2018）。买方抗衡势力的增强能够对市场关联方产生一定影响，买方以此为条件可以获得横向竞争优势和纵向讨价还价能力，在与供应商的市场交易中通过谈判势力能够获得优于竞争对手的交易条件或者优于正常竞争条件下能够获得的优惠交易条款，比如降低批发价格、销售支持、数量折扣、价格折扣、抽成、延期支付货款、向卖方要求更高质量的产品和技术规格、获取更多的服务项目等，从而影响买卖双方之间的利润重分配，获得联合利润中的更大份额。

随着下游企业买方抗衡势力的进一步增强，有激励通过纵向策略性行为来约束上游厂商的行为决策和策略选择以实现自身利润最大化。当买方抗衡势力逐渐变大时，拥有市场势力的下游企业对上游供应商实施的纵向策略性行为会不断加深，在成为一种新的势力时，此时买卖双方在市场交易中的地位发生转变，以下游买方为主导的纵向关系类型日渐明显，产生了买方主导的新型纵向关系。买方会对供应商施加其余类别的纵向策略性行为，包括权力限定类行为，即市场交易中买方设定对卖方的权力进行限制的条款：与生产商签订排他性协议（包括独占交易和独占区域）、市场圈定、数量固定、共同代理、拒绝交易、特许经营等；另一些行为包括买方凭借有限的货架空间向生产商收取通道费、降低购买量、对关键投入品进行掠夺性购买、后向一体化（通过收购和兼并生产商进入生产领域）、开发自有品牌产品等。

当买方抗衡势力继续增强，则达到买方在供应链中居于绝对优势地位，卖方势力极其弱小几乎没有势力，甚至可以忽略的状态，纵向关系中则表现为买方对卖方的纵向控制。

三　本书的理论意义与对纵向关系研究领域的贡献

上文阐述了纵向关系的四种类型（见表3.1）：（1）卖方在供应链中居于绝对优势地位，买方的势力极其弱小几乎没有势力，卖方对买方纵向控制；（2）买方产生抗衡势力；（3）买方抗衡势力进一步增强，买卖双方在市场交易中的地位发生转变，产生了买方主导的新型纵向关系；（4）买方抗衡势力继续增强，在供应链中居于绝对优势地位，对卖方纵向控制；图3.3清晰展现买卖双方势力对比的四种情形，并依次对应纵向关系的四种类型（上方浅色代表卖方势力，下方深色代表买方抗衡势力）。

（1）和（4）处于极端状态，且卖方（买方）对买方（卖方）完全控制的行业在现实中也很难寻找，学术界多集中于对（2）和（3）展开研究。对于（2），买方通过行使抗衡势力，凭借策略性行为，能够降低向供应商支付的批发价格并把成本节约部分向消费者传递，由此获得更大利润分成并提高消费者福利。此时买方抗衡势力是有益的，符合 Galbraith（1952）的观点。

表3.1　　　　　　　　　　　　　四种类型的纵向关系

卖方势力			
（1）卖方对买方纵向控制	（2）买方产生抗衡势力	（3）买方抗衡势力进一步增强，买方主导	（4）买方抗衡势力继续增强，买方对卖方纵向控制
买方抗衡势力不断增大　⟹			

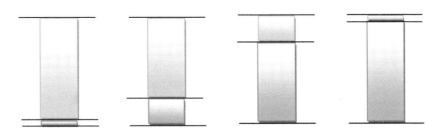

图 3.3　买卖双方势力对比

当下游的市场势力在产业链中占主导地位，而不仅仅是起到抗衡作用的情形下，其市场势力如何影响上游产业（企业）决策，对上游产业（企业）产生了何种经济效应？此时的效应是否仍旧与（2）相同？理论上，在下游主导的产业链情形下，买方市场势力的作用可能与抗衡势力的作用一致，但也可能不相同，因为买卖双方的势力对比发生了转变，买方市场势力已然成为一种新的势力。下游企业实施该行为是提高了经济效率还是为了获取垄断地位与垄断利润而带来无谓损失，产生的是"促进竞争效应"还是"损害竞争效应"，是"效率促进效应"还是"效率抑制效应"，是提高社会福利还是降低社会福利，是否产生损害其他经济主体的利益、破坏资源配置效率及降低经济运行效率等一系列后果；是否会破坏买方之间的正常竞争环境，产生排斥横向竞争者的结果，甚至导致买方垄断现象的发生，反垄断部门是否应该对其进行规制。这些问题都是值得仔细探讨的理论和现实问题，也是目前学术界关注的重点。

根据经典的产业组织 SCP 范式，本书提出了产业链背景下买方市场势力对供应商纵向策略性行为的研究逻辑，如图 3.4 所示。

本书旨在实证研究买方抗衡势力进一步增强，买卖双方地位发生转变，买方主导的新型纵向关系情形下的买方市场势力的经济效应，还是抗衡势力研究的延续和有益拓展，能够丰富产业组织理论及验证抗衡势力作用的各种效应和机理。且扎根于中国市场的现实背景，选择客观存在的买方市场势力突出的典型行业制药行业展开研究，证实了制药企业面临的买方市场势力（发展到一定阶段的大买方抗衡势力）确实存在且具有普遍性，对纵向关系的扭曲会给上游产业带来负向影响，此效应与（2）情形

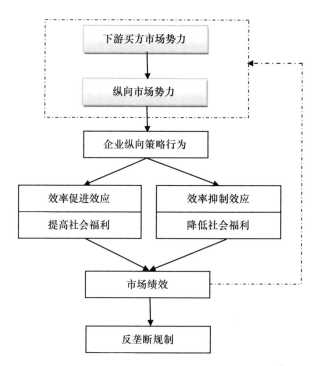

图 3.4　买方市场势力对供应商纵向策略性行为的作用机理及研究体系

下的买方抗衡势力是有益的截然不同。

本书提供了上下游产业间相互影响的证据,实证研究了产业间的影响机理,探索了下游势力过大对上游产业的效应,使用国内客观存在的行业证明了其对供应商负向影响的理论推断,提供了这方面的证据和理论启示。这也正是本书独特的理论意义和对纵向关系研究领域的贡献。

四　主要研究内容

对于制药企业行为绩效影响因素的研究,学术界已经基本形成了相对规范的研究框架与分析范式,并且从多个维度探索不同因素与制药企业行为绩效之间的影响机制与作用机理,但已有研究大多基于企业自身微观特征和横向市场行业属性特征视角展开,对于产业链下游的市场势力因素关注较少。在现实市场交易过程中，除了横向市场因素，企业所处的纵向市场竞争环境，以及企业在纵向市场中的地位与相对优势也对企业的行为决策和盈利能力发挥至关重要的作用。

本书以纵向关系为切入点，遵循哈佛学派的"结构—行为—绩效"（SCP）分析范式，探索来自下游买方市场势力对制药企业利润等效应的影响。本书的研究内容整体上可以分为基础研究、核心研究、结论与政策研究三个部分。

（一）基础研究

第一部分为基础研究部分，属于全文的前期理论准备工作，具体包括第一章、第二章和第三章：第一章阐述了现实背景与理论背景、提出研究问题、研究思路与技术路线、本书创新点和主要研究方法，以期为后续研究提供研究思路与框架指引。第二章包括对买方市场势力定义和内涵进行界定，对买方市场势力理论研究和应用研究的发展脉络进行提炼概括；对现有关于买方市场势力效应分析的文献进行评述，分析现有理论的研究思路和贡献；基于对文献的认识与评价，梳理出本研究的理论线索。第三章构建全文的理论研究框架，本章主要从研究定位与研究范式两个层面进行理论分析，探讨买方市场势力对供应商纵向策略性行为的作用机理，阐述本书的理论意义与对纵向关系研究领域的贡献，并依托 SCP 分析范式，探索来自下游买方市场势力对制药企业利润等效应的影响，最后基于全书基础研究构建本书的具体研究框架。

（二）核心研究

第二部分为经验研究部分，属于全书的核心研究内容，具体包括第四章、第五章、第六章和第七章：第四章为买方市场势力对供应商利润影响的实证研究。本章探索买方市场势力与供应商利润的关系，然后将总体样本按照产品类别、所处地域、所有权性质和规模进行分组，分析不同供应商市场特征起到的作用。第五章为买方市场势力对供应商工艺创新和产品创新影响的实证研究，在第四章对总体样本分组的基础上，加入制药企业创新能力分组，探索买方市场势力与制药企业创新行为的关系，并分析制药企业抗衡势力对二者关系的调节作用。第六章为买方市场势力对供应商产品差异化影响的实证研究，遵循第四章对总体样本的分组思路，考察买方市场势力与供应商产品差异化的关系，以及供应商抗衡势力所起到的作用。第七章为买方市场势力对供应商资产专用性影响的实证研究，遵循第四章对总体样本的分组思路，探索买方市场势力与制药企业专用性资产投资的关系。

（三）结论与展望

第三部分为结论与展望。本部分对应文中的第八章内容，根据前文的理论分析及经验研究，本章归纳总结了全书的研究结论与主要贡献，并对未来进一步研究内容与研究方向进行展望。

五　本章小结

本书主要阐述了买方市场势力理论研究体系以及本书研究所遵循的一般逻辑框架。本章分别从研究定位、研究范式、买方市场势力对供应商纵向策略性行为的作用机理以及本书的理论意义与对纵向关系研究领域的贡献等方面构建了本书的理论研究框架，这样为后文具体研究内容的展开奠定了坚实的理论基础。

第四章

买方市场势力对供应商利润
影响的实证研究

一 问题提出

基于企业发展视角，研发构成制药企业生存与发展的核心，但新药的开发需要大量资金投入，需要企业源源不断的利润提供资金支持，利润作为制药企业的创新行为、差异化产品生产行为和专用性资产投资行为资金来源的保障，同时体现创新绩效，需要从制药企业发展的视角对其利润进行研究。

基于社会矛盾视角，医患矛盾已成为社会关注的焦点，除了"看病难"之外，"看病贵，药价虚高"居于诸多矛盾首要位置，昂贵的药价无疑加重社会大众负担，成为民生领域亟待解决的问题。产业链中药品从生产到使用需经历药材生产行业、药品制造行业和药品销售行业（包括零售药店、连锁药店和以医院为主要代表的医疗行业，其中医院占据绝对主导地位），各层级所得利润均来自患者这一特殊消费群体支付的虚高药价。面对"看病贵，药价虚高"的社会问题，探索供应链中上下游行业的交互关系及利润流向，能够为反垄断机构对药品的强制削价、最高限价规制提供参考意见，有利于降低居民药品费用支出及增进社会福利。从企业发展和社会矛盾视角出发研究制药企业的利润，意义显著。

在传统的结构—行为—绩效（SCP）分析框架的基础上，本章对产业链的层级进行了扩展，由一层产业链扩展至两层产业链，将产业组织中下游客户的市场势力因素纳入对上游产业利润影响的分析中。

基于产业组织纵向关系新视角，首先构造买方市场势力、卖方抗衡势力等主要变量，依托面板数据模型实证检测来自下游买方市场势力对制药企业利润的影响。然后将总体样本按照产品类别、所处地域、所有权性质和规模进行分组，分析在这种影响过程中，不同制药企业的市场特征或竞争环境会起到何种作用；对于抗衡势力不同的制药企业，其作用是否会存在差异。利润为制药企业行为提供资金支持，同时体现创新绩效，这样建立起与第四、五、六章的逻辑联系。

二 研究设计

（一）数据来源

实证部分数据主要来源于 Wind 数据库和中财网数据库 2014—2018 年度深圳证券交易所、上海证券交易所和香港联交所我国医药制造业上市公司。为确保数据完整性和结果精确性，对搜集数据进行如下处理：首先删除被证监会挂牌警告，即连续几年利润为负值、生产经营存在风险的药企，如 ST、* ST、暂停上市企业；其次删除相关数据指标（比如控制变量）存在严重缺失和较多异常值的公司。经过以上筛选后，290 家上市制药企业得以留存，这样建立 2014—2018 年五年时间区间，290 个截面单元的面板数据集。

（二）变量定义

1. 因变量利润

本章经验检验买方市场势力与上市制药企业利润的关系，因此选取每个上市制药企业年度总利润为因变量。

2. 自变量买方市场势力

纵向关系中，买方市场势力指供应商面临的来自下游买方的市场势力。以图 4.1 为例，三层供应链情形下，对于制药企业 I 来说，买方市场势力指来自下游买方的市场势力；对于上游企业来说，买方市场势力指来自下游买方制药企业 I 的市场势力。以图 4.2 为例，文中在只涉及两层产业链的条件下，买方市场势力指制药企业 I 面临的来自下游买方的市场势力；卖方抗衡势力指制药企业 I 面临下游强有力买方时抗衡下游交易伙伴的势力，以制药企业 I 横向势力（销售收入占行业市场份额）测度。

在对买方市场势力来源归类的基础上，Cool and Henderson（1998）提出九种可衡量指标（潜在买方数量、买方市场集中度、买方议价势力、买方在价格协商中的角色、卖方转换买方成本、买方转换卖方成本、买方对卖方产品销售渠道的控制能力、买方购买额占卖方销售额显著比例、买方后向一体化能力），但几乎只能通过调查问卷获得，对于其中多数指标，供应商会有意识保留核心重要信息，因为可能与客户达成保密协议，限制公开披露双方交易信息，由此导致衡量指标失真，带来有偏估计。即使在数据真实的情形下，也是企业主观评价，非买方市场势力客观衡量指标，难以实现突破和创新。

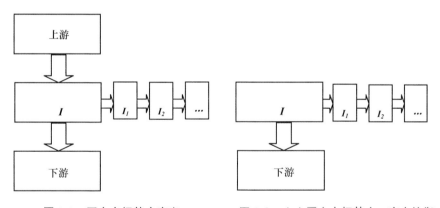

图 4.1 买方市场势力定义　　　　　图 4.2 文中买方市场势力、卖方抗衡
　　　　　　　　　　　　　　　　　　　势力和横向势力的特定含义

Köhler and Rammer（2012）把买方市场势力定义为买方相对供应商的强大讨价还价能力，认为指标构建必须体现供应商是否面对下游有势力的客户。对于一个上游企业，决定其议价地位的因素之一是单个买方购买量占其总销售收入份额，因为此指标可以度量供应商对买方的经济依赖程

度。Dobson and Inderst（2008）认为"当一位客户购买量占据供应商整体业务量的份额充分足够高，两者特定交易关系解除时，可能导致上游企业绩效或利润不成比例地降低"。Inderst and Wey（2007）解释为此情形下，供应商抗衡势力较弱，在市场交易中处于弱势地位，一旦失去与大型买方的契约关系时，导致供应商产能过剩。即使在花费时间成本寻找到潜在买家的情形下，也不得不大幅降低批发价格以出售过剩产能，相比行业内竞争对手，其生存能力被严重削弱。三者为买方市场势力代理变量的选取提供路径，但并未提供充分精确的经济依赖程度，因为供应商一家最大客户购买额在其总销售中占比可能较低。参考 Köhler and Rammer（2012）以每个上游企业最大三家客户交易量占比表征供应商对客户的经济依赖，数据可获得情形下，文中以 Wind 数据库和中财网数据库 2014—2018 年每家上市制药企业总销售额中，下游最大五家客户交易量占比表征买方市场势力，比 Köhler and Rammer（2012）更客观和精确。

以下游最大五家客户交易量占比衡量买方市场势力时，若两个供应商下游最大五家客户购买额占比不同，客户谈判技巧、谈判方式等呈现差异化时，买方市场势力可能不同，最后争取到的利益可能不同。但这仅只是短期状态下的结果，长期均衡条件下，企业购买份额（市场交易中地位）仍居于主导位置。所以，以下游最大五家客户交易量占比作为买方市场势力的代理变量，是考虑到各种综合影响因素后，长期均衡条件下对买方市场势力的最佳衡量指标。

3. 自变量卖方抗衡势力

对买方市场势力的不断细分与深入分析过程中，认识到买方市场势力效应不仅仅是拥有强大势力的买方对供应商绩效的单向影响，而是当卖方也存在抗衡势力条件下，在买方市场势力对供应商绩效影响中所起的削弱、增强等量变甚至质变作用。

基于 Cool and Henderson（1998）对买方市场势力来源的归类，其中某些指标可形成对卖方抗衡势力的反向认识，但调查问卷成为深入研究的障碍。Köhler and Rammer（2012）以双虚拟变量衡量卖方势力，当被调查企业回应没有竞争对手时取值为 1，否则为 0；受访企业表示最多 5 个主要竞争对手时取值为 1，否则为 0。Peters（2000）以国内市场集中度衡量卖方势力。Weiss and Wittkopp（2003b）以供应商初级产品市场份额和同行业中竞争者数量衡量卖方势力。数据可获得情形下，参考 Weiss and Wittkopp（2003b），以每个制药企业市场份额（年度销售收入占行业销售收入比值）衡量卖方抗衡势力。体现经济学含义为：企业市场份额越大，横向市场中相对竞争对手的市场势力越大，竞争优势越强；纵向关系中的议价能力和谈判势力以横向势力为基础，是横向势力在纵向关系中的延伸，横向市场地位成为上游药企面对下游强大客户时的抗衡势力来源。

4. 影响企业利润的控制变量

进入壁垒指行业内在位企业对潜在进入或刚进入企业所具有的某种优势，衡量指标有经济规模与市场总规模的比例、必要资本量、绝对费用、专利特许数量、交易和批准费用、阻止进入价格等指标，限于数据可获得性，以固定资产投资额衡量。政府价格规制作为影响制药行业（企业）利润的重要变量，众多文献以虚拟变量表示，缺陷是只能衡量政策的有无，不能反映影响大小和方向，参考张庆霖和郭嘉怡（2013），以药企所在地区医药制造业出厂价格指数除以一般工业品出厂价格指数衡量政府规制。

剩余控制变量中，参考吴祖光等（2017），以总资产投资额测度企业规模。本期销售收入与上期销售收入差占后者比值表示市场对企业产品需求情况，人均 GDP 测度地区经济发展水平。制药行业的高技术特征，使得创新成为其生存与发展根本，资本密度体现员工技术能力和企业整体实力，是决定研发能力的重要因素，Audretsch and Feldma（1996）认为资本密度高的企业更倾向于创新。临床效果好的创新特效药，具有广阔的市场前景和优厚的价格，随之带来高额利润，参考 Anwar and Sun（2013），资本密度定义为固定资产与员工总数的比值。

核心变量及控制变量的构造与整理过程中，对缺失数据以指数平滑法进行预测，计量软件为 Stata 12.0，表 4.1 呈现各变量单位、符号、定义和系数预期。

表4.1   变量单位、定义和符号预期

变量类型	变量	单位	符号	定义	符号预期
被解释变量	利润	百亿	$Profit$	企业年度总利润	——
解释变量	买方市场势力	比值	Bmp	下游最大五家客户交易量占比	负号
	卖方抗衡势力	比值	Smp	企业销量在行业中市场份额	正号
	买卖双方势力交互项	比值·比值	$Bmp \cdot Smp$	企业下游最大五家客户交易量占比·企业市场份额	正号
控制变量	进入壁垒	百亿	$Barrier$	制药企业固定资产投资额	正号
	政府价格规制	比值	$Govr$	医药制造业出厂价格指数与一般工业品出厂价格指数比值	负号
	企业规模	百亿	$Size$	制药企业总资产	正号
	市场需求增长率	比值	$Demand$	当期营业收入与滞后一期差占后者比值	正号
	人均GDP	万元	$Rgdp$	地区人均生产总值	正号
	资本密度	百万	$Capital$	固定资产除以员工总数	正号

（三）计量模型设定

在国内外学者对企业利润影响因素的研究基础上，文中从纵向视角探索来自下游买方市场势力的影响。基于卖方抗衡势力视角，参考代表性研究 Köhler and Rammer（2012）和 Peters（2000），计量模型中加入买方市场势力卖方抗衡势力交互项，探索卖方抗衡势力作为调节变量在买方市场势力对卖方利润影响中的制约和调节作用，据此构建如下基本模型：

$$Profit = F((Bmp - \overline{Bmp}), (Smp - \overline{Smp}), (Bmp - \overline{Bmp}) \cdot (Smp - \overline{Smp}),$$
$$X, \cdots\cdots) \tag{4.1}$$

$Profit$ 代表因变量利润，自变量买方市场势力（$(Bmp - \overline{Bmp})$）反映下游客户对供应商利润的影响，文中主要经验证明其与供应商利润之间的关系，对理论研究中正反效应进行验证，体现经验研究意义。卖方抗衡势力（$(Smp - \overline{Smp})$）反映供应商市场状况或竞争环境与利润的关系，同时与买方市场势力构成交互项组成要素。$(Bmp - \overline{Bmp}) \cdot (Smp - \overline{Smp})$

为上下游市场势力交互项，体现买方市场势力和供应商市场势力的交互影响，卖方势力（$Smp - \overline{Smp}$）作为调节变量（抗衡势力）影响买方市场势力与供应商利润的关系。产业组织纵向关系研究中，起初卖方企业占据主导地位，下游客户仅仅拥有微弱抗衡势力，随着买方市场势力逐渐增强，两者谈判地位发生转变，买方市场势力对供应商行为、绩效等特征的影响愈发受到关注。但上下游势力是相伴而生、互为依存的，不会仅有买方对卖方的单向影响，当供应商也存在市场势力，拥有抗衡势力时，能够制约买方市场势力情形下，买方市场势力对供应商利润产生何种效应呢？影响结果又会如何呢？所得结论是否能深层次体现产业组织关系特征？

因此，必须考虑到供应商抗衡势力（（$Smp - \overline{Smp}$））在买方市场势力对供应商利润影响中所起的调节作用，是正向加强买方市场势力对供应商利润的影响，还是正向改善，是负向加强，还是负向削弱？

数理建模研究可以通过纳什讨价还价解和夏普利值实现，新型前沿经验研究中，又该如何实现此目标呢？计量建模中加入买卖双方势力交互项则提供解决路径，充分体现（$Bmp - \overline{Bmp}$）·（$Smp - \overline{Smp}$）所发挥的重要作用和卖方抗衡势力（$Smp - \overline{Smp}$）的重要调节效应。

X 为表征企业特定特征，影响其利润的控制变量。通过对核心变量和控制变量的选择，公式（4.1）可具体化为如下一般计量模型：

$$
\begin{aligned}
Profit_{it} = \beta_0 &+ \beta_1(Bmp_{it} - \overline{Bmp_{it}}) + \beta_2(Smp_{it} - \overline{Smp_{it}}) \\
&+ \beta_3(Bmp_{it} - \overline{Bmp_{it}}) \cdot (Smp_{it} - \overline{Smp_{it}}) \\
&+ \beta_4 Barrier_{it} + \beta_5 Govr_{it} + \beta_6 Size_{it} + \beta_7 Demand_{it} \\
&+ \beta_8 Rgdp_{it} + \beta_9 Capital_{it} + \varepsilon_{it}
\end{aligned}
\tag{4.2}
$$

其中 $\beta_0 \sim \beta_9$ 均为待估参数，以关注对结果起决定作用的核心变量买方市场势力（$Bmp - \overline{Bmp}$），卖方抗衡势力（$Smp - \overline{Smp}$）及两者交互项（$Bmp - \overline{Bmp}$）·（$Smp - \overline{Smp}$）系数大小和方向变化。

（四）理论分析及假设提出

随着近年来上下游产业分工协作程度的逐渐加深，客户在供应商企业制定当前的各项决策及未来发展前景中的作用日益凸显。一方面，大客户的存在为企业规划生产、保障收入带来了莫大的安全感；另一方面，企业也随时承受着大客户流失或业务需求转变以及客户破产或深陷财务困境等对企业经营带来的潜在风险（王丹等，2020）。在企业与下游客户进行市场交易的过程中，下游客户作为供应商产品与消费者之间的连接纽带，不仅能够把消费者偏好信息和产品的流通信息向制造商反馈，还控制着产业链上下游之间产品流通的主要分销渠道，能凭借有限的货架空间和强大的渠道资源优势为供应商产品的市场推广提供销售平台，是企业实现营业收入的保证（李凯和郭晓玲，2019）。由多方面因素（潜在买方数量、买方市场集中度、买方议价势力、买方的定价能力、买方对销售渠道的控制能力、买方转换卖方成本、买方后向一体化能力等）形成的买方市场势力关系到供应商在市场交易中的谈判地位、价格协商中的角色和运行状况，进而影响到供应商的经营绩效。

第一，基于交易方式视角，当下游客户拥有较强的市场势力时，一方面，往往会通过拖欠货款、转嫁成本、提供更高质量的服务、延迟支付货款、延长付款期限、扩大赊账金额、延长商业信用和延长供应商营业周期等手段向供应商提出更加苛刻的交易条件，该行为会严重降低供应商的盈利水平，并影响供应商正常的生产经营条件，使得其经营风险增加。另一方面，买方有激励通过更换交易合作伙伴或实施产品下架等手段威胁供应商，对供应商采取机会主义行为，凭借抽取租金、收取通道费、无条件返利等方式压缩供应商的利润空间，使得利润由供应商层面向自身层面流动，从而降低供应商绩效。最后，当下游客户市场势力较大时，意味着下游客户的市场集中度较高，供应商的销售收入来源和销售渠道主要集中在这些具有买方市场势力的大客户手中。供应商对大客户的纵向依赖性势必会增加买方的讨价还价能力和对交易的控制权，买方会反复比较不同供应商所提供产品的价格和质量，并利用上游企业在横向市场之间的竞争来不断压低批发价格，以实现向供应商索取利润的目的。

第二，基于客户集中度视角，在买卖双方势力不对等的供应链上，具有市场势力的下游买方具有向供应商转嫁成本的激励，且供应商利润不被侵占的稳定状态不会发生（韩敬稳和赵道致，2012）。客户集中度的提升使得其谈判势力增强，大客户更有能力通过纵向控制手段（与供应商签署独占交易、独占区域条款、向供应商收取通道费、最高限价和最低限价、拒绝交易等）迫使供应商降低产品价格和提高产品质量，从而导致供应商经营风险和财务风险升高、利润率降低。客户集中度越高势力越强，企业向客户提供的商业信用越多，企业的流动资产比例越低，面临的财务风险越大，业绩越差。

第三，基于纵向依赖性视角，供应商对买方的依赖是形成买方市场势力的重要因素，其中包括卖方对买方销售渠道的依赖，卖方对买方购买数量的依赖（李凯等，2017）。

从销售渠道角度来看，下游零售商掌握着货架这一有限的经营资源，货架空间的变化均是供应商和零售商关注的焦点。在交易过程中下游零售商作为沟通供应商与消费者之间的"桥梁"，不仅扮演着打通产品销售通道的角色，更通过差异化策略性促销行为对不同供应商产品的促销活动方式、促销活动力度、货架摆放位置、广告宣传强度等具有决策权。零售商可以采取独家销售策略，仅仅销售某个企业产品，并向其收取一定的固定费用；也可以采取共同代理策略，同时销售多家企业的垄断竞争性产品，使其保持竞争的局面；这样零售商的货架资源配置和营销策略直接决定供应商的产品销量和最终收益。因此，每家企业都希望自己的产品在零售商的货架空间上拥有位置，尤其对于拥有良好的购物环境、良好的服务环境、便利的交通条件、占据较大市场份额的大规模连锁零售商（沃尔玛、大润发、麦德龙等）而言，供应商尤其希望建立长久合作关系，以实现借助大型连锁零售平台推广自身产品，最终获得更多产品销量的目的。同时全面、准确和快速地掌握市场需求变动及消费者偏好，获取更多以消费者需求为导向的产品信息以便更好地指导新产品开发。此时，供应商会竭力维持与具有主要销售渠道的大型零售商的合作关系，从而形成终端销售渠道上的纵向依赖，这样下游买方凭借对销售渠道的控制而具有市场势力。

若市场交易中一家或几家客户的联合购买额在卖方的销售额中占比较大时，两种依赖路径的叠加更加持了买方的市场势力。当下游客户实施中止合约的可置信威胁时，而供应商又极其担心丢失此客户，为了维持和买方的市场交易关系，降低供应链合作关系断裂的可能性，则被迫满足客户提出的要求，比如优于正常竞争条件下的各种优惠交易条款等。供应商可能在谈判中仅拥有极其微弱的话语权,由此被交易对手"锁死"或"拿住"而丧失市场交易灵活性,自身的盈利能力也被较大程度地削弱。

第四,基于市场环境不确定性视角,任何企业开展经营都必须依托于一定的市场环境,比如市场竞争程度、市场集中度、产品差异化水平、进入壁垒的高低、潜在进入者的数量、有无功能相似替代产品的出现、技术的演进、产业政策的制定、税收和补贴政策的出台、宏观经济政策的变化等,而且市场环境总是处于不断变化的过程中,企业的经营绩效也会随着市场环境的变化而发生相应的变化。当企业面临较高的市场不确定性时,意味着企业所处于非稳定的外部市场竞争环境中,导致企业不能及时准确地获取关于市场形势的变化信息和消费者需求的变动信息,也不能准确地预测企业的盈余情况及产业政策调控的方向与频率,从而难以对生产经营作出正确的决策及保证企业经营业绩的稳定(申慧慧等,2010)。因此,供应商需要时刻关注自身所处行业的供求变动信息,并通过不断加强与下游客户的沟通与整合能力,以避免非稳定的市场环境带来更大的经营风险与财务风险。此时,供应商对下游客户有较强的纵向依赖性,不仅减弱了供应商的议价能力,还会促使处于优势地位的下游买方利用契约的不完全性,将自身具有的市场势力作为谈判筹码,攫取供应商更大份额的可占用性租金。

第五,基于风险预防视角,一种情景下,当下游买方具有较强的市场势力时,除了凭借较强的议价势力通过策略性行为迫使供应商给予更大的利润让步,还使得供应商处于交易关系随时终止和更替交易对手的风险之中。基于防范客户资源流失和合作关系破裂的实际需求,供应商往往需要保持更多的现金以抵御不可预知的外部环境变化所带来的冲击,导致生产经营资金不足,从而降低企业的利润。另一种情景下,如果供应商过度依赖最大客户,会导致供应商的经营业绩随着下游客户的销售情况而不断波动。当由于某些因素,比如客户的销售额未达预期要求,陷入专利技术之争、宏观经济政策变动等导致产品滞销,其收益出现下滑的情况时,供应商往往不得不与客户"共进退"。即使买卖双方一直保持良好的合作关系,也会引起供应商的担忧,使其警惕性地意识到纵向依赖关系产生的风险。此时,供应商也会持有更多的现金以抵御外部冲击,从而降低企业的绩效。

第六，基于关系专用性投资和交易成本视角，当下游客户具有一定的市场支配力量，在行业中占据稳固的市场地位，其销售渠道对于供应商的产品销售与推广十分重要时，表明其在市场交易中占据优势地位，拥有市场势力。在这种情况下，若下游真正实施了更换交易合作伙伴或后向一体化的行为，供应商将面临重新配置和调整关系专用性资产所带来的高额转换成本和沉没成本的风险；且鉴于长时间建立的稳定销售渠道、固定交易规则或双方认可的交易机制，而供应商短时间内又很难搜寻到可替代的买方，很可能由于交易关系的终止面临销路中断的风险，从而提升了企业的交易成本，降低市场绩效。此外，当供应商与买方之间存在特定专用性投资关系时，供应商的自主决策权和经营灵活性也会因为自身所面临的转换成本的加大而有所降低，一旦下游客户深陷财务危机或濒临破产，原有的特定关系资产将极大程度甚至完全失去原有价值，供应商将不得不承担相应的成本（Titman，1984），导致市场绩效降低。

综上所述，买方市场势力的增强会提高下游客户的议价能力，这种议价能力的不断提升，会增加供应商的经营风险、财务风险、交易风险、市场不确定性风险、流动性风险和交易成本，从而导致供应商在交易过程中处于利润被挤压的弱势地位。据此，本书提出研究假设 H_1：

H_1：买方市场势力与制药企业利润呈负相关关系，即买方市场势力抑制供应商利润。

市场势力理论又称市场力量理论、市场垄断力理论，该理论认为企业收购同行业内其他企业的目的在于寻求占据市场支配地位，或者说兼并活动发生的动机在于它会提高企业的市场占有率。根据这一理论，企业在兼并一个竞争对手后，即产生了将该竞争者挤出市场的效应，可能会在削减或降低现有竞争对手市场份额的同时，提高其市场地位和控制能力，从而可以提高其产品的价格和市场垄断程度，获得更多的超额利润即垄断利润。而企业扩大市场势力的方式有横向并购、纵向并购和混合并购。横向并购通过行业集中减少本行业中的企业数量，使并购后的企业对市场控制力得以增强，形成某种程度上的垄断；纵向并购后的企业业务范围向纵深发展，可以使企业市场影响扩大，利润来源增加；混合并购则扩大了企业的绝对规模、拓展了企业的业务面及其利润来源，使其拥有相对充足的财力与竞争对手进行竞争，达到独占或垄断某一业务领域的目的。[①]

在横向市场中，企业的市场势力指的是在行业竞争中所处的市场地位，相对于其他竞争对手所具有的市场力量。其衡量方式有市场占有率、市场份额、销售利润率、投资收益率、加价能力等。本书以每个制药企业的市场份额（年度销售收入占行业销售收入比值）衡量其市场势力，表明企业市场份额越大，横向市场中相对竞争对手的市场势力越大，竞争优势越强。

Bowsherand Meeks（2008）指出企业能够通过扩大产品所占市场份额的比例，提高产品的市场占有率等行为增强市场势力，以实现扩张规模、纵向延伸业务范围和提高经营绩效的目的。Irvine et al.（2009）指出企业的市场势力与行业内所处的市场地位、行业竞争优势、市场份额正相关，市场势力越强的企业相比行业内其他竞争对手，拥有更强和更持久的盈利能力。王昀和孙晓华（2018）认为竞争对手之间的产品替代性越强，市场竞争越激烈，激烈的市场竞争程度会降低企业的市场地位。企业在行业内的地位与其定价能力相关联，企业的地位越高，定价能力越强，从而能够凭借市场势力优势获取超额利润，提升企业经营绩效。Schumpeter（1942）认为完全竞争市场结构加快了新产品和新工艺的模仿进程，即使企业向市场推出了新产品，但很快被竞争对手模仿，这样难以凭借差异化产品优势获得一定的市场势力，缺乏把价格定于完全竞争市场均衡价格之上的能力，难以凭借市场地位获取超额利润。只有那些处于垄断市场地位、能够有效阻止创新产品被模仿、拥有市场势力的企业才能获得超额利润。

基于市场势力理论和相关文献支撑，本书提出研究假设 H_2：

H_2：企业横向市场份额与利润正相关。

基于企业产品类别视角，资源基础理论首先由 Wernerfelt（1984）于《企业的资源基础理论》一文中提出，该理论认为企业是各种资源的集合体，由于各种不同的原因，企业拥有的资源各不相同，具有异质性，这种

---

① 信息来源及详细内容参见 https：//wiki. mbalib. com/wiki/% E5% B8% 82% E5% 9C% BA% E5% 8A% BF% E5% 8A% 9B% E7% 90% 86% E8% AE% BA。

异质性决定了企业竞争力的差异。企业在资源方面的差异是企业获利能力不同的重要原因，也是拥有优势资源的企业能够获取经济租金的原因。作为竞争优势源泉的资源应当具备以下四个条件：有价值、稀缺、无法仿制、难以替代。

有价值的资源是企业构想和执行企业战略、提高效率和效能的基础。对于资源的稀缺性，企业可能因为远见或者偶然拥有某种资源，占据某种优势，但这种资源的价值在事前或当时并不被大家所认识。后来随着环境的变化，形势日渐明朗，资源的价值日渐显露出来，成为企业追逐的对象。然而，由于时过境迁，其他企业再也不可能获得那种资源，或者再也不可能以那么低的成本获得那种资源，拥有此资源的企业则可稳定地获得租金。对于资源的仿制性，竞争对手的模仿行为存在成本，模仿成本主要包括时间成本和资金成本。如果企业的模仿行为需要花费较长的时间才能达到预期的目标，在这段时间内完全可能因为环境的变化而使优势资源失去价值，使竞争对手的模仿行为毫无意义。在这样一种威慑下，很多企业选择放弃模仿。即使模仿时间较短，优势资源不会失去价值，竞争者的模仿行为也会耗费大量的资金，且资金的消耗量具有不确定性，如果模仿行为带来的收益不足以弥补成本，竞争者也不会选择模仿行为。对于资源的难以替代性，如果竞争者能够很容易寻找到具有相似使用价值的替代资源，那么此资源就不能成为企业获得持久竞争优势、获得市场势力甚至是市场垄断地位的源泉。①

对于现实市场，生产领域的供应商处于垄断、寡头垄断或完全竞争市场结构的情形并不常见，更多是上游供应商处于垄断竞争的市场结构中。因此，同行业内的企业始终在生产技术、产品价格和质量、产品的种类、产业链中关键性生产资料的获取、稀缺销售渠道的控制等方面存在竞争。但竞争的激烈程度受到产品的差异化程度、产品的可替代性、消费者对异质性产品使用价值的感知程度、企业所附加的各项服务、在位者的数量、潜在进入者的数量等因素的影响，且不同行业的竞争程度存在异质性。行业竞争程度决定了企业的策略性行为和绩效，更决定了企业在纵向交易过

---

① 信息来源及详细内容参见 https：//baike. so. com/doc/5785342 - 5998128. html。

程中的谈判地位和外部选择价值。根据实际交易过程中外部选择价值产生的途径，本书从潜在进入者角度进行分析。若上游存在大量能够提供更高质量产品和服务的潜在进入者，则给在位者带来一定的竞争压力和威胁，使得买方可以在不同企业的产品之间进行比较，并获取生产层面更多关于技术和成本的敏感信息，由此提高买方的外部选择价值。若上游限于技术条件、进入和退出壁垒、政府规制、成本投入等因素，存在很少的潜在进入者，则买方的外部选择价值降低。

以资源基础理论和外部选择价值理论为分析依据，中药以各种天然物质为原料，主要以治疗慢性疾病、虚弱性疾病和保健为主。化学制药和生物制药相比中药，临床用途更加广泛，在治疗关乎人类生命的重大特大疾病的过程中发挥着无可替代的作用，但其生产程序有更严格的要求，受监管部门的管制更严格，进入壁垒更高。尤其是生物制药更是结合基因工程、蛋白质工程、细胞工程等技术，生产难度更大；对于治疗某种疾病的特效药品，可能仅有数量极少的企业甚至一家企业拥有《药品生产质量管理规范》（GMP），认证资格。比如上海某血液制品股份有限公司生产的人血白蛋白、人免疫球蛋白、人凝血因子、人凝血酶原复合物、人纤维蛋白原、冻干人凝血酶等产品在血液类疾病治疗领域居于主导地位，为拥有稀缺资源的一方，这样降低了下游客户的外部选择价值，提高了买方的依赖性，在市场交易中拥有更强的抗衡势力，能够凭借产品优势削弱拥有市场势力的买方对其利润的负向影响。

基于企业所处地域视角，我国制药行业呈现发展不均衡特点，大规模知名制药企业往往集中在东中部省份，例如复星医药、海王生物、福抗药业、冠昊生物、丽珠制药、步长制药、恒瑞医药、华润三九、康恩贝、现代制药、新湖中宝、上海莱士、成大生物、华大基因、美康生物、康泰生物等，初步形成以长三角、环渤海为核心，珠三角、东北等中东部地区快速发展的产业空间格局。此外，中部地区的河南、湖南、湖北也已经具备较好的产业基础。① 环渤海地区医药人力资源储备最强，拥有丰富的临床

---

① 信息来源及详细内容参见 https：//www.qianzhan.com/analyst/detail/220/180301 - 101985a6.html。

资源和教育资源，北京以其高度集中的科研人才成为生物制药的研发中心，初步形成以生命所、芯片中心和蛋白质组中心为主体的研发创新体系。长三角地区制药产业拥有较强的创新能力和国际交流水平，上海聚集了世界前十强药企；江苏是生物制药产业成长性最好最活跃的地区，生物制药产值位居全国之首；浙江杭州经济技术开发区是国家生物高技术产业基地。

珠三角地区医药流通体系发达，围绕广州、深圳等重点城市形成了商业网络发达的制药产业集群。我国中部其他地区也形成了大大小小的制药产业群落，已形成较为完善的支撑创新和产业化发展平台。

对于西部地区，从研发人员资源储备、临床资源和教育资源、研发创新能力、成长性、商业网络发达程度、创新药品的开发水平等方面来看，均落后于东中部地区。以资源基础理论和外部选择价值理论为分析依据，东中部地区制药企业的创新水平及开发新药品的能力，成为市场交易中掌握稀缺资源的一方，提高了买方的依赖程度，使得产业链中买方的外部选择价值降低，赋予制药企业更强的市场势力，能够较好地缓冲买方传导而来的经营风险、财务风险、交易风险、市场不确定性风险、流动性风险，改善下游客户对其利润的侵占。

基于企业所有权属性视角，我国目前的经济体制为以公有制为主体、多种所有制经济共同发展的社会主义市场经济体制，主要存在国有企业和私有企业两种不同产权性质的企业，两者最大的区别为控制权的不同，私有企业的生产资料归个人所有，国有企业的生产资料归全体人民共同所有。

国有企业的目标已经不仅是单纯地获取商业利益，在优先保障国家和社会需要、保障和改善民生、履行社会责任、重大科技创新、社会经济的宏观调控、国家战略安全和长远利益的维护、综合国力的提升等方面发挥着"稳定器"和"压舱石"的作用。这样，国有企业凭借着与政府间的天然"血缘"关系，往往享有国家给予的众多政策性优惠和某些特权，比如财政补贴、信贷获取的便利性与融资渠道的特殊性以及关键性资源的获取、国家订货和产品促销网络的建立、外汇的汇率波动风险规避、外贸税收优惠、亏损弥补和破产时的特殊对待等。而私有企业则不具备上述优势，面临着预算刚性约束、关键性投入要素的不易获取、信贷资源市场上的激烈竞争等问题。当面临不可预知的经营风险、横向市场竞争压力和纵向市场竞争压力时，国有企业更能够化解下游客户带来的机会主义风险与资金流动性风险，增强自身生产经营过程中的风险承受与抵御能力，降低掌握销售渠道的下游客户对其控制程度，弱化市场势力不对等条件下的下游客户对其利润空间的挤压。

基于企业规模视角，第一，大规模企业凭借生产规模的扩大，拥有"规模经济"和"范围经济"优势，能够促进各种资源（人力资源、物质资源、技术资源、信息资源、供应链网络资源等）的高度集聚与合理配置，确保各种资源的充分投入与有效整合，提高资源的利用效率。还可以提高创新成果的转化效率和提高创新带来的收益，以实现较低的创新投入获得更大的创新产出的目的，从而弥补纵向交易过程中来自下游客户的市场势力对供应商利润空间的侵占。第二，企业规模能够在一定程度上反映企业的经营业绩、营运能力、获利能力与发展能力，是企业在行业中的市场地位和市场竞争优势的体现。其他市场环境等同的条件下，下游客户更愿意与大规模企业建立长久合作关系，因为对其产品质量、经营稳定性和资本积累的信赖；这样企业在纵向交易过程中的谈判势力和话语权随着规模的扩大而增大，交易过程中大规模企业相当数额的需求量和供给量成为其与下游客户讨价还价的势力来源，能够极大程度削弱拥有市场势力的下游客户对企业盈利能力的负向影响。

据此，本书提出研究假设 H_3 和 H_4：

H_3：（a）生物制药企业、化学制药企业的抗衡势力强于中药中成药企业；（b）东中部地区制药企业的抗衡势力强于西部地区制药企业；（c）国有企业的抗衡势力强于私有企业；（d）大规模企业的抗衡势力强于小规模企业。

H_4：（a）当把卖方抗衡势力作为调节变量，不同子样本中，制药企业的抗衡势力存在显著性差异，仅某类别企业（生物制药企业、化学制药企业、东中部企业、国有企业、大规模企业）的抗衡势力能够改善买方市场势力对制药企业利润的负向影响，削弱买方市场势力的负效应。即上游供应商在横向市场同样具备一定市场势力，拥有抗衡势力时，增加自身利润。

（b）中药中成药企业、西部企业、私有企业和小规模企业不能依靠横向市场势力抗衡来自下游的买方市场势力，下游客户在市场交易中的利润抑制效应仍占主导地位，企业横向市场地位难以发挥正向调节作用。

三 实证结果与分析

（一）变量描述性统计

限于空间，表4.2仅呈现总体样本各变量描述性统计。

在 Rewe/Meinl 兼并案中，欧盟委员会表明：一个供应商和两个兼并企业的交易量在前者销量中占比大于等于0.220时，视为上游企业对下游客户存在"经济依赖"。对英国食品杂货行业生产商的调查表明，0.220是上游企业不存在严重破产危险的前提下，能够承受损失的最大限度。由表4.2可得，买方市场势力均值为0.269，符合纵向交易中欧盟委员会对"经济依赖"的定义，为上游药企最大五家客户交易量占比测度买方市场势力提供理论与实践支持。

表4.2 变量描述性统计

变量	观测值	均值	标准差	最小值	最大值
利润	1450	0.046	0.085	− 0.283	1.017
买方市场势力	1450	0.269	0.158	0.003	0.910
卖方抗衡势力	1450	0.003	0.012	0.00005	0.170
买卖双方势力交互项	1450	0.0009	0.003	$5.620E-06$	0.057
进入壁垒	1450	0.141	0.694	0.0001	14.484
政府价格规制	1450	1.023	0.030	0.969	1.129
企业规模	1450	0.698	1.684	0.005	23.577
市场需求增长率	1450	0.187	0.808	− 20.280	14.670
人均 GDP	1450	7.353	2.830	1.163	13.298
资本密度	1450	0.358	0.361	0.005	6.110

（二）模型回归与结果分析

1. 场景 1：总体样本

对于面板数据模型，首先依据 Hausman 检验在固定效应模型和随机效应模型中选择，通过观察卡方统计量和对应 p 值，即 Chi2（p）以确定回归模型。若接受原假设，则接受随机效应模型；若拒绝原假设，则接受固定效应模型。选择固定效应模型的前提下，仍需根据理论预期或控制变量的显著性水平在个体固定、时点固定、个体时点双向固定三种类型中选择。若选择个体固定效应模型，需根据 F 统计量和对应 p 值在其与混合回归中选择，以确定最优估计模型。表 4.3 展现总体样本回归结果。

文中首先以因变量对买方市场势力单变量回归，其次加入卖方势力及交互项，最后添加控制变量。旨在考察核心变量买方市场势力（$Bmp - \overline{Bmp}$），卖方抗衡势力（$Smp - \overline{Smp}$）和交互项（$Bmp - \overline{Bmp}$）·（$Smp - \overline{Smp}$）系数大小、方向及显著性水平，以探索制药企业利润与横向势力、来自下游买方市场势力的关系，不同类型制药企业受下游客户市场势力的影响程度，卖方抗衡势力所发挥的作用，希冀为子样本分析提供参考基准。

表4.3　　　　　　　　　　　　总体回归结果

解释变量	模型 1 随机效应	模型 2 随机效应	模型 3 个体固定
Bmp	− 0. 0003 （ − 0. 03）	− 0. 022 （ − 1. 50）	− 0. 008 （ − 0. 59）
Smp		6. 014 *** （14. 70）	1. 673 ** （2. 01）
$Bmp * Smp$		5. 694 *** （4. 29）	3. 745 ** （2. 03）
$Barrier$			0. 038 ** （7. 13）
$Govr$			− 0. 040 （ − 0. 27）

续表

解释变量	模型 1 随机效应	模型 2 随机效应	模型 3 个体固定
Size			0.021 *** (12.76)
Demand			0.004 *** (2.96)
Rgdp			0.006 ** (4.05)
Capital			0.005 (0.87)
C	0.046 *** (8.12)	0.024 *** (5.37)	0.016 (0.11)
Chi2 (p)	0.010 (0.996)	3.550 (0.471)	49.330 (0.000)
F			7.880
(p)			(0.000)
N	1450	1450	1450

注：系数下方括号内为 z 统计值，***、** 和 * 分别表示 1%、5% 和 10% 显著性水平，
下同。

2. 场景 2：企业产品类别子样本

进一步细分和深入展开中，根据中国国民经济行业分类代码，医药制造业主要包括化学药品原料药制造行业（2710），化学药品制剂制造行业（2720），中药饮片加工行业（2730），中成药生产行业（2740），生物药品制造行业（2761），基因工程药物和疫苗制造行业（2762）等。结合所选上市制药企业的产品属性，把制药企业总体样本细分为生物制药企业（2761，2762），化学制药企业（2710，2720）和中药中成药企业（2730，2740）。鉴于不同药企产品的临床用途、生产技术难易程度差异，与下游客户市场交易中的谈判势力呈现异质性。文中细分制药企业，观察来自下游买方市场势力分别对三类上市制药企业及细分企业利润的影响程度和卖方抗衡势力大小。表 4.4—4.5 展现生物制药企业及细分企业回归结果，表 4.6—4.7 展现化学制药企业及细分企业回归结果，表 4.8—4.9 展现中

药中成药企业及细分企业回归结果。

表4.4 生物制药企业回归结果

解释变量	模型 1 随机效应	模型 2 时点固定	模型 3 个体时点双向固定
Bmp	−0.020 (−0.91)	−0.003 (−0.16)	−0.036 (−1.51)
Smp		7.051 *** (13.41)	4.843 *** (3.78)
Bmp * Smp		11.530 *** (6.43)	8.028 *** (3.65)
Barrier			0.018 (0.39)
Govr			−0.075 (−0.27)
Size			0.040 *** (8.60)
Demand			0.007 (1.58)
Rgdp			0.002 (0.60)
Capital			0.027 ** (2.00)
C	0.063 *** (5.96)	0.015 * (1.69)	0.064 (0.23)
Chi2 (p)	0.640 (0.725)	14.050 (0.007)	27.550 (0.002)
F (p)			
N	410	410	410

表4.5   生物制药细分企业回归结果

解释变量	生物药品制造企业			基因工程药物和疫苗制造企业		
	模型1 随机效应	模型2 时点固定	模型3 个体固定	模型1 随机效应	模型2 时点固定	模型3 个体固定
Bmp	−0.037 (−1.25)	−0.016 (−0.56)	−0.037 (−1.12)	−0.016 (−0.51)	−0.003 (−0.10)	−0.025 (−0.93)
Smp		6.882*** (11.750)	5.213*** (3.18)		9.363*** (5.86)	3.359 (1.61)
Bmp* Smp		11.177*** (5.62)	9.528*** (3.27)		16.247** (2.52)	11.719*** (3.52)
Barrier			0.021 (0.36)			0.138 (1.52)
Govr			−0.049 (−0.13)			−0.266 (−0.89)
Size			0.042*** (7.71)			0.099*** (7.65)
Demand			0.001 (0.18)			0.026*** (4.40)
Rgdp			0.009** (2.27)			0.005** (2.42)
Capital			0.013*** (3.69)			0.074*** (4.43)
C	0.070*** (4.78)	0.010 (0.79)	−0.021 (−0.05)	0.049*** (3.55)	0.016 (1.18)	−0.287 (−0.97)
Chi2 (p)	0.130 (0.936)	8.080 (0.089)	16.530 (0.085)	1.620 (0.444)	12.280 (0.015)	33.320 (0.000)
F (p)			10.950 (0.000)			16.210 (0.000)
N	260	260	260	150	150	150

表4.6   化学制药企业回归结果

解释变量	模型1 随机效应	模型2 随机效应	模型3 时点固定
Bmp	−0.006 (−0.32)	−0.030 (−1.50)	−0.025 (−1.28)
Smp		6.061*** (11.70)	3.112*** (5.97)
Bmp*Smp		6.364*** (3.690)	12.843*** (7.95)
Barrier			0.022*** (5.07)
Govr			−0.193** (−2.46)
Size			0.033*** (17.17)
Demand			0.002 (0.67)
Rgdp			0.002** (2.42)
Capital			0.0005** (2.09)
C	0.057*** (6.10)	0.026*** (3.52)	0.189** (2.32)
Chi2 (p)	0.03 (0.983)	3.30 (0.509)	33.410 (0.000)
F (p)			
N	830	830	830

表 4.7 化学制药细分企业回归结果

解释变量	化学药品原料药制造企业			化学药品制剂制造企业		
	模型1 随机效应	模型2 随机效应	模型3 时点固定	模型1 随机效应	模型2 随机效应	模型3 个体固定
Bmp	-0.008 (-0.36)	-0.033 (-1.55)	-0.025 (-1.51)	-0.047 (-1.19)	-0.032 (-0.86)	-0.039 (-0.86)
Smp		6.176^{***} (11.65)	3.043^{***} (5.37)		6.844^{***} (9.46)	5.742^{**} (2.33)
Bmp^{*} Smp		7.008^{***} (3.98)	13.213^{***} (7.72)		8.335^{***} (3.27)	2.544^{***} (3.41)
$Barrier$			0.023^{***} (4.87)			0.048^{***} (4.47)
$Govr$			-0.220^{**} (-2.46)			-0.232 (-0.45)
$Size$			0.033^{***} (13.99)			0.021^{***} (5.08)
$Demand$			0.002 (0.67)			0.007 (0.57)
$Rgdp$			0.002^{**} (2.01)			0.014^{**} (2.37)
$Capital$			0.006^{***} (2.96)			0.025^{**} (2.07)
C	0.059^{***} (5.48)	0.026^{***} (3.18)	0.215^{**} (2.33)	0.080^{***} (4.61)	0.030^{**} (2.41)	0.150 (0.30)
$Chi2$ (p)	0.000 (0.999)	3.610 (0.462)	20.870 (0.022)	1.350 (0.508)	4.180 (0.383)	34.150 (0.000)
F (p)						4.57 (0.000)
N	660	660	660	355	355	355

（1）由表4.4—4.5生物制药企业及细分企业回归结果，表4.6—4.7化学制药企业及细分企业回归结果，结合表4.8—4.9中药中成药企业及细分企业回归结果可得：买方市场势力系数均为负，表明买方市场势力抑制制药企业利润。①拥有市场力量的买方通过把契约强加给供应商或设定有益于自身交易条款的方式，包括名目繁多的进场费、陈列费、通道费、促销费用的捐助、排他性要求、抽取租金、从制造商获取数量折扣或价格折扣、得到优惠交易条件或获得更低批发价格等以攫取供应商利润。或讨价还价中获得联合利润更大份额使利润从制造商层面向自身流动，由此压缩上游厂商利润空间。② 客户集中度的提升使得买方的谈判势力增强，大客户更有能力通过纵向控制手段迫使供应商降低产品价格和提高产品质量，从而导致供应商经营风险和财务风险升高、利润率降低。③ 供应商对买方的依赖是形成买方市场势力的重要因素，若供应商对买方过度依赖，可能在谈判中仅拥有极其微弱的话语权，由此被交易对手"锁死"或"拿住"而丧失市场交易灵活性，自身的盈利能力也被较大程度地削弱。④ 当供应商面临较高的市场不确定性时，需要时刻关注自身所处行业的供求变动信息，并通过不断加强与下游客户的沟通与整合能力，以避免非稳定的市场环境带来更大的经营风险与财务风险。此时，供应商对下游客户有较强的纵向依赖性，不仅减弱了供应商的议价能力，还会促使处于优势地位的下游买方利用契约的不完全性，将自身具有的市场势力作为谈判筹码，攫取供应商更大份额的可占用性租金。⑤ 当下游买方具有较强的市场势力时，使得供应商处于交易关系随时终止和更替交易对手的风险之中。基于防范客户资源流失和合作关系破裂的实际需求，供应商往往需要保持更多的现金以抵御不可预知的外部环境变化所带来的冲击，从而降低企业的利润。⑥ 若下游买方真正实施了更换交易合作伙伴或后向一体化的行为，供应商将面临重新配置和调整关系专用性资产所带来的高额转换成本和沉没成本的风险。且鉴于长时间建立的稳定销售渠道、固定交易规则或双方认可的交易机制，而供应商短时间内又很难搜寻到可替代的买方，很可能由于交易关系的终止面临销路中断的风险，从而提升了企业的交易成本，降低市场绩效。验证 H_1。

买方市场势力对供应商利润影响的数理模型和经验分析中，结论存在异质性。文中证实两者负相关，与 Lustgarten（1975）、李凯等（2017）、Schmalensee（1985）、Schumacher（1991）、Wyld et al.（2012）、Sheu and Gao（2014）、Chambolleab and Villas-Boas（2015）、Hsu et al.（2015）、Orland and Selten（2016）、Deng et al.（2016）、Smith and Thanassoulis（2012）、Mills（2017）、Hartwing et al.（2015）、Dertwinkel-kalt et al.（2015）、Elking et al.（2017）、King（2013）、Ruffle（2013）和 Marx and Shaffer（2010）等的研究结论一致，扩展了对制药行业的认识。我国制药企业利润除了受横向市场行业因素和自身因素影响外，产业链下游买方市场势力也起到不可忽视的作用。实现利润的提升，关注横向市场企业发展环境的同时，更应着力于对产业链中下游强大买方市场势力的规制，以削弱对制造商利润的负向效应。

（2）表4.4—4.7生物制药企业、化学制药企业及各自细分企业回归结果中，买方市场势力系数非显著，表明来自下游客户的市场势力对生物制药、化学制药及各自细分企业的利润无显著负向影响。

（3）表4.4—4.7生物制药企业、化学制药企业及各自细分企业回归结果中，体现纵向市场势力交互作用的 $(Bmp - \overline{Bmp}) \cdot (Smp - \overline{Smp})$ 系数在模型2—3中均为正，且在不同水平上统计显著。由公式（4.2）可得，$\partial Profit_{it} / \partial (Bmp_{it} - \overline{Bmp_{it}}) = \beta_1 + \beta_3 (Smp_{it} - \overline{Smp_{it}})$。当把卖方抗衡势力作为调节变量，生物制药企业和化学制药企业抗衡势力能够改善买方市场势力对自身利润的负向影响，削弱买方市场势力负效应。也就是说，上游供应商同样具备一定市场势力，即拥有抗衡势力时，增加自身利润。与 Galbraith and Stiles（1983）、Ruffle（2000）、Jain et al.（2016）、Chen et al.（2015）、Cowan et al.（2015）、Kelly and Gosman（2000）、Ellison and Snyder（2010）、Inderst and Wey（2003）、Wen and Wang（2014）、Köhler（2014）和 Gosman and Kohlbeck（2009）等关于供应商抗衡势力增强自身利润的结论一致。验证 H_4（a）。

表4.8   中药中成药企业回归结果

解释变量	模型1 随机效应	模型2 个体固定	模型3 个体固定
Bmp	-0.013^{***} (-3.62)	-0.030^{**} (-2.08)	-0.008^{*} (-1.94)
Smp		0.887^{**} (2.16)	2.907^{**} (2.38)
$Bmp^{*}Smp$		2.680 (0.91)	5.278 (0.31)
$Barrier$			0.097^{***} (3.17)
$Govr$			0.505^{**} (2.07)
$Size$			0.041^{***} (9.60)
$Demand$			0.001 (0.60)
$Rgdp$			0.011^{***} (3.14)
$Capital$			0.069^{***} (3.48)
C	0.062^{***} (6.73)	0.059^{***} (6.10)	0.448^{*} (1.90)
$Chi2$ (p)	0.270 (0.875)	13.630 (0.009)	46.370 (0.000)
F (p)		10.120 (0.000)	9.040 (0.000)
N	540	540	540

表4.9　　　　　　　　　　　中药中成药细分企业回归结果

解释变量	中药饮片加工企业			中成药生产企业		
	模型1 随机效应	模型2 随机效应	模型3 个体固定	模型1 随机效应	模型2 时点固定	模型3 个体固定
Bmp	-0.032** (-2.22)	-0.019*** (-3.56)	-0.023*** (-2.96)	-0.012** (-2.34)	-0.108*** (-3.57)	-0.008** (-2.28)
Smp		4.888*** (5.67)	1.927** (2.40)		7.186*** (11.45)	3.644*** (2.68)
$Bmp^* Smp$		0.044 (0.01)	3.064 (1.01)		11.937 (1.53)	6.761 (0.25)
$Barrier$			0.236*** (4.94)			0.096*** (2.71)
$Govr$			-0.667* (-1.93)			-0.379 (-1.23)
$Size$			0.048*** (8.42)			0.042*** (8.97)
$Demand$			-0.016* (-1.91)			0.0005 (0.25)
$Rgdp$			0.010** (2.13)			0.015*** (3.10)
$Capital$			0.166*** (5.10)			0.069*** (3.02)
C	0.077*** (5.87)	0.045*** (3.77)	0.618* (1.86)	0.069*** (5.18)	-0.008 (-0.69)	0.285 (0.95)
$Chi2$ (p)	0.25 (0.882)	6.610 (0.158)	27.400 (0.002)	0.550 (0.761)	11.610 (0.021)	42.750 (0.000)
F (p)			7.27 (0.000)			10.24 (0.000)
N	295	295	295	335	335	335

（1）表4.8—4.9中药中成药企业及细分企业回归结果中，模型1—3中买方市场势力系数均在不同水平上显著，表明买方市场势力显著降低其

利润。结合表4.4—4.7买方市场势力系数显著性，可作如下分析：中药由于具有温和的药理作用和最小的副作用而被广泛用作药物或膳食补充剂，但主要以治疗慢性疾病和保健为主。生物药品、化学药品用途更加广泛，临床使用范围更广，很大程度上可以取代中药；但是针对急性疾病、关乎人体生命的疾病，中药几乎不能够代替生物和化学药品，两者生产工艺更复杂，技术含量要求更高。在应对某种重大疾病的治疗中，尤其是以天然的生物材料（微生物、人体、动物、植物和海洋生物）为主，且基本构成单元为氨基酸、核苷酸、单糖、脂肪酸的生物药品，其药理活性高、毒副作用小、营养价值高，对人体不仅无害而且还是重要的营养物质，具有其他药物难以替代的极佳临床特效。根据资源基础理论，企业谈判势力和议价能力取决于资源稀缺性或相对需求程度，掌握需求程度更高的稀缺性资源的一方，则在市场交易中占据优势地位。生物制药企业和化学制药企业相比中药类企业，其产品供给受到更严格管制，生产难度更大，由此提高了买方对制造商产品的相对需求程度，极大程度降低下游客户的外部选择范围，提高了买方的转换成本，赋予上游制造企业更强抗衡势力，验证 H_3（a）生物制药、化学制药企业抗衡势力强于中药企业。

（2）表4.8—4.9中药中成药企业及细分企业回归结果中，交互项 $(Bmp - \overline{Bmp}) \cdot (Smp - \overline{Smp})$ 系数在模型2—3中均为正但非显著。表明中药中成药企业不能依靠横向市场势力抗衡来自下游的买方市场势力，下游客户在市场中的利润抑制效应仍居主导地位，企业横向市场地位难以发挥正向调节作用。证实 H_4（b）。

（3）表4.4—4.9中，以市场份额作为代理变量的卖方抗衡势力系数均为正，除表4.5模型3外均通过不同水平显著性检验，表明制药企业市场份额与利润正相关，验证 H_2。根据熊彼特假说Ⅱ，势力更强企业的创新潜力更高，因为其有充分足够高的资金来源和人力资本积累；再生产创新产品时能够实现规模经济；创新产品有更强激励建立市场进入壁垒。制药行业高技术特征，使得创新成为其生存与发展之本，市场势力更强企业拥有的创新能力与潜力所带来的创新产品成为其利润增长的重要源泉。

（4）对于控制变量，制药企业进入壁垒变量系数在表4.4—4.9中均为正，即对利润是正向作用，仅在少数模型非显著。制药企业专用性资产在固定资产中占比极高且有多种形式，如专用场地、专用实物资产、专用人力资产及特定用途资产等。保证产品质量在制药企业生产过程中处于关键地位，必须采用精密程度极高的仪器设备进行生产、包装和运输，不同药品生产流程需要不同的专用设备，具有很强的设备专用性。企业的特殊性对员工技术提出高要求，培训出的专有生产技能员工则是专用人力资产。生产过程中因解决环保问题而购置的环保治理设备和对原生产、研发设备维修更换产生的长期待摊费则属于特定用途资产。这些专用性资产对潜在进入者构成高进入壁垒和无形退出壁垒。此外，制药行业作为受到政府严格管制的特殊行业，企业经营需要获得批准和申请执照，加之相对于在位者的差别性税收条款和优惠条款，均形成阻碍新企业进入的壁垒。高进入壁垒降低行业中在位企业的竞争程度，使其可以长期享有先进入者带来的收益，由此增加制药企业利润。

政府价格规制变量系数均为负，表明政府规制降低制药企业利润，但一些模型非显著。制药行业具有不同于一般行业的特殊性，与人类健康和生命安全紧密相连。世界各国无一例外地成立专门机构对药品的生产、检测、管理、进出口、批发、零售直到终端使用中的每一个环节均采取严格的法律制度加以规范和管理。对制药企业的严格监管、新药上市的长时间审查、最高限价规制都会成为施加在制药企业上的沉重负担，导致某一在建或在筹项目搁浅或放弃，显著降低制药企业预期收益。

企业规模系数均在 0.010 水平上显著为正，即与利润正相关。企业规模扩大对利润产生两方面的正向影响：一方面根据规模经济理论，企业规模是利润的一个主要决定因素，规模越大的企业生产成本相对小规模企业越低，规模与利润正相关，Gschwandtner（2005）、Özgülbas et al.（2006）、Wu（2006）、Bjarni（2007）、Akbas and Karaduman（2012）和 Mule et al.（2013）提供支撑依据。另一方面，Verdoon（1949）和 Kaldor（1966）提出的 Kaldor-Verdoorn 法则表明企业规模扩大提高劳动生产率，增加产品销售额和随后的利润率。

市场需求增长率系数为正，市场需求规模的不断增长带来稳定现金流，从而增加企业利润，与预期一致。代表地区经济发展水平的人均 GDP 数值为正，制药企业利润与地区经济发达程度正相关。

资本密度与企业利润显著正相关，表明制药企业从员工高研发能力及创新成果中获得益处，增强自身绩效。资本密度高的企业创新激励和创新能力更强，药品性能决定市场需求，相对普通药品，生产工序复杂和科技含量高的稀缺特效药市场前景广阔且利润丰厚。国家的专利保护制度使得开发新化学实体、新分子实体或新活性实体的品牌药生产厂商在市场中处于垄断地位，长时间享有该专利所带收益，实证结果与制药企业特点一致。

（3）场景3：企业所处地域子样本

鉴于我国制药行业发展不均衡，大型、知名制药企业往往集中在东中部省份，比如中国医药、华北制药、天津药业、复星医药、恒瑞医药、南京医药、天士力集团、海王药业、丽珠制药等，其产品种类广泛，大多拥有产学研一体化科技创新、医药科研与工程设计平台。建立了生物制药、基因工程制药、麻醉精神药品、抗感染药、心脑血管用药、呼吸系统用药等抗重大疾病药品生产基地和药材基地。西部地区制药企业数量和规模、产品种类、差异化新药品生产能力不如东中部地区，因此把总体样本依地区分组具有现实意义。表4.10展现东部地区制药企业回归结果，表4.11展现中部地区制药企业回归结果，表4.12展现西部地区制药企业回归结果。

表4.10 　　　　　　　　　　东部地区制药企业回归结果

解释变量	模型1 随机效应	模型2 随机效应	模型3 个体固定
Bmp	-0.002 (-0.12)	-0.030 (-1.51)	-0.020 (-1.14)
Smp		6.067^{***} (13.00)	4.192^{***} (3.21)
$Bmp * Smp$		6.150^{***} (4.12)	4.199^{*} (1.94)
$Barrier$			0.042^{***} (6.83)

续表

解释变量	模型 1 随机效应	模型 2 随机效应	模型 3 个体固定
Govr			− 0. 183 (− 0. 076)
Size			0. 026 *** (10. 33)
Demand			0. 003 (1. 06)
Rgdp			0. 007 *** (3. 45)
Capital			0. 006 (0. 92)
C	0. 052 *** (6. 56)	0. 025 *** (4. 01)	0. 131 (0. 56)
Chi2 (p)	0. 060 (0. 969)	3. 480 (0. 481)	43. 990 (0. 000)
F (p)			7. 53 (0. 000)
N	940	940	940

表 4. 11　　　　　　　　中部地区制药企业回归结果

解释变量	模型 1 随机效应	模型 2 随机效应	模型 3 随机效应
Bmp	− 0. 044 (− 1. 62)	− 0. 017 (− 0. 60)	− 0. 016 (− 0. 72)
Smp		2. 087 (1. 33)	1. 914 (1. 51)
Bmp * Smp		6. 217 ** (2. 16)	8. 685 * (1. 90)

解释变量	模型 1 随机效应	模型 2 随机效应	模型 3 随机效应
Barrier			0.152 *** (4.74)
Govr			−0.039 (−0.57)
Size			0.017 *** (9.51)
Demand			−0.004 *** (−3.17)
Rgdp			0.010 *** (4.05)
Capital			0.023 * (1.78)
C	0.026 *** (3.48)	0.024 *** (3.24)	0.012 (0.16)
Chi2 (*p*)	0.570 (0.751)	2.260 (0.689)	3.270 (0.974)
F (*p*)			
N	300	300	300

（1）由表 4.10 东部地区制药企业回归结果，表 4.11 中部地区制药企业回归结果，结合表 4.12 西部地区制药企业回归结果可得：对不同地区制药企业，买方市场势力系数均为负，表明来自下游客户的市场势力抑制制药企业利润，验证 H_1。

（2）表 4.10—4.11 东中部地区制药企业回归结果中，买方市场势力系数非显著，表明来自下游客户的市场势力对东中部地区制药企业利润无显著负向影响。

（3）表 4.10—4.11 东中部地区制药企业回归结果中，模型 2—3 中

$(Bmp - \overline{Bmp}) \cdot (Smp - \overline{Smp})$ 系数在不同水平下显著为正，也表明东中部地区制药企业的抗衡势力能够改善来自下游客户的买方市场势力对自身利润的负向影响，削弱买方市场势力的负效应。上游供应商在横向市场同样具备一定市场势力，即拥有抗衡势力时，自身利润增加。H_4（a）得以验证。

表4.12　　　　　　　　　　　西部地区制药企业回归结果

解释变量	模型1 随机效应	模型2 个体固定	模型3 随机效应
Bmp	− 0.054 ** （ − 2.22）	− 0.076 ** （ − 2.03）	− 0.002 *** （ − 3.45）
Smp		12.434 ** （2.51）	17.013 *** （6.60）
*Bmp * Smp*		17.624 （0.99）	36.420 （0.09）
Barrier			0.167 ** （5.10）
Govr			− 0.127 （ − 0.91）
Size			0.064 *** （6.06）
Demand			0.017 *** （3.54）
Rgdp			0.002 （1.01）
Capital			0.015 （1.38）
C	0.051 *** （4.72）	0.026 ** （2.27）	0.118 （0.84）
Chi2 （*p*）	3.270 （0.195）	9.350 （0.053）	5.470 （0.706）
F （*p*）		4.72 （0.000）	
N	210	210	210

（1）表 4.12 西部地区制药企业回归结果中，买方市场势力系数在不同水平上显著，表明来自下游客户的市场势力显著降低西部地区制药企业利润。结合表 4.10—4.11 买方市场势力系数显著性，得出东中部地区制药科技发达程度与制药企业开发新药品的能力成为其抗衡势力来源，相对买方的抗衡势力强于西部地区，验证 H_3（b）东部、中部地区制药企业抗衡势力大于西部企业。

（2）表 4.12 西部地区制药企业回归结果中，$(Bmp - \overline{Bmp}) \cdot (Smp - \overline{Smp})$ 系数在模型 2—3 中为正但非显著。表明西部地区制药企业不能依靠横向市场势力抗衡来自下游买方市场势力，下游客户在市场交易中的利润抑制效应仍占主导地位，企业横向市场地位难以发挥正向调节作用。H_4（b）得以验证。

（3）表 4.10—4.11 中，以市场份额作为代理变量的卖方抗衡势力系数均为正，仅中部地区制药企业非显著，表明制药企业横向市场份额增加提升利润，证实 H_2。控制变量除显著性水平外，符号均与表 4.4—4.9 一致，体现控制变量对企业利润相同的影响机理。

（4）场景 4：企业所有权属性子样本

国有企业由中央或地方政府投资或参与控制，各级国资委管理，其设立通常以实现国家调节经济为目标。企业资产归国家所有，生产经营组织形式同时具有营利法人和公益法人的特点，行为受政府的意志和利益决定，在市场交易中的地位具有与私有企业相异的特点。文中进一步按企业所有权属性，把制药企业细分为国有企业和私有企业，以探索所有权异质性制药企业受下游客户的影响程度以及卖方抗衡势力所发挥的作用，表 4.13 展现国有制药企业和私有制药企业回归结果。

表 4.13 国有制药企业和私有制药企业回归结果

解释变量	国有制药企业			私有制药企业		
	模型 1 随机效应	模型 2 随机效应	模型 3 个体固定	模型 1 随机效应	模型 2 时点固定	模型 3 时点固定
Bmp	-0.037 (-1.16)	-0.058 (-1.26)	-0.015 (-0.55)	-0.006 *** (-3.49)	-0.020 * (-1.71)	-0.021 ** (-2.21)

续表

解释变量	国有制药企业			私有制药企业		
	模型1 随机效应	模型2 随机效应	模型3 个体固定	模型1 随机效应	模型2 时点固定	模型3 时点固定
Smp		6.420 *** (12.07)	3.624 *** (3.08)		8.677 *** (7.95)	4.661 *** (5.21)
Bmp * Smp		7.958 *** (4.50)	4.777 ** (2.11)		13.830 (1.38)	18.476 (1.13)
Barrier			0.041 *** (7.99)			0.103 *** (10.56)
Govr			− 1.234 *** (−3.82)			− 0.096 ** (−2.03)
Size			0.037 *** (11.15)			0.030 *** (19.40)
Demand			− 0.012 (−1.08)			0.0002 (0.14)
Rgdp			0.013 *** (5.79)			0.002 *** (3.01)
Capital			0.053 *** (5.84)			0.035 *** (5.97)
C	0.093 *** (4.62)	0.026 ** (1.98)	1.125 *** (3.53)	0.036 *** (7.23)	0.010 * (1.95)	0.100 ** (2.02)
Chi2 (p)	0.140 (0.933)	5.640 (0.228)	54.340 (0.000)	0.080 (0.960)	15.160 (0.004)	70.460 (0.000)
F (p)			24.70 (0.000)			
N	275	275	275	1175	1175	1175

（1）买方市场势力对私有企业利润影响显著为负，对国有企业利润未发现显著负向影响，证实 H_1。当前我国正处于新兴且转轨的市场经济环境下，国有企业由中央、地方国资委直接控股，受政府更大程度的干预，与其政治关联性更强，明显比私有企业更有政治关系优势。当国有企业面

临经营风险或陷入财务困境时，面临外部融资约束程度更低，通常具有预算软约束而非刚性约束，更能够享受政策优势带来的益处，且能凭借政治资源获得更多垄断资源和稀缺性关键资源，有助于企业自身的成长和规模的扩大。其规模的扩大和垄断资源、稀缺性资源的获取，所带来的开发新产品的能力，同时通过政治关联优势形成的产品定价能力及抵御风险的能力，成为抗衡势力的重要来源。私有企业相对国有企业所不具备的资金与资源优势、政治关联优势，成为规模扩大、提升新产品的开发能力及获得定价权的阻碍，其在市场交易中的谈判势力和议价势力远远弱于国有企业。证实 H$_3$（c）国有企业抗衡势力强于私有企业。

（2）表 4.13 中，市场份额均与企业利润在 0.010 显著性水平上正相关。国有企业回归结果中，$(Bmp - \overline{Bmp}) \cdot (Smp - \overline{Smp})$ 系数显著为正，表明国有制药企业抗衡势力能够改善买方市场势力对自身利润的负向影响，削弱买方市场势力负效应。对于私有企业，交互项系数为正但非显著，H$_2$，H$_4$（a）、（b）得以验证。控制变量除显著性水平外，符号方向与表 4.4—4.12 一致。

（5）场景 5：企业规模子样本

在上述分组的基础上，可深入考虑按规模把总体样本分为大规模企业和小规模企业。首先计算总体样本 2014—2018 年总资产 a_i 均值 $\bar{x}_i$，其次得出 290 个截面单元均值 $\bar{y}_i$，其中 $\bar{x}_i$、$\bar{y}_i$ 的表达式如下：

$$\bar{x}_i = (\sum_{i}^{209} a_{i2014} + a_{i2015} + \cdots + a_{i2018})/290 \times 5$$

$$\bar{y}_i = (a_{i2014} + a_{i2015} + \cdots + a_{i2018})/5 (i = 1,2,\cdots,290)$$

定义 $\bar{y}_i > \bar{x}_i$ 为大规模企业，$\bar{y}_i < \bar{x}_i$ 为小规模企业，表 4.14 展现大规模制药企业和小规模制药企业回归结果。

表 4.14　　　　　　　　大规模制药企业和小规模制药企业回归结果

解释变量	大规模制药企业			小规模制药企业		
	模型 1 随机效应	模型 2 随机效应	模型 3 随机效应	模型 1 时点固定	模型 2 个体固定	模型 3 个体固定
Bmp	−0.048 (−0.95)	−0.038 (−0.68)	−0.002 (−0.04)	−0.011** (−2.02)	−0.008*** (−2.89)	−0.010* (−1.71)

续表

解释变量	大规模制药企业			小规模制药企业		
	模型 1 随机效应	模型 2 随机效应	模型 3 随机效应	模型 1 时点固定	模型 2 个体固定	模型 3 个体固定
Smp		5.640 *** (6.32)	1.942 * (1.70)		1.700 ** (2.05)	2.112 * (1.74)
Bmp^* Smp		6.914 ** (2.27)	7.815 ** (2.20)		4.179 (0.85)	3.645 (0.84)
$Barrier$			0.028 *** (3.19)			0.152 *** (4.08)
$Govr$			−0.115 (−0.35)			−0.024 (−0.31)
$Size$			0.022 *** (6.78)			0.096 *** (13.43)
$Demand$			0.007 (1.42)			0.002 *** (2.86)
$Rgdp$			0.012 *** (3.67)			0.00006 (0.06)
$Capital$			0.003 (0.23)			0.006 (1.00)
C	0.149 *** (6.42)	0.075 *** (3.56)	−0.142 (−0.42)	0.021 *** (8.70)	0.022 *** (7.24)	−0.020 (−0.25)
$Chi2$ (p)	0.01 (0.995)	2.580 (0.630)	14.64 (0.146)	5.540 (0.063)	60.070 (0.000)	15.660 (0.048)
F (p)					7.45 (0.000)	6.82 (0.000)
N	285	285	285	1165	1165	1165

（1）买方市场势力显著降低小规模企业利润，但对大规模企业的负向影响非显著，证实 H_1。大规模企业具有规模大、资金充裕、融资方便、资源易获取等诸多优势，能够在确保高风险研发项目的融资安全方面提供保障。大规模企业更能够承担创新活动需要的资金投入和创新失

败的风险，其开发创新产品的能力成为抗衡势力的重要来源。小规模企业由于自身规模较小、实力普遍较弱，受限于财务约束和研发资金约束，大多停留在模仿和低层次仿制药生产层面，产品工序简单且替代性较强；缺乏开发临床效果好、治疗重大疾病的新药品的能力，市场交易中相对买方的议价势力和谈判势力较弱，难以抗衡拥有强大势力的下游客户，利润明显受到抑制。小企业同时还面临激烈的同行业竞争，很难通过提高产品价格或在边际成本之上制定较高价格缓解来自买方的各种压力，使得利润获取能力受到限制。证实 H_3（d）大规模企业抗衡势力强于小规模企业。

（2）表 4.14 中，市场份额与企业利润在不同显著性水平上正相关。对于大规模企业，交互项 $(Bmp - \overline{Bmp}) \cdot (Smp - \overline{Smp})$ 系数在 0.050 显著性水平上显著为正，表明大规模制药企业在横向市场同样具备一定市场势力，拥有抗衡势力时，自身利润增加。对于小规模制药企业，交互项系数为正但非显著，H_2，H_4（a）、（b）得以证实。控制变量除显著性水平差异，仍保持稳健性。

四　本章小结

本章基于面板数据模型，以每家制药企业下游最大五家客户交易量占比衡量买方市场势力，每家制药企业销售收入所占市场份额衡量卖方抗衡势力，将进入壁垒和政府规制纳入其中，探索买方市场势力对制药企业利润的影响，结论如下：

第一，四类子样本回归结果中，买方市场势力系数均为负，表明来自下游买方市场势力降低制药企业利润。证实制药企业面临的买方市场势力确实存在且具有普遍性，来自下游客户的市场势力对纵向关系的扭曲，支持买方市场势力的存在是不利的这一观点。

第二，买方市场势力对中药中成药企业及细分企业、西部地区制药企业、私有企业和小规模企业利润的负效应显著，表明其不能依靠横向份额的增加形成的市场势力抗衡来自下游买方市场势力，下游客户在市场交易中对供应商利润的负向效应仍占主导地位，企业横向市场地位难以发挥正向调节作用。

买方市场势力对生物制药企业及细分企业、化学制药企业及细分企业、东中部地区制药企业、国有企业和大规模企业利润的负效应非显著，表明其抗衡势力能够改善买方市场势力对自身利润的负向影响，削弱买方市场势力负效应。即制药企业同样具备一定市场势力，拥有抗衡势力时，自身利润增加。

本书提出了上游产业抗衡势力新的来源渠道，丰富了已有关于上游产业抗衡势力来源的研究，能够从产业组织层面为企业利润的解释提供理论依据。把下游产业的买方市场势力和上游产业横向市场的企业特征联系起来，体现了纵向关系中买卖双方的作用方式，产业组织中不同层级产业交互作用的背后机制。

第三，当制药企业卖方抗衡势力以市场份额衡量时，其系数均为正，表明制药企业市场份额与利润正相关。这与战略管理追求的目标一致，也是熊彼特假说的主要思想。

第四，政府价格规制对制药企业利润具有负效应；进入壁垒、企业规模、市场需求增长率、人均 GDP、资本密度与制药企业利润正相关。

第五章

买方市场势力对供应商工艺创新与产品创新影响的实证研究

一　问题提出

"十四五"规划和 2035 远景目标明确提出"坚持创新在我国现代化建设全局中的核心地位、面向人民生命健康、深入实施创新驱动发展战略","提升企业技术创新能力、强化企业创新主体地位"。新时代，加速推进我国制药企业技术创新，不仅能够为企业高质量发展提供强劲引擎，而且能够为维护公共卫生安全提供重要保障。制药行业的高技术特征，使得创新成为其生存与发展的核心，更是获得市场竞争优势并实现持续发展的力量源泉。

我国制药行业规模持续增长，新药物研发迅速发展，一些制药产品处于国际领先地位，但依旧存在众多问题。其一，从产品结构来看，药企仿制药偏多，原创药较少。其二，与国外大型制药企业相比，创新投入和创新产出水平较低，具体表现在：从创新投入角度，世界十大制药企业巨头研发资金投入占销售收入比值均在 15% 以上，我国制药企业研发支出强度均值仅达 5%，与世界先进水平差距较大。从创新产出角度，如表 5.1 所示，1986—2014 年间全球共开发 1085 个新化学实体，欧盟开发 410 个，美国 428 个，日本 190 个，共占全球新化学实体份额的 94.75%，欧美日之外的地区（包括中国）仅开发 57 个新化学实体，国内占比不足

5.25%，不足欧盟的13.9%、美国的13.3%、日本的30%。影响中国药企创新不足的因素是什么呢？制药行业是典型的高科技行业，研究这个行业的创新情况，具有典型意义。

目前对此现象的解释多集中于创新获利能力（蔡基宏，2009）、研发模式和纵向一体化（白让让和谭诗羽，2016）、市场独占利益（殷天红等，2017）、企业和行业环境（杨城和朱顺林，2017）、社会规制（薛澜等，2016）、企业政治行为（高山行和李炎炎，2018）、金融支持（曹霞和张路蓬，2017）、药品专利保护（姚维保，2005；Beneito and Sanchis，2014；Raghupathi and Raghupathi，2017）、宏观环境（李超，2016）、企业规模（Dey，2017；Baumann and Kritikos，2016）、行业竞争（Stagnaro，2017；Griffith et al.，2010；Correa and Ornaghi，2014；Chen and Schwartz，2013；Cornaggia et al.，2015；Hashmi and Van Biesebroeck，2016）、市场需求（Lambertini and Ornini，2015）、市场进入（Chao et al.，2017）、知识产权保护（Anton et al.，2006）、金融体系发展（Chowdhury and Maung，2012）、所有制类型（Chen et al.，2014；Song et al.，2015）、不平等（Foellmi and Zweimuller，2017）、行政许可（Chamarbagwala and Sharma，2010）、政府监管（Katz，2007；Bripi，2016；Amici et al.，2016）、产品市场监管（Barbosa and Faria，2011）、劳工保护（Acharya et al.，2013）和药品定价（石亚如和褚淑贞，2017；沈秋欢，2017；Ellison and Snyder，2010）等因素，但极少关注来自产业链下游买方市场势力。

表5.1　　　　　　　　1986—2014年全球批准新化学实体

年份	欧洲（Num）	美国（Num）	日本（Num）	中国和其他地区（Num）
1986—1990	104	70	51	13
1991—1995	78	73	54	6
1996—2000	94	83	31	3
2001—2005	51	61	23	14

年份	欧洲（Num）	美国（Num）	日本（Num）	中国和其他地区（Num）
2006—2010	49	72	19	11
2011—2014	34	69	12	10
Total	410	428	190	57

数据来源：European Federation of Pharmaceutical Industry and Associations；The Pharmaceutical Industry in China。

中国制药行业创新不足是否与其面临的较强买方市场势力有关系呢？在传统的结构—行为—绩效（SCP）分析框架的基础上，本章也对产业链的层级进行了扩展，由一层产业链扩展至两层产业链，将产业组织中下游客户的市场势力因素纳入对上游产业创新行为影响的分析中。基于产业组织纵向关系新视角，依托国内特定产业发展背景，首先构造买方市场势力、卖方抗衡势力等主要变量，依托面板 Tobit 模型和面板负二项模型，探索来自下游买方市场势力对制药企业工艺创新和产品创新的影响。然后将总体样本按照产品类别、所处地域、所有权性质、规模和创新能力进行分组，依旧分析在这种影响过程中，不同制药企业的市场特征或竞争环境会起到何种作用；对于抗衡势力不同的制药企业，其作用是否会存在差异。

二　研究设计

（一）数据来源

实证部分数据主要来源于 Wind 数据库和中财网数据库 2014—2018 年度深圳证券交易所、上海证券交易所和香港联交所我国医药制造业上市公司。为确保数据完整性和结果精确性，对搜集数据进行如下处理：首先删除被证监会挂牌警告，即连续几年利润为负值、生产经营存在风险的药企，如 ST、＊ST、暂停上市企业；其次删除相关数据指标（比如控制变量）存在严重缺失和较多异常值的公司。经过以上筛选后，290 家上市制药企业得以留存，这样建立 2014—2018 年五年时间区间，290 个截面单元的面板数据集。

（二）变量定义

1. 因变量工艺创新与产品创新

众多学者使用不同指标表征创新行为（Hagedorn and Cloodt，2003；Peters，2000；Weiss and Wittkopp，2003a，2003b；Köhler and Rammer，2012），鉴于文中关注工艺创新和产品创新，两者都是为了提高企业的社会经济效益，但途径不同，方式也不一样。工艺创新指企业通过研究和运用新的方式方法和规则体系等，提高企业的生产技术水平、产品质量和生产效率的活动。在数据可得情形下，选择研发支出强度作为供应商工艺创新的代理变量（Cohen and Levin，1989；Crepon et al，1998）。稳健性检验中，以研发人员强度作为工艺创新的代理变量进行模型扩展。

产品创新是指创造某种新产品或对某一新或老产品的功能进行创新，在数据可获得情形下，以发明专利申请数量作为产品创新的代理变量，稳健性检验中，以实用新型专利申请数量和外观设计专利申请数量作为产品创新的代理变量进行模型扩展。

2. 自变量买方市场势力和卖方抗衡势力

本章对买方市场势力和卖方抗衡势力衡量指标的选取及说明同第四章，仍以 Wind 数据库 2014—2018 年每家上市制药企业总销售额中，下游最大五家客户交易量占比作为买方市场势力的代理变量，以每家制药企业市场份额（年度销售收入占行业销售收入比值）作为卖方抗衡势力的代理变量。

3. 影响企业工艺创新与产品创新的控制变量

资产专用性指耐用资产在多大程度上被锁定而投入特定交易关系，资产的专用性程度越高，若重新被配置作其他用途，由此产生的转换成本越大，形成行业技术范式转变障碍，因此资产专用性对制药企业的创新研发影响不可忽视，文中以总资产中固定资产占比作为资产专用性的衡量指标。

鉴于制药行业的特殊性，其行为绩效受政府规制影响程度较大，政府规制作为影响制药企业创新活动的重要变量,众多文献以虚拟变量表示,缺陷是只能衡量政策的有无,不能反映影响大小和方向,参考张庆霖和郭嘉怡(2013)的研究,我们以药企所在地区医药制造业出厂价格指数除以一般工业品出厂价格指数进行衡量。剩余控制变量的衡量方式同第四章"影响企业利润的控制变量"。在核心变量和控制变量的构造与整理过程中,对缺失数据以指数平滑法进行预测,计量软件为 Stata 12.0,表5.2呈现各变量单位、定义、符号和系数预期。

表5.2 变量单位、定义及符号预期

变量类型	变量	单位	符号	定义	符号预期
被解释变量	工艺创新1	比值	Rnd	研发支出占销售收入比值	——
	工艺创新2	比值	$Ratio$	研发人员数量占总员工比值	——
	产品创新1	个	$InventPat$	企业申请发明专利数量	——
	产品创新2	个	$UtilityPat$	企业申请实用新型专利数量	——
	产品创新3	个	$DesignPat$	企业申请外观设计专利数量	——
解释变量	买方市场势力	比值	Bmp	下游最大五家客户交易量占比	负号
	卖方抗衡势力	比值	Smp	企业销量在行业中市场份额	正号
	买卖双方势力交互项	比值·比值	$Bmp \cdot Smp$	企业下游最大五家客户交易量占比·企业市场份额	正号
	资产专用性	比值	$Asset$	制药企业固定资产投资额占总投资额比值	负号
	政府规制	比值	$Govr$	医药制造业出厂价格指数与一般工业品出厂价格指数比值	正号
	企业规模	百亿	$Size$	制药企业总资产	正号

续表

变量类型	变量	单位	符号	定义	符号预期
控制变量	市场需求增长率	比值	*Demand*	当期销售收入与滞后一期差占后者比值	负号
	人均 GDP	万元	*Rgdp*	地区人均生产总值	正号
	利润增长率	比值	*Gprofit*	当期利润总额与滞后一期差占后者比值	正号
	资本密度	百万	*Capital*	固定资产除以员工总数	正号

（三）计量模型设定

国内外学者对企业工艺创新和产品创新影响因素展开大量研究，以现有研究为基础，本书从纵向视角探索来自下游买方市场势力的影响。基于卖方抗衡势力视角，参考代表性研究（Peters，2000；Köhler and Rammer，2012），计量模型中通过加入买方市场势力卖方抗衡势力交互项，探索卖方抗衡势力作为调节变量在买方市场势力对卖方工艺创新和产品创新影响中的制约和调节作用，据此构建如下基本模型：

$$Innovation = F((Bmp - \overline{Bmp}), (Smp - \overline{Smp}), (Bmp - \overline{Bmp}) \cdot (Smp - \overline{Smp}), X, \cdots\cdots) \tag{5.1}$$

Innovation 代表因变量工艺创新和产品创新，如上所述，选择研发支出强度作为供应商工艺创新的代理变量，稳健性检验中，以研发人员强度作为工艺创新的代理变量进行模型扩展。以发明专利申请数量作为产品创新的代理变量，稳健性检验中，以实用新型专利申请数量和外观设计专利申请数量作为产品创新的代理变量进行模型扩展。

买方市场势力（$Bmp - \overline{Bmp}$）作为核心自变量，反映下游客户市场势力对供应商工艺创新和产品创新的影响，文中主要经验证明其与制药企业工艺创新和产品创新之间的关系，对理论研究中正反效应进行验证，体现经验研究意义。卖方抗衡势力（$Smp - \overline{Smp}$）反映供应商市场状况或竞争环境与工艺创新和产品创新的关系，同时与买方市场势力构成交互项组成要素。（$Bmp - \overline{Bmp}$）·（$Smp - \overline{Smp}$）为上下游市场势力交互项，体现买方市场势力和供应商市场势力的交互影响，卖方势力（$Smp - \overline{Smp}$）作为调节变量（抗衡势力）影响买方市场势力与供应商工艺创新和产品创新的关系。

X 为表征企业特定特征，影响其创新行为的控制变量。通过对核心变量和控制变量的选择，公式（5.1）可具体化为如下 5 个一般计量模型：

$$
\begin{aligned}
Rnd_{it} = \beta_0 &+ \beta_1(Bmp_{it} - \overline{Bmp_{it}}) + \beta_2(Smp_{it} - \overline{Smp_{it}}) \\
&+ \beta_3((Bmp_{it} - \overline{Bmp_{it}}) \cdot (Smp_{it} - \overline{Smp_{it}})) \\
&+ \beta_4 Asset_{it} + \beta_5 Gorr_{it} + \beta_6 Size_{it} + \beta_7 Demand_{it} \\
&+ \beta_8 Rgdp\ it + \beta_9 Grofit_{it} + \beta_{10} Capital_{it} + \varepsilon_{it}
\end{aligned}
\tag{5.2}
$$

$$
\begin{aligned}
Ratio_{it} = \beta_0 &+ \beta_1(Bmp_{it} - \overline{Bmp_{it}}) + \beta_2(Smp_{it} - \overline{Smp_{it}}) \\
&+ \beta_3((Bmp_{it} - \overline{\beta mp_{it}}) \cdot (Smp_{it} - \overline{Smp_{it}})) \\
&+ \beta_4 Asset_{it} + \beta_5 Gorr_{it} + \beta_6 Size_{it} + \beta_7 Demand_{it} \\
&+ \beta_8 Rgdp\ it + \beta_9 Grofit_{it} + \beta_{10} Capital_{it} + \varepsilon_{it}
\end{aligned}
\tag{5.3}
$$

$$
\begin{aligned}
Invent\ Pat_{it} = \beta_0 &+ \beta_1(Bmp_{it} - \overline{Bmp_{it}}) + \beta_2(Smp_{it} - \overline{Smp_{it}}) \\
&+ \beta_3((Bmp_{it} - \overline{\beta mp_{it}}) \cdot (Smp_{it} - \overline{Smp_{it}})) \\
&+ \beta_4 Asset_{it} + \beta_5 Gorr_{it} + \beta_6 Size_{it} + \beta_7 Demand_{it} \\
&+ \beta_8 Rgdp\ it + \beta_9 Grofit_{it} + \beta_{10} Capital_{it} + \varepsilon_{it}
\end{aligned}
\tag{5.4}
$$

$$
\begin{aligned}
Utility\ Pat_{it} = \beta_0 &+ \beta_1(Bmp_{it} - \overline{Bmp_{it}}) + \beta_2(Smp_{it} - \overline{Smp_{it}}) \\
&+ \beta_3((Bmp_{it} - \overline{Bmp_{it}}) \cdot (Smp_{it} - \overline{Smp_{it}})) \\
&+ \beta_4 Asset_{it} + \beta_5 Gorr_{it} + \beta_6 Size_{it} + \beta_7 Demand_{it} \\
&+ \beta_8 Rgdp\ it + \beta_9 Grofit_{it} + \beta_{10} Capital_{it} + \varepsilon_{it}
\end{aligned}
\tag{5.5}
$$

$$
\begin{aligned}
Design\ Pat_{it} = \beta_0 &+ \beta_1 Bmp_{it} + \beta_2 Smp_{it} + \beta_3 Bmp_{it} * Smp_{it} + \beta_4 Asset_{it} \\
&+ \beta_5 Govr_{it} + \beta_6 Size_{it} + \beta_7 Demand_{it} + \beta_8 Rgdp_{it} + \\
&\beta_9 Gprofit_{it} + \beta_{10} Capital_{it} + \varepsilon_{it}
\end{aligned}
\tag{5.6}
$$

其中 $\beta_0 \sim \beta_{10}$ 均为待估参数，以关注对结果起决定作用的核心变量买方市场势力（$Bmp - \overline{Bmp}$），卖方抗衡势力（$Smp - \overline{Smp}$）及两者交互项 $(Bmp - \overline{Bmp}) \cdot (Smp - \overline{Smp})$ 系数大小和方向。

（四）理论分析及假设提出

客户作为供应商直接发生利益往来的下游参与主体，是供应商除了投资者之外最重要的利益相关者，不仅是供应商利润的来源和赖以生存的基础，而且也发挥着为企业创新行为提供指向标的作用。由下游客户议价能力形成的买方市场势力关系到供应商的定价能力和经营状况，进而影响到供应商的资金约束与创新活动。

第一，基于交易方式视角，当下游买方市场势力较强时，往往会通过各种手段谋求自身利益最大化，比如极力压低批发价格、抽取供应商租金、即使资金充裕的条件下仍旧拖欠供应商货款、面临财务危机时向供应商转嫁成本、提高进入壁垒、圈定下游市场以便牢牢控制销售渠道、"常态化"地要求获得优于竞争对手的交易条件等，进而凭借谈判优势压缩供应商的利润空间，侵占供应商的研发创新成果，最终降低供应商创新活动的积极性（Weiss and Wittkopp, 2003a；2003b；2005；Köhler and Rammer, 2012；Köhler, 2014）。

第二，基于竞争优势视角，在竞争激烈的行业中，市场交易中处于谈判优势地位的买方往往通过更换交易合作伙伴或实施产品下架等可置信威胁手段，要求享有优于正常竞争条件下能够获得的优惠交易条款：如要求供应商分批次运送产品以降低自身存货成本，或为其提供延期支付货款等其他可能给供应商带来损失的服务，并通过商业信用融资侵占供应商的流动性资金和延长供应商的营业周期，由此降低上游厂商的运营效率和盈利能力，削弱供应商内部筹集资金的能力和加剧供应商的融资风险，不利于其研发投入水平的提升（Giannett et al., 2011；Fabbri and Menichini, 2010）。

第三，基于资源依赖视角，企业的竞争优势来源于有价值的、稀缺的、无法仿制和替代的异质性资源（Prahalad and Hamel, 1990；Barney, 1991）。一方面，当下游客户市场集中度较高或其购买额在供应商的销售额中占比较大时，会出现上游企业严重依赖于下游客户的情形，一旦下游主要客户由于经营风险陷入财务困境导致供应商难以收回应收账款时，不仅供应商的盈利能力将显著下降，而且可能出现资金链的断裂引发财务危机的情况，这会极大程度降低供应商实施持续性创新活动的积极性。因此，为了避免由于合作关系的破裂而引致的交易损失，供应商会积极主动维持与下游客户的紧密合作关系以保持市场份额的稳定性，此契约关系的维持需要供应商付出高额的成本费用，从而挤占了供应商的创新研发资源

（Dhaliwal，2016）。另一方面，当供应商的产品销售额较大程度依赖于下游客户时，往往会采取各种措施尽力留住下游客户，这样供应商的创新活动会迎合特定客户在产品设计、质量标准、产品性能等方面的规格需求，如此一来，会把自身局限于"特定的"和"相对稳固的"纵向交易关系中，降低了对市场需求变化、消费者偏好变化和技术变革的敏锐感知力，阻碍了供应商多元化创新投资发展战略的实施。

第四，基于企业风险投资行为视角，客户集中加大了企业面临的风险，当客户集中度较高时，供应商可能会因为大客户陷入财务困境等原因应收账款发生坏账，从而增加现金流风险。在企业管理层风险偏好的条件下，现金流风险加大会促使其调整风险投资，降低可能带来的风险。研发投资活动具有高风险性特征，当企业的现金流风险增加时，企业极可能降低风险较大的研发活动的投入（吴祖光等，2017；陈峻和张志宏，2016；Czarnitzki and Toole，2013；Goel and Ram，2001）。

第五，基于促进客户特定关系投资视角，供应商需要保持较高流动性以维持财务健康来促进客户进行特定关系投资。由于财务困境会降低企业保持高质量产品的激励，即使陷入财务困境的供应商被清算的可能性非常低，企业一般也不愿意成为深陷财务困境的供应商的客户（Maksimovic and Titman，1991）。基于客户视角，客户更愿意与财务健康程度高的企业建立长久合作关系，进行更多的关系专用性投资。随着客户集中度的提高，企业暴露在可能随时会失去大客户的风险之下。一旦丢失主要客户，必然会引发企业巨大的现金流波动，从而降低其研发投入的积极性。因此，客户集中度较高的供应商需要重点关注如何通过保持较高的财务健康程度来吸引客户进行更多的关系专用性投资，降低客户流失的可能性。保持财务健康的重要举措之一就是持有充分流动性资金，而持有更多现金保持充分流动性会降低企业技术创新水平（吴祖光等，2017）。

第六，基于经营风险视角，买方市场势力较大意味着来自下游市场客户集中度较高，供应商与关键客户的交易额占前者销售收入的比值较大，若关键客户转换供应商，会产生继续搜索潜在客户的成本，尤其是较高的沉没成本会导致供应商面临巨大的利润损失。因此，买方市场势力越大，供应商所面临的潜在经营风险与财务风险就越大，此时供应商往往会选择持有一定规模的现金以抵御外部竞争环境波动产生的不利冲击，以确保自身正常经营运转（Itzkowitz，2013）。因此，由买方市场势力产生的流动性风险增加了供应商的融资约束程度，不利于供应商研发投入资金的增加，降低可用的创新资源，从而阻碍了创新活动的开展。

基于上述理论分析，客户集中会压缩供应商的利润空间；削弱供应商内部筹集资金的能力和加剧供应商的融资风险；使得供应商为了维护契约关系而付出高额的成本费用，从而挤占了供应商的创新研发资源；加大了企业面临的现金流风险；使得供应商为了降低关键客户流失的概率和抵御外部竞争环境波动产生的不利冲击，而持有更多现金以保持充分流动性。这些都会降低供应商的技术创新水平。

据此，本书提出研究假设 H_1：

H_1：买方市场势力与制药企业工艺创新和产品创新呈负相关关系；（a）买方市场势力抑制供应商工艺创新；（b）买方市场势力抑制供应商产品创新。

自从 Schumpeter（1942）在其著作《资本主义、社会主义和民主》中首次提出"创新理论"的概念并论述了市场势力对技术创新活动的关键性作用以来，市场势力与企业技术创新问题一直是产业组织领域研究关注的焦点问题之一。

市场势力的测度指标包括勒纳指数（Lerner，1934）、价格边际成本指数（Hall，1986）、赫芬达尔—赫希曼指数（HHI）、市场集中度指数（CR_n）、贝恩指数（Bain Index）、企业的市场占有率或市场份额、企业的销售利润率、销售收益率、投资收益率等，反映的是行业内厂商之间的横向竞争关系，即企业在横向市场中相对竞争对手的势力，本书使用制药企业市场份额来衡量其横向市场势力。

基于横向市场结构视角，学术界围绕市场势力与技术创新之间的关系进行了大量的研究。Schumpeter（1942）认为垄断力量有助于创新行为的开展，即行业垄断程度越高，企业规模越大，越有利于企业实施技术创新活动。Blundell et al.（1999）得出具有市场势力的垄断企业拥有更强的研发投资激励，从而使得创新活动更高效。Grossman and Helpman（1991）、Aghion and Howitt（1992）表明激烈的市场竞争环境使得企业间的模仿更容易，不利于超额利润的获取与研发活动的开展。

一些学者提出与市场势力和技术创新正相关相反的观点，认为市场势力抑制企业技术创新，竞争性市场环境对企业创新研发具有正向促进作用。Arrow（1962）表明，竞争性市场环境增加了企业面临的破产倒闭和利润降低的风险，这将激励企业通过创新行为降低风险以提高市场竞争力。Acs and Audretsch（1990）、Geroski（1994）、Röder et al.（2000）、Cottschalk and Janz（2001）、Wittkopp（2002）基于不同指标衡量市场势力，也得出其与创新活动的负相关关系。

本书以制药行业为研究对象，制药行业具有高收益和高风险的特点，研发是企业生存与发展的核心，新药品的开发需要大量资金投入和源源不断的资金支持。处于垄断性市场环境，市场份额较大的企业更能够为创新活动提供资金支持和承担创新失败的风险，因而创新能力更强。处于竞争性市场环境，市场份额较小的企业受限于财务约束和研发资金约束，大多停留在模仿和低层次仿制药生产层面，产品工序简单且药品替代性较强；缺乏开发临床效果好、治疗重大疾病，在某一领域具有领先地位的新化学实体、新分子实体和新活性实体的能力。

据此，本书提出研究假设 H_2：

H_2：（a）企业横向市场份额与工艺创新正相关；（b）企业横向市场份额与产品创新正相关。

基于企业产品类别视角，中药是天然物质，保持了各种成分的自然性和生物活性，其成分易被吸收利用，能够增强机体免疫功能，以调理的方式治病，具有药性缓和、见效慢、疗程长、药效持久等特点，主要以治疗慢性疾病、虚弱性疾病和保健为主。生物制药和化学制药有更广泛的用途，在治疗关乎人类生命的疾病（细菌类疾病、病毒类疾病、心血管疾病、免疫性疾病、精神类疾病、基因缺陷病症、遗传类疾病等）的过程中，有更显著的临床疗效。尤其是随着现代生物技术的迅猛发展，运用功能基因组学、蛋白质组学、生物信息学等现代生化与生物学技术，结合基因工程、蛋白质工程、细胞工程等技术发展起来的生物制药技术，在治疗重大特大疾病的过程中发挥着无可替代的作用。

"组织不均衡成长"理论由 Penrose（1959）在其著作《企业成长理论》

中提出，基于"企业资源—企业能力—企业成长"的分析框架，作者首次将探讨的重点聚焦于企业的内部资源上。Penrose（1959）指出企业是各种生产性资源的集合体，企业所拥有的内部资源和高效率生产能力是其获得经济效益和谋求长远发展的坚实基础，这种有价值的、稀缺的、无法模仿和难以替代的异质性资源与企业能力，是其获得持续竞争优势的源泉。Wernerfelt（1984）在《企业的资源基础理论》一文中扩展与完善了资源基础相关理论，该理论认为企业是各种资源的集合体，这些资源包括有形的和无形的，且在企业间是不可流动且难以复制的，这些独特的资源与能力能够为企业提供长久的竞争优势。Wernerfelt（1989）进一步指出企业是异质性资源与自身能力的结合，一旦企业拥有有价值的、稀缺的、无法模仿且不可替代的资源，则拥有比竞争对手更大的市场竞争优势，此竞争优势能够促进企业产品差异化水平的提高，且带来更高的市场绩效。Barney（1991）也认为有价值的、稀缺的、无法模仿且不可替代的资源，能够为企业带来持续性竞争优势。其对资源基础理论的边际贡献在于扩展了资源的概念，把企业拥有的差异化资源进一步分为物质资源、人力资源和组织资源，不仅指出物质资源在企业获得竞争优势中的作用，而且指出人力资源和组织资源对企业获得市场竞争力和谋求长远发展的重要意义。谢永平等（2014）表明企业在创新活动的开展过程中，资源是其能否取得成功的保证，而任何企业都难以单独掌握其创新所需的最新技术和要素，这就需要有效开发外部资源，与其他组织结构或利益相关者，比如供应商或客户，共建和分享知识与信息等资源，以满足开放式创新条件下创新活动对关键资源的需求，从而为企业获取经济租金提供保障。依据资源基础理论，刘端和王竹青（2017）指出产业链中供应商和客户的谈判势力和话语权来自双方的相对依赖程度，而依赖程度取决于资源的稀缺性，掌握稀缺性资源更大的一方，提高了交易伙伴的相对依赖程度，能够在纵向市场交易中占据主动优势和拥有更强的讨价还价势力。

现实的产业组织结构中，若上游市场存在众多具有相似交易条件的竞争对手或潜在进入者，则增加了下游客户的外部选择价值和议价势力，此时买方具有转换供应商的激励，会导致"敲竹杠"现象的发生。在产业链纵向关系中，相比上游供应商的外部选择价值，若下游买方的外部选择价值较大，那么买方的相对议价势力也就越强，从而能够得到联合利润中的更大份额（Inderst and Valletti，2007；Dobson and Inderst，2008）。根据实际交易过程中外部选择价值产生的常见途径，本书主要从供应商产品的替代性视角进行分析，外部选择价值存在的前提条件是上游为竞争性市场结构，且市场上供给产品之间具有可替代性。在不考虑消费者偏好的情况下，当供应商提供的产品差异化程度较小甚至可以相互替代时，下游客户可选择的交易伙伴范围增大，其可以权衡和比较不同供应商所提供的服务条件、产品的质量及价格；甚至与现有供应商保持良好合作关系的前提下，仍有激励对后者实施转换交易伙伴的"可置信威胁"，以获得比行业内竞争对手更加优惠的交易条款，实现攫取供应商利润的目的。总之，在上下游关联产业中，供应商提供的产品使用价值越相似、替代性越强，下游客户的外部选择价值越大，买方市场势力越强。

以资源基础理论和外部选择价值理论为基础，针对制药企业不同产品类别，生物制药企业和化学制药企业相比中药类企业，在治疗重大特大疾病的过程中发挥着更重要的作用。但其产品供给受到更严格的管制，技术要求更高，生产工艺更复杂，生产难度更大，某类药品可能被一家或几家大型企业所垄断，为市场交易中拥有稀缺资源的一方，由此提高了交易伙伴的相对依赖程度，极大程度降低了下游客户的外部选择范围，提高其转换成本，赋予上游制造企业更强的抗衡势力，更能够缓冲下游客户传导而来的交易风险，削弱买方市场势力对企业创新投资行为的负效应。

长三角地区制药产业创新能力和国际交流水平较高，拥有最多的跨国制药企业，在研发与产业化、外包服务、国际交流等方面具有较大优势，形成了以上海为核心，江苏、浙江为两翼的生物制药产业园区。其中，上海聚集了世界前十强药企，研发密集、融资条件较好，是我国研发和成果转化中心；江苏是生物制药产业成长性最好最活跃的地区，生物制药产值位居全国之首；浙江杭州经济技术开发区是国家生物高技术产业基地，生物制药产业作为开发区的优势主导产业，拥有辉瑞、礼来、默沙东等300余家优质企业，同时杭州东部医药港小镇主要引进生物技术制药、生物医学工程等高端研发及生产项目，并形成了一个500亿元级的生物制药产业集群。

珠三角地区市场经济体系成熟，市场潜力巨大。珠三角地区医药流通体系发达，毗邻港澳，对外辐射能力强，民营资本比较活跃，围绕广州、深圳等重点城市形成了商业网络发达的制药产业集群。深圳医疗设备、制药企业规模全国领先，以创新药物研发和产业化、药品制剂出口和生物制药研发外包为核心的产业体系发展较快；广州生物制药产业集群已形成了"两中心多区域"的产业布局，聚集了 150 多家生物制药企业和一批国家级生物科研机构，形成了从生物技术研究、中试到产业化的完整产业链条。

此外，我国中部其他地区也形成了大大小小的制药产业群落。以长春市为核心的长吉图地区是亚洲规模较大的疫苗生产基地；长株潭地区拥有长沙高新区、浏阳生物医药园等多个生物医药产业基地，产业基础雄厚；武汉城市群聚集了各类研发机构及知名企业 300 余家，已形成支撑创新、产业化发展较为完善的平台和环境。

反观西部地区，从医药人力资源储备、临床资源和教育资源、各省市医药产业链互补程度、产业基础、研发创新能力、外包服务、国际交流、融资条件、成果转化、项目引进、制药企业规模、平台和发展环境、创新药品的生产能力等方面来看，均落后于东中部地区。基于资源基础理论和外部选择理论，东中部地区制药科技发达程度与制药企业对新药品的研发能力，市场交易中提高了买方的相对依赖程度，降低了下游客户的外部选择价值，赋予其更强的抗衡势力，更能够抵御买方市场势力带来的经营风险与外部冲击，弱化买方市场势力对其创新行为的抑制作用。

基于企业所有权属性视角，我国企业的产权性质因经济体制的特殊性和经济形势的多样性而有所差异，主要存在国有企业和私有企业两种不同性质的企业，不同产权性质的企业在关键资源获取、研发投资决策、政府补贴力度、创新激励机制、经营目标以及客户的选择决策上均存在一定的异质性（Stuart and Wang，2016；孙晓华等，2017；何玉润等，2015；肖兴志等，2013）。

国有企业是中央或地方政府投资或参与控制的企业，企业全部资本或主要股份归国家所有，所从事的生产经营活动既有营利性目的，也有非营利性目的。正因为全民所有的特殊属性，国有企业要担负一定的社会责任，更多地服务于宏观经济政策，担负调节社会经济秩序的职能。因此，国有企业更容易获得国家政策支持，往往享有国家给予的许多政策性优惠，如信贷优惠、财政补贴和项目投资补贴等，从而具有充足的预算软约束支持其创新研发活动（孙晓华，2017）。因而，当其面临来自外部环境的经营风险和竞争压力时，能够更好地化解买方市场集中度产生的流动性风险和机会主义风险，增强企业在创新过程中的风险承受与应对能力，极大程度降低供应商对下游客户的纵向依赖程度，缓解融资约束，弱化买方市场势力对企业创新产出的负向效应。私有企业规模较小、产品差异化程度不高、面临资金短缺和关键性资源来源不足的双重压力，难以通过横向规模优势来弱化买方市场势力对其创新行为的抑制作用。

基于企业规模视角，第一，相对于小规模企业，大规模企业不仅在研发资源和社会网络层面拥有更大的优势，而且在经营管理和防范风险方面拥有较强的能力，能够有效地应对激烈的市场竞争，规避和化解创新活动带来的高风险，更好地缓冲下游客户传导而来的交易风险，有利于企业在既定研发投资的基础上，实现稳定的创新产出。第二，相对于小规模企业，大规模企业往往能够凭借专业化经营和关键商业技术领域积累起来的知识储备，以及分配和融资领域里的优越性，在大型研发项目中有效地实现规模经济和范围经济，在降低管理费用和交易成本的同时获取超额利润，并凭借先进的研发技术和雄厚的资金实力为其围绕创新需求开展研发活动提供支持。因此，大规模企业拥有更强的创新意愿和创新激励，从而带来更高的创新产出水平（Abernathy and Utterback，2005；Almeida and Kogut，2010）。其开发创新产品的能力增强了在纵向交易过程中的话语权，能够对下游客户的市场势力起到抗衡作用，成为议价势力的重要来源。第三，相比小规模企业，大规模企业凭借多元化经营与规模经济效应，在成本缩减、研发资金投入、研发资源合理配置以及分散风险方面具备天然优势，为企业的创新行为提供更加优越的外部环境，激发了企业创新活动的积极性，使其拥有更多的创新机遇，能够一定程度缓解拥有市场势力的下游客户带来的价格压力和降低自身创新租金被抽取的风险，进而提升创新规模收益与创新绩效。

基于企业创新能力视角，制药行业融合了各个学科的先进技术手段，是一个研发驱动的行业，需要不断进行产品的技术开发和应用研发，研发所产生的新药品是企业赖以发展壮大的基础。例如瑞典的阿斯特拉公司（阿斯利康的前身之一）在 20 世纪 80 年代的时候规模不大，后来开发了治疗胃溃疡的新药奥美拉唑，仅凭借这种药，这家中型公司在 10 年内就位于世界制药第 10 位（袁精华，2007）。英国葛兰素公司研发的抗溃疡新药呋喃硝胺连续 10 年创世界药品销售最高纪录，仅这个产品 1995 年就为该公司创下 16.06 亿英镑收入，公司也从 1980 年世界大型制药企业中的第二十一位跃升到世界前三位。[①]

只有通过实质性、可持续性的创新药物开发以及拥有高效益的新药才能提高企业的竞争力和盈利能力。创新投入高、研发能力强、拥有国际顶尖实验室和尖端研发设备、高层次专家和高水平技术人员团队的制药企业，生产出对重大疾病有良好临床疗效的抗感染药、解热镇痛药、麻醉药、心血管系统用药、消化系统用药、激素类用药、生物类制药等药品的能力更强，才能在行业中占据优势地位，极大程度提高与下游客户的谈判势力。创新能力弱的制药企业产品生产工艺简单，多以仿制药生产为主，产品同质化严重，降低了买方的相对依赖程度，提高了买方的外部选择价值，市场交易中面对下游客户的抗衡势力更弱。相比之下，创新能力强的制药企业更能够缓冲下游客户传导而来的交易风险，缓解买方市场势力对企业研发投资行为的负向影响。

据此，本书提出研究假设 H_3 和 H_4：

H_3：（a）生物制药企业、化学制药企业的抗衡势力强于中药中成药企业；（b）东中部地区制药企业的抗衡势力强于西部地区制药企业；（c）国有企业的抗衡势力强于私有企业；（d）大规模企业的抗衡势力强于小规模企业；（e）工艺创新（产品创新）能力强企业的抗衡势力强于工艺创新（产品创新）能力弱企业。

H_4：（a）当把卖方抗衡势力作为调节变量，不同子样本中，上游制药企业的抗衡势力存在显著性差异，仅某类别企业（生物制药企业、化学制药企业、东中部地区制药企业、国有企业、大规模企业、工艺创新能力强企业、产品创新能力强企业）的抗衡势力能够显著改善下游客户买方市场势力对制药企业创新激励的负向影响，削弱买方市场势力的负效

---

① 信息来源及详细内容参见 https://wenku.baidu.com/view/7cf190df7f1922791688e8f4.html。

应。即上游供应商在横向市场同样具备一定市场势力，拥有抗衡势力时，自身创新激励增强。

（b）中药中成药企业、西部地区制药企业、私有企业、小规模企业、工艺创新能力弱企业和产品创新能力弱企业不能依靠横向市场势力抗衡来自下游的买方市场势力，下游客户在市场交易中的创新抑制效应仍占主导地位，企业横向市场地位难以发挥正向调节作用。

三　实证结果与分析

（一）变量描述性统计

限于空间，表5.3仅呈现总体样本各变量描述性统计。

由表5.3可得，研发支出强度均值为0.051。世界十大制药企业巨头研发资金投入占销售收入比值均在0.150以上，表明我国医药制造业上市企业技术创新水平普遍较低，远落后于世界先进水平，自主创新能力有待大幅度提升。

发明专利申请数量均值仅为8.304，标准差为13.035，最小值与最大值差距较大，表明我国制药企业发明专利申请数量不仅少，而且企业间存在显著差异。观察实用新型专利和外观设计专利均值、标准差、最小值与最大值，也得出相同结论。

表5.3　　　　　　　　各变量描述性统计

变量	观测值	均值	标准差	最小值	最大值
研发支出强度	1450	0.051	0.049	0.00008	0.575
研发人员强度	1450	0.120	0.086	0.0007	0.676
发明专利	1450	8.304	13.035	0	162
实用新型专利	1450	6.113	19.936	0	353
外观设计专利	1450	4.572	6.634	0	69
买方市场势力	1450	0.269	0.158	0.003	0.910
卖方抗衡势力	1450	0.003	0.012	0.00005	0.170
买卖双方势力交互项	1450	0.0009	0.003	$5.620.10^{-6}$	0.057

续表

变量	观测值	均值	标准差	最小值	最大值
资产专用性	1450	0.209	0.134	0.002	0.943
政府规制	1450	1.023	0.030	0.969	1.129
企业规模	1450	0.698	1.684	0.005	23.577
市场需求增长率	1450	0.187	0.808	−20.280	14.670
人均 GDP	1450	7.353	2.830	1.163	13.298
利润增长率	1450	0.102	3.116	−53.867	42.223
资本密度	1450	0.358	0.361	0.005	6.110

买方市场势力均值为 0.269，符合纵向交易中欧盟委员会对"经济依赖"的定义，为上游制药企业最大五家客户交易量占比测度买方市场势力提供理论与实践支持。就企业所在占市场份额（卖方抗衡势力）而言，最小值为 0.00005，最大值为 0.170，最小值与最大值存在明显差距，表明同行业中不同制药企业市场势力差异化显著，相对势力悬殊较大。

（二）模型回归与结果分析

1. 场景 1：总体样本

对于因变量工艺创新，当以研发支出强度（研发支出占销售收入比值）作为其替代变量，并以研发人员强度（研发人员数量占总员工比值）进行稳健性检验时，该数值处于（0，1）区间，被解释变量存在受限的情形，此类"归并数据"（censored data）如果用 OLS 估计，导致结果存在偏误，不能得到一致估计量。面板 Tobit 模型则为解决这类问题提供路径，不仅能够有效处理被解释变量非负情形，而且可以很好刻画变量之间的非线性关系。具体算法如下：

假设 $y_{it}^* = x'_{it}\beta + u_i + \varepsilon_{it}$ (5.7)

其中，y_{it}^* 不可观测，随机扰动项 $\varepsilon_{it} \sim N(0, \sigma^2)$，而 u_i 为个体效应。如果 $u_1 = u_2 = \cdots = u_n$，则可直接进行混合 Tobit 回归，但须使用聚类稳健标准误；更一般地，我们允许个体效应的存在。如果 u_i 与解释变量 x_{it} 不相关，则为随机效应模型（RE），反之则为固定效应模型（FE）。对于固定效应的 Tobit 模型，由于难以寻找个体异质性 u_i 的充分统计量，故无法像固定效应的 Logit 或计数模型那样进行条件最大似然估计。如果直接在混合 Tobit 回归中加入面板单位的虚拟变量（类似 LSDV），也得到非一致固定效应估计量。因此，仅考虑随机效应的 Tobit 模型。

在给定个体效应 u_i 和个体 i 条件分布的情况下，公式（5.7）中的个体异质性 u_i 不可观测，可通过检验 "$H_0 : \sigma_u = 0$"（Stata 中 "$sigma\_u = 0$"）判断是否存在个体异质性。另外，可以定义同一个体不同期扰动项的自相关系数为 ρ，如果 ρ 越大，则复合扰动项（$u_i + \varepsilon_{it}$）中个体效应的部分（u_i）越重要。特别地，如果 $\rho = 0$，则说明 $\sigma_u^2 = 0$，即不存在个体随机效应，而应选择混合回归。可根据 LR 检验结果及对应 p 值，即 Chibar2（p），在随机效应和混合回归中选择；若 LR 检验结果强烈拒绝 "$H_0 : \sigma_u = 0$"，故认为存在个体效应，应使用随机效应的面板 Tobit 模型，否则使用混合 Tobit 回归。

对于因变量产品创新，当以发明专利申请数量作为其替代变量，并以实用新型专利数量和外观设计专利数量进行稳健性检验时，该数值为计数类型，对于这类被解释变量为计数变量的面板数据，使用传统面板数据模型和 OLS 估计会导致偏误，面板泊松模型和面板负二项模型则为解决这类问题提供路径。

泊松回归在使用过程中需满足被解释变量均等分散，即方差等于期望的假设条件，此严格假设使其应用受限。如果存在过度分散，方差大于期望的情形，可考虑面板负二项回归。

对于面板负二项模型，不存在个体异质性的前提下，可直接进行混合负二项回归。对于随机效应的面板负二项模型，假设个体异质性服从 Beta（r，s）分布，可将个体异质性积分掉，然后进行 MLE 估计（此处理方法与随机效应的面板泊松模型类似）。对于固定效应的面板负二项模型，可考虑在给定 $n_i \equiv \sum_{t=1}^{T} y_{it}$（个体异质性的充分统计量）情况下的条件似然函数，之后进行条件最大似然估计（Conditional MLE）。固定效应负二项回归的优势在于，它可以估计不随时间而变的变量系数。Hausman 检验可在固定效应与随机效应负二项回归中进行选择。

针对此类问题，故首先考察因变量是否存在过度分散，若存在过度分散，则选择面板负二项模型，然后依据 Hausman 检验在固定效应与随机效应之间选择，通过观察卡方统计量和对应 p 值，即 Chi2（p）以确定回归模型。若 Hausman 检验强烈拒绝随机效应负二项回归，则支持固定效应负二项回归，反之接受随机效应负二项回归。进一步，随机效应面板负二项回归中，通过观察 LR 检验结果和对应 p 值，即 Chibar2（p），在随机效应面板负二项回归与混合回归中选择。不存在过度分散的情形下，选择面板泊松回归，具体模型选择逻辑同面板负二项一致。

表 5.4　　　　　　　　　　因变量 InventPat 过度分散检验

	百分比	最小值	变量	值
0.010	0	0	—	—
0.050	0	0	—	—
0.100	1	0	obs	496.000
0.250	2	0	Sum of Wgt.	496.000
0.500	4		Mean	8.304
		Largest	Std. Dev.	13.035
0.750	8	92		
0.900	20	92	Variance	169.910
0.950	34	124	Skewness	4.229
0.990	61	162	Kurtosis	29.862

　　总体样本以专利申请数量作为因变量的过度分散检验如表 5.4 所示。由表 5.4 可得，因变量方差是均值的 20.461 倍，可能存在过度分散，过度分散情形下，选择面板负二项模型。子样本过度分散检验中，均选择面板负二项模型，限于空间仅展现总体样本检验结果。

　　文中首先以因变量对买方市场势力单变量回归，其次加入卖方势力及交互项，最后添加控制变量。旨在考察核心变量买方市场势力（$Bmp - \overline{Bmp}$），卖方抗衡势力（$Smp - \overline{Smp}$）和交互项（$Bmp - \overline{Bmp}$）·（$Smp - \overline{Smp}$）系数大小、方向及显著性水平，以探索制药企业工艺创新、产品创新与横向势力、来自下游买方市场势力的关系，不同类型制药企业受下游客户市场势力的影响程度，卖方抗衡势力所发挥的作用，希冀为子样本分析提供参考基准。表5.5—5.6分别展现总体样本工艺创新、产品创新回归结果。

表5.5 　　　　　　　　　总体样本工艺创新回归结果

解释变量	模型1 随机效应	模型2 随机效应	模型3 随机效应
Bmp	-0.019 *** (-2.64)	-0.021 *** (-2.61)	-0.024 *** (-3.01)
Smp		0.840 *** (2.93)	0.820 *** (2.80)
$Bmp * Smp$		0.227 (0.27)	0.085 (0.09)
$Asset$			-0.005 * (-1.68)
$Govr$			0.069 ** (2.14)
$Size$			0.0005 *** (2.46)
$Demand$			-0.001 (-1.42)
$Rgdp$			0.004 *** (5.40)
$Gprofit$			0.0002 *** (2.78)
$Capital$			0.002 ** (2.44)
C	0.056 *** (17.17)	0.059 *** (17.42)	-0.037 (-0.60)
$Chibar2$ (p)	1333.510 (0.000)	1308.020 (0.000)	1294.740 (0.000)
N	1450	1450	1450

注：***、**、* 分别表示10%、5%和1%显著性水平，括号内为回归系数z值，下同。

表 5.6　　　　　　　　　　**总体样本产品创新回归结果**

解释变量	模型 1 固定效应	模型 2 固定效应	模型 3 固定效应
Bmp	− 0.269 （− 1.25）	− 0.086 （− 0.36）	− 0.016 （− 0.06）
Smp		11.534 ** （2.23）	12.697 * （1.91）
Bmp * *Smp*		38.374 * （1.82）	21.869 * （1.70）
Asset			− 0.122 ** （− 2.49）
Govr			7.942 *** （3.20）
Size			0.044 （1.07）
Demand			− 0.039 （− 1.04）
Rgdp			0.047 * （1.77）
Gprofit			0.007 *** （2.95）
Capital			0.084 ** （2.41）
C	1.339 *** （10.67）	1.406 *** （10.11）	− 6.948 *** （− 2.85）
Chi2 （*p*）	4.430 （0.035）	9.630 （0.022）	27.630 （0.001）
Chibar2 （*p*）			
N	1450	1450	1450

2. 场景 2：企业产品类别子样本

根据中国国民经济行业分类代码，医药制造业主要包括化学药品原料药制造行业（2710），化学药品制剂制造行业（2720），中药饮片加工行业（2730），中成药生产行业（2740），生物药品制造行业（2761），基因工程药物和疫苗制造行业（2762）等。结合所选上市制药企业的产品属性，把制药企业总体样本细分为生物制药企业（2761，2762），化学制药企业（2710，2720）和中药中成药企业（2730，2740）。鉴于不同药企产品临床用途、生产技术难易程度差异，与下游客户市场交易中的谈判势力呈现异质性。文中细分制药企业，观察来自下游买方市场势力分别对三类上市制药企业及细分企业利润影响程度及卖方抗衡势力大小。表 5.7—5.8（表 5.9—5.10）展现生物制药及细分企业（化学制药及细分企业）工艺创新回归结果，表 5.11—5.12（表 5.13—5.14）展现生物制药及细分企业（化学制药及细分企业）产品创新回归结果，表 5.15—5.16（表 5.17—5.18）展现中药中成药企业工艺创新（产品创新）回归结果。

表 5.7　　　　　　　　　　生物制药企业工艺创新回归结果

解释变量	模型 1 随机效应	模型 2 随机效应	模型 3 随机效应
Bmp	-0.033 (-1.35)	-0.045 (-0.70)	-0.055 (-1.32)
Smp		1.817*** (3.45)	1.693*** (3.13)
$Bmp * Smp$		2.015** (2.37)	2.203** (2.46)
$Asset$			-0.011 (-0.87)
$Govr$			0.260** (2.12)

续表

解释变量	模型1 随机效应	模型2 随机效应	模型3 随机效应
Size			0.002 * (1.92)
Demand			-0.015 *** (-3.88)
Rgdp			0.003 *** (2.74)
Gprofit			0.0007 (1.23)
Capital			0.009 *** (2.97)
C	0.072 *** (17.17)	0.082 *** (11.80)	-0.201 (-1.61)
Chibar2 (p)	405.510 (0.000)	377.640 (0.000)	376.630 (0.000)
N	410	410	410

表5.8　　　　　　　生物制药细分企业工艺创新回归结果

解释变量	生物药品制造企业			基因工程药物和疫苗制造企业		
	模型1 随机效应	模型2 随机效应	模型3 随机效应	模型1 随机效应	模型2 随机效应	模型3 随机效应
Bmp	-0.046 (-1.57)	-0.065 (-0.95)	-0.074 (-1.63)	-0.003 (-0.12)	-0.011 (-0.43)	-0.018 (-0.79)
Smp		1.784 *** (2.81)	1.662 ** (2.54)		3.783 *** (3.31)	3.445 *** (2.90)
Bmp * Smp		2.777 ** (2.04)	3.088 *** (3.23)		0.077 ** (2.03)	0.686 * (1.79)
Asset			-0.016 * (-1.84)			-0.005 ** (-2.29)
Govr			0.225 (1.32)			0.334 ** (2.05)

续表

解释变量	生物药品制造企业			基因工程药物和疫苗制造企业		
	模型 1 随机效应	模型 2 随机效应	模型 3 随机效应	模型 1 随机效应	模型 2 随机效应	模型 3 随机效应
Size			0.003 ** (2.09)			0.005 (0.63)
Demand			−0.010 ** (−2.00)			−0.030 *** (−4.57)
Rgdp			0.002 (1.13)			0.004 *** (2.97)
Gprofit			0.0006 *** (2.97)			0.0001 ** (2.08)
Capital			0.028 * (1.91)			0.004 (0.32)
C	0.071 *** (8.03)	0.083 *** (8.63)	−0.157 (−0.91)	0.072 *** (8.08)	0.086 *** (9.26)	−0.278 *** (−1.67)
Chibar2 (p)	264.490 (0.000)	249.330 (0.000)	245.000 (0.000)	132.860 (0.000)	105.320 (0.000)	117.870 (0.000)
N	260	260	260	150	150	150

表 5.9   **化学制药企业工艺创新回归结果**

解释变量	模型 1 随机效应	模型 2 随机效应	模型 3 随机效应
Bmp	−0.005 (−0.52)	−0.005 (−0.47)	−0.012 (−1.06)
Smp		0.538 * (1.76)	0.558 * (1.78)
Bmp * Smp		0.271 ** (2.29)	0.337 ** (2.34)
Asset			−0.003 (−0.35)

续表

解释变量	模型 1 随机效应	模型 2 随机效应	模型 3 随机效应
Govr			0.079 (0.94)
Size			0.0006 * (1.82)
Demand			−0.001 (−0.92)
Rgdp			0.003 *** (3.81)
Gprofit			0.00008 *** (3.35)
Capital			0.002 ** (2.38)
C	0.051 *** (11.52)	0.054 *** (11.71)	−0.050 (−0.59)
Chibar2 (p)	737.480 (0.000)	714.720 (0.000)	711.330 (0.000)
N	830	830	830

表 5.10　　　　　　　　**化学制药细分企业工艺创新回归结果**

解释变量	化学药品原料药制造企业			化学药品制剂制造企业		
	模型 1 随机效应	模型 2 随机效应	模型 3 随机效应	模型 1 随机效应	模型 2 随机效应	模型 3 随机效应
Bmp	−0.007 (−0.68)	0.007 (−0.62)	−0.011 (−0.94)	−0.002 (−0.13)	−0.0003 (−0.02)	−0.011 (−0.70)
Smp		0.464 (1.44)	0.451 (1.35)		0.447 (1.47)	0.486 (1.47)
Bmp * Smp		0.249 ** (2.26)	0.296 *** (2.28)		0.351 ** (2.37)	0.499 * (1.77)

解释变量	化学药品原料药制造企业			化学药品制剂制造企业		
	模型 1 随机效应	模型 2 随机效应	模型 3 随机效应	模型 1 随机效应	模型 2 随机效应	模型 3 随机效应
Asset			-0.007 *** (-2.61)			-0.001 ** (-2.06)
Govr			0.097 (1.00)			0.070 (0.61)
Size			0.0008 *** (2.69)			0.0002 ** (2.14)
Demand			-0.001 (-0.76)			-0.011 ** (-2.12)
Rgdp			0.003 *** (2.83)			0.004 *** (2.83)
Gprofit			0.0001 ** (2.52)			0.0003 * (1.81)
Capital			0.002 (1.45)			0.0001 (0.02)
C	0.051 *** (10.01)	0.054 *** (10.12)	-0.066 (-0.67)	0.049 *** (8.83)	0.052 *** (9.05)	-0.042 (-0.36)
Chibar2 (p)	618.240 (0.000)	603.740 (0.000)	602.420 (0.000)	261.050 (0.000)	243.890 (0.000)	248.050 (0.000)
N	660	660	660	355	355	355

表 5.11   **生物制药企业产品创新回归结果**

解释变量	模型 1 随机效应	模型 2 随机效应	模型 3 随机效应
Bmp	-0.015 (-0.05)	-0.185 (-0.47)	-0.049 (-0.12)
Smp		1.527 ** (2.11)	4.006 ** (2.17)

续表

解释变量	模型1 随机效应	模型2 随机效应	模型3 随机效应
Bmp^*Smp		25.822*** (2.82)	1.947** (2.04)
$Asset$			-0.030** (-2.07)
$Govr$			5.164 (1.55)
$Size$			0.076 (0.56)
$Demand$			-0.107 (-0.90)
$Rgdp$			0.037* (1.79)
$Gprofit$			0.004** (2.33)
$Capital$			0.088** (2.35)
C	1.169*** (6.65)	1.185*** (5.90)	-4.430 (-1.30)
$Chi2$ (p)	0.530 (0.467)	0.870 (0.832)	6.040 (0.812)
$Chibar2$ (p)	287.160 (0.000)	284.990 (0.000)	288.620 (0.000)
N	410	410	410

表5.12　　　　　　　　　牛物制药细分企业产品创新回归结果

解释变量	生物药品制造企业			基因工程药物和疫苗制造企业		
	模型1 随机效应	模型2 随机效应	模型3 固定效应	模型1 随机效应	模型2 随机效应	模型3 随机效应
Bmp	-0.243 (-0.79)	-0.192 (-0.45)	-0.862 (-1.62)	-0.699 (-0.87)	-1.313 (-1.59)	-0.356 (-0.34)

续表

解释变量	生物药品制造企业			基因工程药物和疫苗制造企业		
	模型 1 随机效应	模型 2 随机效应	模型 3 固定效应	模型 1 随机效应	模型 2 随机效应	模型 3 随机效应
Smp		4.852 ** (2.24)	0.490 ** (2.01)		57.244 *** (3.40)	104.902 ** (2.36)
Bmp * Smp		4.427 ** (2.08)	64.950 ** (2.45)		157.069 ** (2.28)	18.950 ** (2.04)
Asset			−0.092 ** (−2.08)			−0.130 ** (−2.10)
Govr			2.068 (0.31)			6.533 (1.24)
Size			0.031 ** (2.18)			1.003 ** (2.01)
Demand			−0.003 (−0.02)			−0.342 (−0.62)
Rgdp			0.144 ** (2.02)			0.043 (0.71)
Gprofit			0.0002 ** (2.01)			0.008 ** (2.06)
Capital			0.426 * (1.79)			1.079 ** (2.28)
C	1.273 *** (4.61)	1.233 *** (4.23)	2.265 (0.33)	1.118 *** (3.67)	1.357 *** (3.79)	−5.630 (−1.06)
Chi2 (p)	1.200 (0.274)	2.740 (0.433)	19.910 (0.030)	0.540 (0.463)	0.850 (0.837)	13.320 (0.207)
Chibar2 (p)	192.480 (0.000)	189.450 (0.000)		96.630 (0.000)	97.870 (0.000)	80.760 (0.000)
N	260	260	260	150	150	150

表 5.13　　　　　　　　**化学制药企业产品创新回归结果**

解释变量	模型 1 固定效应	模型 2 固定效应	模型 3 固定效应
Bmp	−0.654 (−1.28)	−0.461 (−1.46)	−0.230 (−0.68)

续表

解释变量	模型 1 固定效应	模型 2 固定效应	模型 3 固定效应
Smp		13.439 ** (2.48)	15.290 ** (2.06)
Bmp * Smp		32.240 *** (2.96)	11.801 ** (2.27)
Asset			-0.135 (-0.33)
Govr			5.615 ** (2.21)
Size			0.043 (0.68)
Demand			-0.042 (-1.44)
Rgdp			0.075 ** (2.37)
Gprofit			0.007 (1.08)
Capital			0.090 ** (2.34)
C	1.442 *** (9.16)	1.559 *** (8.84)	-4.568 * (-1.78)
Chi2 (p)	4.010 (0.045)	13.940 (0.003)	28.900 (0.001)
Chibar2 (p)			
N	830	830	830

表 5.14　　　　化学制药细分企业产品创新回归结果

解释变量	化学药品原料药制造企业			化学药品制剂制造企业		
	模型 1 固定效应	模型 2 固定效应	模型 3 固定效应	模型 1 随机效应	模型 2 固定效应	模型 3 随机效应
Bmp	-0.511 (-1.29)	-0.236 (-0.76)	-0.073 (-0.23)	-0.985 (-0.58)	-1.203 (-0.25)	-0.692 (-1.42)

解释变量	化学药品原料药制造企业			化学药品制剂制造企业		
	模型1 固定效应	模型2 固定效应	模型3 固定效应	模型1 随机效应	模型2 固定效应	模型3 随机效应
Smp		16.074* (1.74)	17.470* (1.86)		4.312** (2.14)	14.864** (2.28)
Bmp* Smp		43.818** (2.38)	25.557** (2.49)		22.866* (1.77)	19.143* (1.72)
Asset			-0.096** (-2.23)			-0.937** (-2.25)
Govr			7.340** (2.20)			3.109 (0.97)
Size			0.047 (0.64)			0.124 (1.52)
Demand			-0.044 (-1.31)			-0.068 (-0.45)
Rgdp			0.044 (1.54)			0.042** (2.45)
Gprofit			0.012** (2.44)			0.004** (2.25)
Capital			0.093** (2.41)			0.229*** (2.82)
C	1.638*** (8.70)	1.805*** (7.64)	-5.858* (-1.78)	1.163*** (6.24)	1.268*** (4.38)	-2.335 (-0.72)
Chi2 (p)	3.610 (0.058)	12.610 (0.006)	29.970 (0.000)	0.530 (0.465)	793.000 (0.000)	11.490 (0.321)
Chibar2 (p)				256.590 (0.000)		254.290 (0.000)
N	660	660	660	355	355	355

（1）由表5.7—5.8（表5.9—5.10）生物制药及细分企业（化学制药及细分企业）工艺创新回归结果，表5.11—5.12（表5.13—5.14）生物

制药及细分企业（化学制药及细分企业）产品创新回归结果，结合表 5.15—5.16（表 5.17—5.18）中药中成药企业工艺创新（产品创新）回归结果可得：买方市场势力系数均为负，表明买方市场势力抑制制药企业工艺创新与产品创新。① 拥有强大势力的买方能够通过降低批发价格抽取联合利润中的更大份额，或延期付款、分批次运送产品以降低自身存货成本等各种利己条款，压缩上游厂商利润空间，导致制造商无法获得足够研发资金，如此降低制造商创新激励。② 买方市场势力越大，客户集中度越高，制造商需要持有更多现金以避免客户陷入财务危机或转换供应商带来的流动性风险，使得企业预防性现金需求增加，可支配研发投入资金减少，创新激励降低。③ 对于制药企业而言，药品从研发到上市需要经历众多步骤，风险性极高。当面临高集中度客户带来的收入不确定风险时，企业现金流风险增加，往往会降低风险较大的创新活动投入。④ 若客户集中度较高，制造商必须重点考虑提高财务健康程度，以吸引客户进行更多关系专用性投资，留住主要买家和维护正常交易关系，持有更多现金是取得客户信赖的最有效方式，流动性提高的同时也降低了企业创新能力。⑤ 市场交易中处于谈判优势地位的买方通过实施各种可置信威胁手段，要求享有优于正常竞争条件下能够获得的优惠交易条款，由此降低上游厂商的运营效率和盈利能力，削弱供应商内部筹集资金的能力和加剧供应商的融资风险，不利于其研发投入水平的提升。⑥ 当上游企业严重依赖下游客户时，一方面，为了避免由于合作关系的破裂而引致的交易损失，供应商会积极主动维持与下游客户的紧密合作关系以保持市场份额的稳定性，此契约关系的维持需要供应商付出高额的成本费用，从而挤占了供应商的创新研发资源。另一方面，为了留住下游客户，供应商的创新活动会迎合特定客户在产品设计、质量标准、产品性能等方面的规格需求，如此一来，会把自身局限于"特定的"和"相对稳固的"纵向交易关系中，降低了对市场需求变化、消费者偏好变化和技术变革的敏锐感知力，阻碍了供应商多元化创新投资发展战略的实施。验证 H_1（a）、（b）。

大量买方市场势力对供应商技术创新（研发投入、工艺创新和产品创新）影响的数理模型和经验分析中，结论存在异质性。文中证实两者负相关，与 OECD（1998）、欧盟委员会（1999）、英国竞争委员会（2008）、Inderst and Shaffer（2007）、Battigalli et al.（2007）、Inderst and Valletti（2007）、Dobson and Inderst（2008）、Stefanadis（1997）、Peters（2000）、Weiss and Wittkopp（2005）、丁正良和于冠一（2019）、李凯等（2019）、孙晓华和郑辉（2013）、李丹蒙等（2017）、王爱群和赵东（2019）、吴祖光等（2017）的研究结论一致。我国制药企业技术创新水平较低，除了受横向市场行业和企业因素影响外，产业链下游买方市场势力也起到不可忽视的作用。实现我国制药企业结构升级和国际竞争力的提升，关注横向市场企业发展环境的同时，更应着力于对产业链中下游强大买方市场势力的规制，以削弱对上游制造商的负向效应。

（2）表5.7—5.8（表5.9—5.10）生物制药及细分企业（化学制药及细分企业）工艺创新回归结果，及表5.11—5.12（表5.13—5.14）生物制药及细分企业（化学制药及细分企业）产品创新回归结果中，未发现买方市场势力系数显著性水平，表明买方市场势力对生物制药、化学制药及细分企业创新行为没有显著负向影响。

（3）表5.7—5.8（表5.9—5.10）生物制药及细分企业（化学制药及细分企业）工艺创新回归结果，及表5.11—5.12（表5.13—5.14）生物制药及细分企业（化学制药及细分企业）产品创新回归结果中，体现纵向市场势力交互作用的 $(Bmp - \overline{Bmp}) \cdot (Smp - \overline{Smp})$ 系数在模型2—3中均为正，且通过不同水平显著性检验。由公式（5.2）、（5.4）可得 $\partial Rnd_{it}/\partial(Bmp_{it} - \overline{Bmp_{it}}) = \beta_1 + \beta_3(Smp_{it} - \overline{Smp_{it}}), \partial InventPat_{it}/\partial(Bmp_{it} - \overline{Bmp_{it}}) = \beta_1 + \beta_3(Smp_{it} - \overline{Smp_{it}})$。当把卖方抗衡势力作为调节变量，生物制药企业和化学制药企业抗衡势力能够改善下游客户买方市场势力对自身创新行为的负向影响，削弱买方市场势力负效应。也就是说，上游供应商在横向市场同样具备一定市场势力，拥有抗衡势力时，增强自身创新行为。与 Farber（1981）、Peters（2000）、Weiss and Wittkopp（2003a；2003b；2005）、Köhler and Rammer（2012）、周霄雪和王永进（2015）、孙晓华和郑辉（2013）、李丹蒙等（2017）、王爱群和赵东（2019）、吴祖光等（2017）关于纵向行业供应商抗衡势力促进技术创新的结论一致。验证 H_4（a）。

表 5.15   中药中成药企业工艺创新回归结果

解释变量	模型 1 随机效应	模型 2 随机效应	模型 3 随机效应
Bmp	-0.031^{***} (-4.07)	-0.042^{***} (-4.66)	-0.042^{***} (-4.70)
Smp		1.452^{***} (4.53)	1.361^{***} (4.19)
Bmp * Smp		1.861 (1.02)	1.887 (1.00)
Asset			-0.017^{**} (-1.97)
Govr			0.056 (0.90)
Size			0.0002^{***} (2.17)
Demand			-0.0002 (-0.28)
Rgdp			0.0002^{**} (2.25)
Gprofit			0.00009^{**} (2.28)
Capital			0.009^{***} (2.67)
C	0.043^{***} (12.31)	0.051^{***} (13.24)	-0.009 (-0.14)
Chibar2 (p)	538.930 (0.000)	531.560 (0.000)	526.290 (0.000)
N	540	540	540

表 5.16　　　　　　　　中药中成药细分企业工艺创新回归结果

解释变量	中药饮片加工企业			中成药生产企业		
	模型 1 随机效应	模型 2 随机效应	模型 3 随机效应	模型 1 随机效应	模型 2 随机效应	模型 3 随机效应
Bmp	-0.017*** (-2.78)	-0.025*** (-2.99)	-0.028*** (-3.53)	-0.033*** (-3.04)	-0.050*** (-3.79)	-0.050*** (-3.79)
Smp		1.022*** (3.86)	0.979*** (3.71)		1.554*** (4.03)	1.440*** (3.69)
Bmp* Smp		0.780 (1.06)	0.713 (0.99)		2.222 (1.00)	2.392 (1.11)
Asset			-0.003** (-2.24)			-0.015** (-2.48)
Govr			0.163*** (2.79)			0.021 (0.23)
Size			0.0007** (2.63)			0.0004 (0.22)
Demand			-0.003 (-1.50)			-0.0002 (-1.21)
Rgdp			0.001* (1.95)			0.001** (2.00)
Gprofit			0.00006 (0.11)			0.0002** (2.43)
Capital			0.001** (2.37)			0.008** (2.22)
C	0.035*** (10.24)	0.042*** (10.87)	-0.133** (-2.27)	0.046*** (8.99)	0.056*** (10.07)	0.086 (0.92)
Chibar2 (p)	343.400 (0.000)	337.360 (0.000)	341.130 (0.000)	323.060 (0.000)	314.970 (0.000)	301.070 (0.000)
N	295	295	295	335	335	335

表 5.17　　　　　　　**中药中成药企业产品创新回归结果**

解释变量	模型 1 随机效应	模型 2 随机效应	模型 3 固定效应
Bmp	−0.047** (−2.12)	−0.185* (−1.77)	−0.221* (−1.70)
Smp		2.562** (2.28)	7.016** (2.27)
Bmp*Smp		31.558 (1.00)	32.530 (0.42)
Asset			−0.188** (−2.39)
Govr			9.415*** (2.68)
Size			0.144 (1.54)
Demand			−0.044 (−0.44)
Rgdp			0.024 (0.57)
Gprofit			0.032 (0.75)
Capital			0.073** (2.24)
C	1.240*** (9.07)	1.252*** (8.31)	−8.467** (−2.46)
Chi2 (p)	0.170 (0.683)	3.080 (0.380)	23.110 (0.010)
Chibar2 (p)	343.530 (0.000)	335.190 (0.000)	
N	540	540	540

表5.18 　　　　　　　 **中药中成药细分企业产品创新回归结果**

解释变量	中药饮片加工企业			中成药生产企业		
	模型1 随机效应	模型2 随机效应	模型3 固定效应	模型1 随机效应	模型2 随机效应	模型3 随机效应
Bmp	-0.217** (-2.38)	-0.225* (-1.78)	-0.383* (-1.70)	-0.320* (-1.85)	-0.137** (-2.26)	-0.539*** (-2.93)
Smp		4.631** (2.20)	21.607*** (2.71)		3.325*** (3.35)	0.585** (2.04)
$Bmp*Smp$		2.610 (0.04)	33.750 (0.39)		18.128 (0.53)	25.667 (0.39)
$Asset$			-0.568** (-2.42)			-0.267** (-2.31)
$Govr$			8.181 (1.56)			2.626 (0.83)
$Size$			0.183 (1.12)			0.157* (1.76)
$Demand$			-0.195 (-0.93)			-0.058 (-0.38)
$Rgdp$			0.048* (1.88)			0.039** (2.31)
$Gprofit$			0.028 (0.41)			0.031 (0.49)
$Capital$			0.149** (2.23)			0.039** (2.20)
C	1.177*** (4.63)	1.227*** (3.44)	-7.257 (-1.44)	1.194*** (5.30)	1.153*** (4.78)	-1.346 (-0.42)
$Chi2$ (p)	0.000 (0.996)	3.760 (0.289)	22.610 (0.012)	0.180 (0.668)	2.840 (0.418)	5.710 (0.839)
$Chibar2$ (p)	213.760 (0.000)	211.030 (0.000)		124.340 (0.000)	113.050 (0.000)	108.960 (0.000)
N	295	295	295	335	335	335

（1）表5.15—5.16（表5.17—5.18）中药中成药企业工艺创新（产品创新）回归结果中，模型1—3中买方市场势力系数均在不同水平上统计显著，表明买方市场势力显著降低中药中成药及细分企业创新行为。

验证 H_3（a）生物制药企业、化学制药企业抗衡势力大于中药企业抗衡势力。Weiss and Wittkopp（2003a）以德国2002年食品制造业为样本，基于多种选择模型，也得出虽然下游零售商买方市场势力抑制常规质量产品生产商和高质量产品生产商创新行为，但是对后者的负向影响统计非显著，为文中结果提供支持。

（2）表5.15—5.16（表5.17—5.18）中药中成药企业工艺创新（产品创新）回归结果中，体现纵向市场势力交互作用的 $(Bmp - \overline{Bmp}) \cdot (Smp - \overline{Smp})$ 系数在模型2—3中均为正，但未通过显著性检验。表明中药中成药企业不能依靠横向市场势力抗衡来自下游买方市场势力，下游客户在市场交易中的创新抑制效应仍占主导地位，企业横向市场地位难以发挥正向调节作用。H_4（b）得以验证。

（3）表5.7—5.18中，以市场份额作为代理变量的卖方抗衡势力系数均为正，除表5.10外均通过不同水平显著性检验，表明制药企业市场份额与工艺创新和产品创新正相关，验证 H_2（a）、（b）。根据熊彼特假说Ⅱ，势力更强企业创新潜力更高，因为这些企业有足够高的资金来源和人力资本积累；再生产创新产品时能够实现规模经济；创新产品有更强激励以建立市场进入壁垒。Weiss and Wittkopp（2003a；2003b）、Cabagnols and Le Bas（2002）和 Gayle（2001）基于不同指标衡量市场势力，得出其与创新活动的正相关关系，为文中实证结果提供证据支持。

（4）表5.7—5.18中，对于剩余控制变量，制药企业资产专用性系数均为负，即与工艺创新、产品创新负相关，有的模型中未通过显著性检验。药品在生产、包装和运输中需要特殊专用设备，设备专用性较强。不同于一般企业，行业特殊性对员工提出较高技能要求，在专有知识培训上进行投资的员工则属于专用人力资产；所需生产和环保设备则属于特定用途资产。依据哈罗德·德姆赛茨（1999）的观点，资产专用性越强的企业，转换成本形成了其技术范式转换的最大障碍，抑制创新行为的实现和技术变革的推进，实证结果与 Dosi（1988）的研究结论保持一致，与理论和预期相符。

政府规制系数均为正，表明政府规制促进制药企业工艺创新和产品创新，但在一些模型非显著。监管框架不仅是施加在制药企业上的负担，同时也为促进创新行为提供服务。首先把虚假新药从市场剔除，为保护真正创新药提供支持；其次出于鼓励创新目的，授予企业一定时间的专利权，新药品带来的高收益也促进制药企业创新行为。与 Katz（2007）、Hauptman and Roberts（1987）、Wrubel et al.（1997）、Eisenberg（2007）、Munos（2009）和 Gastineau（2004）的研究结论一致。

企业规模系数均为正，即制药企业规模与工艺创新、产品创新正相关，一些模型中也非显著，众多实证文献也得出企业创新活动的增长会随着企业规模的扩大而以更大的比例上升。① 企业规模与内生资金的可用性和稳定性密切相关，资本市场的不完善为大型企业在确保高风险研发项目的融资安全方面提供重要保障；② 创新本身存在规模经济；③ 当创新者的销量足以摊薄创新，尤其是流程创新的固定成本时，创新收益率会相对较高；④ 得益于研发和其他非生产性活动的互补（例如营销和财务规划），大型企业研发的生产率会更高，非生产性活动可能会获得更好的发展。⑤ 大型且多元化的企业能够获得范围经济，或者能够降低和预期创新回报相关的风险。制药企业享受创新产品的高收益时，也面临高投入和高风险，大型药企更能够承担创新活动需要的资金投入和创新失败的风险，因而创新能力更强。小企业受限于财务约束和研发资金约束，大多停留在模仿和低层次仿制药生产层面，产品工序简单且替代性较强；缺乏开发临床效果好、治疗重大疾病，在某一领域具有领先地位的新化学实体、新分子实体和新活性实体的能力。文中实证结果与制药行业特点相一致，纵向视角下 Köhler and Rammer（2012）对德国制造业创新激励、Weiss and Wittkopp（2003a；2003b）对德国食品行业产品创新的研究均证实此观点。

市场需求增长率系数均为负，需求规模的扩大为企业带来持续收益，有两方面作用：① 能为企业技术创新提供资金支持，促进其创新行为；

② 保持药品当前疗效和技术含量即可满足持续增长的市场需求，由此降低企业竞争压力，导致其缺乏创新激励，实证结果表明不利于制药企业创新行为。

衡量地区经济发展水平的人均 GDP 与制药企业工艺创新和产品创新正相关，表明经济发达地区制药企业更加注重创新行为。企业利润增长率系数均为正，制药企业利润增加所带来的收益能够起到摊薄固定资产投资、降低创新投入风险的作用，为提升制药企业创新能力提供支持。资本密度与企业创新行为正相关，资本密度是员工技术水平和企业整体实力的体现，资本密度高的企业具有更强创新能力和创新激励，实证结果与理论和现实相符。

3. 场景 3：企业所处地域子样本

依地区分组结果，表 5.19—5.20（表 5.21—5.22）展现买方市场势力对东部地区制药企业和中部地区制药企业工艺创新（产品创新）回归结果，表 5.23—5.24 展现买方市场势力对西部地区制药企业工艺创新和产品创新回归结果。

表 5.19　　　　　　　　东部地区制药企业工艺创新回归结果

解释变量	模型 1 随机效应	模型 2 随机效应	模型 3 随机效应
Bmp	-0.016 (-1.62)	-0.016 (-1.62)	-0.022 (-1.28)
Smp		0.733^{**} (2.19)	0.694^{**} (2.00)
Bmp^*Smp		0.011^{*} (1.69)	0.293^{**} (2.13)
$Asset$			-0.005^{***} (-3.54)
$Govr$			0.061 (0.59)
$Size$			0.002^{**} (2.09)

续表

解释变量	模型 1 随机效应	模型 2 随机效应	模型 3 随机效应
Demand			−0.003 (−1.60)
Rgdp			0.004 ** (3.67)
Gprofit			0.0002 *** (2.66)
Capital			0.003 *** (2.68)
C	0.060 *** (13.42)	0.064 *** (13.63)	−0.027 (−0.27)
Chibar2 (p)	903.850 (0.000)	881.030 (0.000)	888.030 (0.000)
N	940	940	940

表 5.20 **中部地区制药企业工艺创新回归结果**

解释变量	模型 1 随机效应	模型 2 随机效应	模型 3 随机效应
Bmp	−0.008 (−0.54)	−0.012 (−0.70)	−0.011 (−0.64)
Smp		1.357 (1.56)	1.138 (1.31)
Bmp * Smp		1.516 ** (2.55)	0.515 ** (2.18)
Asset			−0.001 ** (−2.06)
Govr			0.167 ** (2.32)

续表

解释变量	模型 1 随机效应	模型 2 随机效应	模型 3 随机效应
Size			0. 0003 (0. 20)
Demand			− 0. 00005 (− 0. 06)
Rgdp			0. 0005 ** (2. 24)
Gprofit			0. 00007 ** (2. 30)
Capital			0. 009 *** (2. 83)
C	0. 042 *** (8. 90)	0. 045 *** (8. 91)	− 0. 128 * (− 1. 77)
Chibar2 (p)	208. 050 (0. 000)	191. 570 (0. 000)	188. 660 (0. 000)
N	300	300	300

表 5. 21　　　　　　　　东部地区制药企业产品创新回归结果

解释变量	模型 1 固定效应	模型 2 固定效应	模型 3 固定效应
Bmp	− 0. 219 (− 0. 96)	− 0. 093 (− 0. 33)	− 0. 122 (− 0. 47)
Smp		12. 312 *** (2. 97)	11. 933 *** (2. 83)
Bmp * Smp		54. 441 ** (2. 00)	32. 260 ** (2. 17)
Asset			− 0. 007 ** (− 2. 02)
Govr			6. 145 * (1. 76)

续表

解释变量	模型 1 固定效应	模型 2 固定效应	模型 3 固定效应
Size			0.056 *** (2.81)
Demand			-0.024 (-0.55)
Rgdp			0.035 (1.02)
Gprofit			0.014 ** (2.18)
Capital			0.062 ** (2.32)
C	1.477 *** (11.24)	1.570 *** (11.39)	-4.909 (-1.41)
Chi2 (p)	7.060 (0.008)	7.170 (0.067)	16.220 (0.063)
Chibar2 (p)			
N	940	940	940

表 5.22　　　　　　　　**中部地区制药企业产品创新回归结果**

解释变量	模型 1 随机效应	模型 2 随机效应	模型 3 固定效应
Bmp	-0.379 (-0.76)	-0.565 (-0.73)	-0.410 (-0.64)
Smp		6.332 ** (2.14)	19.118 ** (2.19)
Bmp * Smp		69.588 * (1.78)	214.307 *** (2.95)

续表

解释变量	模型1 随机效应	模型2 随机效应	模型3 固定效应
Asset			−1.370 ** (−2.27)
Govr			17.787 *** (3.59)
Size			0.072 (0.60)
Demand			−0.044 (−0.63)
Rgdp			0.051 (0.34)
Gprofit			0.001 ** (2.08)
Capital			0.167 ** (2.41)
C	0.950 *** (3.84)	0.941 *** (3.10)	−17.073 *** (−3.75)
Chi2 (*p*)	0.040 (0.836)	0.770 (0.856)	17.930 (0.036)
Chibar2 (*p*)	180.470 (0.000)	181.700 (0.000)	
N	300	300	300

（1）由表 5.19—5.20 东部、中部地区制药企业工艺创新回归结果，表 5.21—5.22 东部、中部地区制药企业产品创新回归结果，结合表 5.23—5.24 西部地区制药企业工艺创新和产品创新回归结果可得：买方市场势力系数均为负，表明买方市场势力抑制制药企业工艺创新与产品创新，验证 H_1（a）、（b）。

（2）表 5.19—5.20（表 5.21—5.22）东部、中部地区制药企业工艺创新（产品创新）回归结果中，买方市场势力系数非显著，表明买方市场势力对东中部地区制药企业工艺创新和产品创新无显著负向影响。

（3）表5.19—5.20（表5.21—5.22）东部、中部地区制药企业工艺创新（产品创新）回归结果中，体现纵向市场势力交互作用的（$Bmp - \overline{Bmp}$）·（$Smp - \overline{Smp}$）系数在模型2—3中均在不同水平下显著为正，也表明东中部地区制药企业抗衡势力能够改善下游客户买方市场势力对自身创新活动的负向影响，削弱买方市场势力负效应。上游供应商在横向市场同样具备一定势力，即拥有抗衡势力时，增强自身创新行为。H_4（a）得以验证。

表5.23　　　　　　　　西部地区制药企业工艺创新回归结果

解释变量	模型1 随机效应	模型2 随机效应	模型3 随机效应
Bmp	-0.067 *** (-3.94)	-0.043 * (-1.89)	-0.032 * (-1.85)
Smp		8.723 *** (2.99)	8.100 *** (3.23)
$Bmp^* Smp$		12.506 (1.25)	17.023 (1.58)
$Asset$			-0.011 ** (-2.24)
$Govr$			0.089 (0.65)
$Size$			0.008 ** (2.19)
$Demand$			-0.014 *** (-4.00)
$Rgdp$			0.004 ** (2.44)
$Gprofit$			0.002 ** (2.04)

续表

解释变量	模型 1 随机效应	模型 2 随机效应	模型 3 随机效应
Capital			0.036 *** (4.25)
C	0.062 *** (9.33)	0.077 *** (8.91)	−0.025 (−0.18)
Chibar2 (p)	118.190 (0.000)	138.190 (0.000)	179.720 (0.000)
N	210	210	210

表 5.24　　　　　　　西部地区制药企业产品创新回归结果

解释变量	模型 1 随机效应	模型 2 随机效应	模型 3 随机效应
Bmp	−0.312 * (−1.77)	−0.320 ** (−2.45)	−0.350 * (−1.75)
Smp		58.411 (1.17)	11.453 (1.16)
Bmp * Smp		135.677 (0.36)	95.772 (0.23)
Asset			−0.422 ** (−2.00)
Govr			2.786 (0.47)
Size			0.277 (0.77)
Demand			−0.308 *** (−2.65)
Rgdp			0.037 (0.49)
Gprofit			0.049 ** (2.22)

续表

解释变量	模型 1 随机效应	模型 2 随机效应	模型 3 随机效应
Capital			0.138 ** (2.38)
C	1.292 *** (4.26)	1.093 *** (3.41)	−1.607 (−0.27)
Chi2 (*p*)	0.060 (0.800)	0.180 (0.980)	2.290 (0.986)
Chibar2 (*p*)	69.330 (0.000)	62.970 (0.000)	62.150 (0.000)
N	210	210	210

（1）表5.23—5.24西部地区制药企业工艺创新和产品创新回归结果中，模型1—3中买方市场势力系数在不同水平下显著，表明买方市场势力显著降低西部地区制药企业工艺创新与产品创新。东中部地区制药科技发达程度与制药企业开发新药品的能力成为其抗衡势力来源，相对下游的抗衡能力强于西部地区，验证 H_3（b）东中部企业抗衡势力强于西部企业。

（2）表5.23—5.24西部地区制药企业工艺创新和产品创新回归结果中，体现纵向市场势力交互作用的 $(Bmp - \overline{Bmp}) \cdot (Smp - \overline{Smp})$ 系数在模型2—3中均为正，但未通过显著性检验。表明西部地区制药企业不能依靠横向市场势力抗衡来自下游买方市场势力，下游客户在市场交易中产生的创新抑制效应仍占主导地位，企业横向市场地位难以发挥正向调节作用。H_4（b）得以验证。

（3）表5.19—5.24中，以市场份额作为代理变量的卖方抗衡势力系数均为正，除表5.20和表5.24外，均通过不同水平显著性检验，表明制药企业市场份额与工艺创新、产品创新正相关，验证 H_2（a）、（b）。控制变量除显著性水平外，符号方向均与表5.7—5.18保持一致，体现控制变量对企业创新行为相同的影响机理。

4. 场景 4：企业所有权属性子样本

国有企业由中央政府和地方政府投资或参与控制，各级国资委管理，其设立通常是以实现国家调节经济为目标。企业资产归国家所有，生产经营组织形式同时具有营利法人和公益法人的特点，行为受政府的意志和利益决定，在市场交易中的地位具有与私有企业相异的特点。文中进一步按所有权属性，把制药企业细分为国有企业和私有企业，以探索所有权异质性制药企业受下游客户的影响程度，卖方抗衡势力所发挥的作用，表5.25 呈现国有制药企业工艺创新和产品创新回归结果，表5.26 呈现私有制药企业工艺创新和产品创新回归结果。

表 5.25　　　　　**国有制药企业和私有制药企业工艺创新回归结果**

解释变量	国有制药企业			私有制药企业		
	模型 1 随机效应	模型 2 随机效应	模型 3 随机效应	模型 1 随机效应	模型 2 随机效应	模型 3 随机效应
Bmp	-0.004 (-0.21)	-0.004 (-0.18)	-0.015 (-0.73)	-0.023 *** (-2.91)	-0.028 *** (-3.05)	-0.029 *** (-3.19)
Smp		0.396 ** (2.09)	0.285 *** (2.70)		1.872 *** (2.61)	1.770 ** (2.47)
Bmp^* Smp		0.276 *** (3.26)	0.069 *** (3.05)		2.091 (1.06)	1.649 (0.82)
$Asset$			-0.003 ** (-2.12)			-0.005 *** (-2.61)
$Govr$			0.301 (1.60)			0.023 (0.37)
$Size$			0.002 *** (2.76)			0.0001 (0.10)
$Demand$			-0.007 (-0.70)			-0.001 (-1.34)
$Rgdp$			0.004 *** (3.03)			0.003 ** (4.56)

续表

解释变量	国有制药企业			私有制药企业		
	模型 1 随机效应	模型 2 随机效应	模型 3 随机效应	模型 1 随机效应	模型 2 随机效应	模型 3 随机效应
Gprofit			0. 0001 *** (3. 34)			0. 0002 *** (2. 80)
Capital			0. 003 ** (2. 42)			0. 0009 ** (2. 02)
C	0. 035 *** (4. 08)	0. 039 *** (4. 21)	− 0. 293 (− 1. 57)	0. 060 *** (17. 47)	0. 064 *** (17. 13)	0. 017 (0. 26)
Chibar2 (p)	291. 920 (0. 000)	285. 760 (0. 000)	276. 570 (0. 000)	1013. 660 (0. 000)	996. 770 (0. 000)	978. 960 (0. 000)
N	275	275	275	1175	1175	1175

表 5. 26　　　　国有制药企业和私有制药企业产品创新回归结果

解释变量	国有制药企业			私有制药企业		
	模型 1 随机效应	模型 2 随机效应	模型 3 固定效应	模型 1 固定效应	模型 2 随机效应	模型 3 固定效应
Bmp	− 0. 718 (− 1. 36)	− 0. 050 (− 0. 06)	− 1. 050 (− 1. 10)	− 0. 106 ** (− 2. 45)	− 0. 010 ** (− 2. 04)	− 0. 296 * (− 1. 69)
Smp		9. 702 ** (2. 36)	16. 881 * (1. 70)		24. 608 ** (1. 80)	35. 515 ** (2. 07)
Bmp * Smp		67. 700 * (1. 77)	10. 250 * (1. 71)		42. 376 (0. 92)	110. 298 (1. 16)
Asset			− 1. 557 ** (− 2. 00)			− 0. 053 ** (− 2. 19)
Govr			11. 498 (1. 53)			6. 071 ** (2. 54)
Size			0. 214 ** (2. 31)			0. 026 (0. 44)

续表

解释变量	国有制药企业			私有制药企业		
	模型 1 随机效应	模型 2 随机效应	模型 3 固定效应	模型 1 固定效应	模型 2 随机效应	模型 3 固定效应
Demand			−0.082 (−0.31)			−0.042 * (−1.95)
Rgdp			0.041 (0.60)			0.077 *** (2.62)
Gprofit			0.008 (0.36)			0.006 ** (2.07)
Capital			0.554 ** (1.99)			0.004 * (1.82)
C	1.136 *** (4.34)	1.315 *** (3.89)	−10.236 (−1.42)	1.402 *** (10.13)	1.372 *** (9.84)	−5.321 ** (−2.29)
Chi2 (p)	1.210 (0.270)	1.930 (0.588)	20.420 (0.000)	3.550 (0.060)	5.960 (0.114)	18.990 (0.015)
Chibar2 (p)	211.750 (0.000)	208.790 (0.000)			848.560 (0.000)	
N	275	275	275	1175	1175	1175

（1）表 5.25—5.26 回归结果中，买方市场势力对私有企业工艺创新和产品创新影响显著为负，未发现对国有企业工艺创新和产品创新显著负向影响，证实 H_1（a）、（b）。当前我国正处于新兴且转轨的市场经济环境下，国有企业由中央、地方国资委直接控股，政治关联性更强，明显比私有企业更有政治关系优势。当国有企业面临经营风险或陷入财务困境时，面临外部融资约束程度更低，更能够享受政策优势带来的益处和获得各种关键性资源支持，有助于企业自身的成长和规模的扩大。其规模的扩大和关键资源的获取所带来的开发新产品的能力，同时通过政治关联优势形成的产品定价能力及抵御风险的能力，成为抗衡势力的重要来源。私有企业相对国有企业所不具备的资金与资源优势、政治关联优势，成为规模扩大、提升新产品的开发能力及获得定价权的阻碍，其在市场交易中的谈

判势力和议价势力远远弱于国有企业。证实 H_3（c）国有企业抗衡势力大于私有企业。

（2）表5.25—5.26中，市场份额对企业工艺创新和产品创新影响为正，且通过不同水平显著性检验。国有企业回归结果中，买方卖方势力交互项 $(Bmp - \overline{Bmp}) \cdot (Smp - \overline{Smp})$ 在0.010水平上显著为正，表明国有制药企业抗衡势力能够改善买方市场势力对自身创新行为的负向影响，削弱买方市场势力负效应。私有企业回归结果中，交互项系数为正但非显著，H_2（a）、（b），H_4（a）、（b）得以证实。控制变量除显著性水平外，符号方向与表5.7—5.24一致。

（5）场景5：企业规模子样本

在上述分组的基础上，可深入考虑按规模（企业总资产）把总体样本分为大规模企业与小规模企业。首先计算总体样本2014—2018年总资产 a_i 均值 $\bar{x}_i$，其次得出290个截面单元均值 $\bar{y}_i$，其中 $\bar{x}_i$，$\bar{y}_i$ 的表达式如下：

$$\bar{x}_i = (\sum_i^{209} a_{i2014} + a_{i2015} + \cdots + a_{i2018})/290 \times 5$$

$$\bar{y}_i = (a_{i2014} + a_{i2015} + \cdots + a_{i2018})/5 (i = 1,2,\cdots,290)$$

定义 $\bar{y}_i > \bar{x}_i$ 为大规模企业，$\bar{y}_i < \bar{x}_i$ 为小规模企业，表5.27呈现大规模制药企业工艺创新和产品创新回归结果，表5.28呈现小规模制药企业工艺创新和产品创新回归结果。

表5.27　　　大规模制药企业和小规模制药企业工艺创新回归结果

解释变量	大规模制药企业			小规模制药企业		
	模型1 随机效应	模型2 随机效应	模型3 随机效应	模型1 随机效应	模型2 随机效应	模型3 随机效应
Bmp	-0.0007 (-0.10)	-0.003 (-0.34)	-0.0008 (-0.10)	-0.024*** (-2.60)	-0.032*** (-2.59)	-0.034*** (-2.75)
Smp		0.402** (2.45)	0.368** (2.22)		4.274** (2.07)	3.647* (1.78)
$Bmp * Smp$		0.245*** (3.58)	0.291*** (3.65)		4.989 (0.79)	4.051 (0.65)

续表

解释变量	大规模制药企业			小规模制药企业		
	模型 1 随机效应	模型 2 随机效应	模型 3 随机效应	模型 1 随机效应	模型 2 随机效应	模型 3 随机效应
Asset			-0.007^{**} (-2.12)			-0.003^{**} (-2.28)
Govr			0.092 (1.18)			0.070^{*} (1.76)
Size			0.0006^{**} (2.21)			0.014^{*} (1.76)
Demand			-0.0003 (-0.31)			-0.001 (-1.11)
Rgdp			0.002^{***} (3.33)			0.004^{***} (5.30)
Gprofit			0.0002^{**} (2.36)			0.0002^{*} (1.71)
Capital			0.001^{**} (2.42)			0.0003^{**} (2.05)
C	0.030^{***} (7.18)	0.035^{***} (7.80)	-0.073 (-0.95)	0.062^{***} (16.09)	0.068^{***} (14.26)	-0.031 (-0.41)
Chibar2 (p)	388.750 (0.000)	379.070 (0.000)	378.290 (0.000)	1004.400 (0.000)	978.350 (0.000)	958.190 (0.000)
N	285	285	285	1165	1165	1165

表 5.28　大规模制药企业和小规模制药企业产品创新回归结果

解释变量	大规模制药企业			小规模制药企业		
	模型 1 固定效应	模型 2 固定效应	模型 3 随机效应	模型 1 固定效应	模型 2 随机效应	模型 3 固定效应
Bmp	-0.485 (-0.10)	-0.077 (-0.10)	-0.611 (-1.12)	-0.189^{*} (-1.84)	-0.068^{*} (-1.71)	-0.391^{**} (-2.21)

续表

解释变量	大规模制药企业			小规模制药企业		
	模型1 固定效应	模型2 固定效应	模型3 随机效应	模型1 固定效应	模型2 随机效应	模型3 固定效应
Smp		16.306** (2.36)	16.258** (2.21)		18.146** (2.34)	37.606** (2.50)
Bmp^* Smp		31.555** (2.06)	48.171** (2.33)		90.702 (0.50)	207.520 (1.07)
$Asset$			-0.635** (-2.33)			-0.158** (-2.33)
$Govr$			8.116 (1.56)			8.254*** (2.85)
$Size$			0.041** (2.19)			0.131 (0.49)
$Demand$			-0.055 (-0.40)			-0.039 (-0.80)
$Rgdp$			0.040 (1.21)			0.042 (1.52)
$Gprofit$			0.028 (0.96)			0.006* (1.74)
$Capital$			0.255** (2.27)			0.239*** (2.95)
C	1.668*** (5.69)	1.998*** (5.62)	-6.490 (-1.23)	1.256*** (8.89)	1.270*** (9.81)	-7.430** (-2.54)
$Chi2$ (p)	3.140 (0.076)	9.990 (0.019)	8.360 (0.594)	3.060 (0.080)	5.440 (0.142)	28.700 (0.000)
$Chibar2$ (p)			284.600 (0.000)			741.150 (0.000)
N	285	285	285	1165	1165	1165

（1）表5.27—5.28回归结果中，买方市场势力显著降低小规模企业工艺创新与产品创新，但对大规模企业的负向影响非显著，证实 H_1

（a）、（b）。大规模企业具有规模大、资金充裕、融资方便、资源易获取等诸多优势，能够在确保高风险研发项目的融资安全方面提供保障。大规模企业更能够承担创新活动需要的资金投入和创新失败的风险，其开发创新产品的能力成为其抗衡势力的重要来源。小规模企业由于自身规模较小、实力普遍较弱，受限于财务约束和研发资金约束，大多停留在模仿和低层次仿制药生产层面，产品工序简单且替代性较强；缺乏开发临床效果好、治疗重大疾病的新药品的能力，市场交易中相对买方的议价势力和谈判势力较弱，难以抗衡拥有强大势力的下游客户，创新行为明显受到抑制。小企业同时还面临激烈的同行业竞争，很难通过提高产品价格或在边际成本之上制定较高价格缓解来自买方的各种压力，使得创新资源获取、创新能力积累受到限制。证实 H_3（d）大规模企业抗衡势力强于小规模企业。

（2）表 5.27—5.28 中，制药企业市场份额与工艺创新、产品创新显著正相关。

国有企业回归结果中，买卖双方势力交互项 $(Bmp - \overline{Bmp}) \cdot (Smp - \overline{Smp})$ 在 0.010 水平上显著为正，表明大规模制药企业在横向市场同样具备一定市场势力，拥有抗衡势力时，增强自身工艺创新与产品创新能力。小规模制药企业回归结果中，交互项系数为正但非显著，H_2（a）、（b），H_4（a）、（b）得以证实。控制变量除显著性水平外，符号方向与表 5.7—5.26 一致。

（6）场景 6：企业创新能力子样本

依据工艺创新（产品创新）强弱把总体样本分为工艺创新（产品创新）强企业与工艺创新（产品创新）弱企业，首先计算总体样本 2014—2018 年研发支出强度（发明专利申请数量）b_i 均值 $\bar{n}_i$，其次得出 290 个截面单元均值 $\bar{m}_i$，其中

$$\bar{n}_i = (\sum_{i}^{209} b_{i2014} + b_{i2015} + \cdots + b_{i2018})/290 \times 5$$

$$\bar{m}_i = (b_{i2014} + b_{i2015} + \cdots + b_{i2018})/5 \quad (i = 1,2,\cdots,290)$$

定义 $\bar{m}_i > \bar{n}_i$ 为工艺创新（产品创新）强企业，$\bar{m}_i < \bar{n}_i$ 为工艺创新（产品创新）弱企业。表 5.29 呈现工艺创新强制药企业与工艺创新弱制

药企回归结果，表5.30呈现产品创新强制药企业与产品创新弱制药企业回归结果。

表5.29 工艺创新能力强制药企业与工艺创新能力弱制药企业回归结果

解释变量	工艺创新能力强制药企业			工艺创新能力弱制药企业		
	模型1 随机效应	模型2 随机效应	模型3 随机效应	模型1 随机效应	模型2 随机效应	模型3 随机效应
Bmp	-0.046 (-1.52)	-0.051 (-0.62)	-0.060 (-0.29)	-0.004*** (-2.99)	-0.003*** (-2.76)	-0.004*** (-2.89)
Smp		6.791** (2.30)	6.446** (1.97)		0.348*** (2.92)	0.343*** (2.80)
$Bmp*$ Smp		4.524** (2.48)	2.152*** (2.95)		0.233 (0.66)	0.260 (0.69)
$Asset$			-0.008* (-1.75)			-0.0006** (-2.14)
$Govr$			0.398*** (2.91)			0.084*** (2.73)
$Size$			0.002 (0.23)			0.0002 (0.50)
$Demand$			-0.012*** (-2.78)			-0.0003 (-0.80)
$Rgdp$			0.004*** (3.18)			0.001*** (3.00)
$Gprofit$			0.001 (1.37)			7.100e-06 (0.07)
$Capital$			0.004** (2.29)			4.880e-06** (2.03)
C	0.099*** (14.74)	0.108*** (13.81)	-0.327** (-2.35)	0.029*** (17.45)	0.031*** (17.95)	-0.062** (-2.00)
$Chibar2$ (p)	316.090 (0.000)	319.350 (0.000)	310.620 (0.000)	813.990 (0.000)	779.550 (0.000)	766.150 (0.000)
N	555	555	555	895	895	895

表 5. 30　产品创新能力强制药企业与产品创新能力弱制药企业回归结果

解释变量	产品创新能力强制药企业			产品创新能力弱制药企业		
	模型 1 随机效应	模型 2 随机效应	模型 3 固定效应	模型 1 随机效应	模型 2 随机效应	模型 3 随机效应
Bmp	-0.403 (-1.39)	-0.132 (-0.36)	-0.028 (-0.05)	-0.012 * (-1.88)	-0.009 ** (-2.04)	-0.035 ** (-2.15)
Smp		8.684 * (1.78)	15.195 ** (2.38)		0.596 ** (2.03)	0.974 *** (3.50)
Bmp * Smp		30.559 *** (2.87)	2.192 ** (2.02)		11.852 (0.17)	30.850 (0.43)
Asset			-0.160 ** (-2.28)			-0.227 ** (-2.04)
Govr			12.781 *** (2.95)			1.690 (1.42)
Size			0.118 (1.11)			0.031 (0.93)
Demand			-0.057 (-0.63)			-0.045 * (-1.78)
Rgdp			0.083 ** (2.00)			0.009 *** (2.83)
Gprofit			0.061 (1.44)			0.011 * (1.88)
Capital			0.021 * (1.76)			0.012 *** (3.09)
C	1.144 *** (6.93)	1.231 *** (6.66)	-12.207 *** (-2.83)	1.626 *** (8.32)	1.625 *** (7.76)	-0.066 (-0.05)
Chi2 (p)	0.790 (0.373)	6.820 (0.386)	36.220 (0.000)	0.19 (0.664)	0.27 (0.966)	7.860 (0.448)
Chibar2 (p)	123.090 (0.000)	125.050 (0.000)		196.430 (0.000)	196.260 (0.000)	192.230 (0.000)
N	365	365	365	1085	1085	1085

（1）表5.29—5.30回归结果中，买方市场势力系数均为负，表明来自下游客户市场势力抑制制药企业工艺创新与产品创新能力的提升，验证 H_1（a）、（b）。对于工艺创新（产品创新）能力强的企业，买方市场势力系数在模型1—3中非显著，表明买方市场势力对其创新行为无显著性影响。对于工艺创新（产品创新）能力弱的企业，买方市场势力系数均通过不同水平显著性检验，表明其创新活动受到买方市场势力显著影响。创新投入构成制药企业生存发展核心，研发资金投入和研发人员投入带来的新技术、创新产品成为企业生存之根本。创新投入高、创新能力强，拥有国际顶尖实验室和尖端研发设备、高层次专家和高水平技术人员团队的制药企业，更有能力生产出抗重大疾病的生物类制药（比如生物制品、细胞和干细胞制品、人血白蛋白、纤维原蛋白、免疫球蛋白、血液制品、抗细菌疫苗、抗病毒疫苗、多糖和蛋白酶类、血液类制品、检测类和诊断类生物制剂、抗体类试剂、基因重组和基因工程类药品等等）和化学类制药（例如化学药品制剂、化学药品原料药、化学中间体、抗生素原料药、化学合成药及制剂、生物化学制剂、抗生素制剂、注射类粉针剂、冻干粉剂、生化试剂、免疫试剂、化学检测和诊断试剂等等）。掌握稀缺资源的一方能够居于市场领导者地位，在与下游客户的交易中占据优势地位。而创新能力弱的企业药品技术难度低，生产工艺简单，产品替代性强，提高了下游客户的外部选择范围，降低了买方的转换成本，因此其抗衡势力弱于创新能力强的企业。H_3（e）得以验证。

（2）表5.29—5.30中，以市场份额作为代理变量的卖方抗衡势力系数在不同水平上显著为正，表明制药企业市场份额与工艺创新、产品创新正相关，验证 H_2（a）、（b）。

（3）对于工艺创新（产品创新）能力强的企业，交互项（$Bmp - \overline{Bmp}$）·（$Smp - \overline{Smp}$）系数在模型2—3中均在不同水平上显著为正，表明其抗衡势力能够改善下游客户买方市场势力对工艺创新（产品创新）的负向影响，削弱买方市场势力负效应。供应商在横向市场同样具备一定势力，即拥有抗衡势力时，自身工艺创新（产品创新）能力增强。H_4（a）得以验证。对于工艺创新（产品创新）能力弱的企业，交互项（$Bmp - \overline{Bmp}$）·（$Smp - \overline{Smp}$）系数为正但非显著，表明其不能依靠横向市场势力抗衡来自下游买方市场势力，下游客户在市场交易中产生的创新抑制效应仍占主导地位，企业横向市场地位难以发挥正向调节作用。H_4（b）得以验证。

（4）控制变量系数除显著性水平，符号方向与表5.7—5.28一致，体现控制变量对制药企业创新行为相同的影响机理。

（三）稳健性检验

为了确保研究结论的稳健性，本书通过调试变量以检验回归结果的稳健性，以研发人员强度替代研发支出强度作为工艺创新的代理变量，以实用新型专利申请数量和外观设计专利申请数量作为产品创新的代理变量，此时模型设定如公式（5.2）—（5.6）所示，各变量含义同表5.2，β_0 ~ β_{10} 为待估参数。当工艺创新以研发人员强度衡量进行稳健性检验时，该数值处于（0，1）区间，被解释变量存在受限的情形，仍依托面板 Tobit 模型解决，也证明研发人员强度衡量制药企业工艺创新的稳健性。当产品创新以实用新型专利和外观设计专利衡量进行稳健性检验时，被解释变量依旧为计数变量，经过度分散检验，总体样本和子样本仍选择面板负二项模型，也证明实用新型专利和外观设计专利衡量产品创新的稳健性，鉴于空间要求，附录展现稳健性检验结果。

四　本章小结

本章基于面板 Tobit 模型和面板负二项模型，以研发支出强度衡量工艺创新，同时以研发人员强度进行稳健性检验；以发明专利申请数量衡量产品创新，同时以实用新型专利申请数量和外观设计专利申请数量进行稳健性检验。探索买方市场势力对制药企业工艺创新和产品创新的影响，结论如下：

第一，四类子样本回归结果中，买方市场势力与制造商工艺创新和产品创新均负相关，买方市场势力抑制制药企业工艺创新和产品创新能力的提升，不利于其创新活动的开展。证实制药企业面临的买方市场势力确实存在且具有普遍性，来自下游客户的市场势力对纵向关系的扭曲，支持买方市场势力的存在是不利的这一观点。

第二，买方市场势力对中药中成药企业及细分企业、西部地区制药企业、私有企业、小规模企业、工艺创新（产品创新）能力弱的制药企业创新活动抑制作用显著，表明其不能依靠横向市场势力抗衡来自下游买方市场势力，下游客户在市场交易中的创新抑制效应仍占主导地位，企业横向市场地位难以发挥正向调节作用。

买方市场势力对生物制药企业及细分企业、化学制药企业及细分企业、东中部地区制药企业、国有企业、大规模企业、工艺创新（产品创新）能力强的企业创新活动抑制作用非显著，表明其抗衡势力能够改善下游客户买方市场势力对自身创新活动的负向影响，削弱买方市场势力负效应。也就是说，上游供应商同样具备一定市场势力，即拥有抗衡势力时，增强自身创新能力。

本书提出了上游产业抗衡势力新的来源渠道，丰富了已有关于上游产业抗衡势力来源的研究，能够从产业组织层面为企业创新行为的解释提供理论依据。把下游产业的买方市场势力和上游产业横向市场的企业特征联系起来，体现了产业组织中不同层级产业交互作用的背后机制。

第三，当制药企业卖方抗衡势力以市场份额衡量时，系数均为正，表明制药企业市场份额增加有助于创新能力的提升，但在一些模型非显著，支持熊彼特假说。

第四，资产专用性成为制药企业创新能力提升的障碍，市场需求增长率不利于制药企业创新行为；政府规制为制药企业创新活动提供服务，制药企业创新能力随着规模的扩大而增强，地区经济发展程度与制药企业创新活动正相关，利润增长率和资本密度为制药企业创新活动提供支持。

第五，当以研发人员强度、实用新型专利申请数量和外观设计专利申请数量扩展模型进行稳健性检验时，也证明上述结论的稳健性。

第六章

买方市场势力对供应商产品
差异化影响的实证研究

一 问题提出

在传统的结构—行为—绩效（SCP）分析框架的基础上，本章同样对产业链的层级进行了扩展，由一层产业链扩展至两层产业链，将产业组织中下游客户的市场势力因素纳入对上游产业产品差异化影响的分析中。

基于产业组织纵向关系新视角，首先构造买方市场势力、卖方抗衡势力等主要变量，依托面板 Tobit 模型，在第四章的基础上深入探索来自下游买方市场势力对制药企业产品差异化的影响。然后将总体样本按照产品类别、所处地域、所有权性质和规模进行分组，分析在这种影响过程中，制药企业抗衡势力对二者关系的调节作用。本章是第四章的延伸与拓展，与其构成递进关系。

二 研究设计

（一）数据来源

实证部分数据主要来源于 Wind 数据库和中财网数据库 2014—2018 年度深圳证券交易所、上海证券交易所和香港联交所我国医药制造业上市公司。为确保数据完整性和结果精确性，对搜集数据进行如下处理：首先删除被证监会挂牌警告，即连续几年利润为负值、生产经营存在风险的药企，如 ST、＊ST、暂停上市企业；其次删除相关数据指标（比如控制变量）存在严重缺失和较多异常值的公司。经过以上筛选后，290 家上市制药企业得以留存，这样建立 2014—2018 年五年时间区间，290 个截面单元的面板数据集。

（二）变量定义

1. 因变量产品差异化

因变量为每个上市制药企业产品差异化。产品差异化首先使得企业内部产品差异化，其次使得自身产品与同行业制药企业保持差异化。在网络高度发达的时代，广告投放往往成为企业成功宣传、推广和营销新产品，传递经济信息，帮助消费者认识和了解各种商品，快速提高自身知名度，使消费者对本企业产品产生吸引力，在市场竞争中立足和开拓市场，扩大产品销量和增加市场份额的重要竞争策略。中财网数据库中，企业的广告费用被归入财务数据，但名称存在差别，包括展览及广告宣传费、促销业务宣传及广告费、广告展览及市场推广费、业务宣传广告展览费、产品推广服务费等等，本章统称为广告宣传费，产品差异化以广告宣传费占销售收入比值衡量。

2. 自变量买方市场势力和卖方抗衡势力

本章对买方市场势力和卖方抗衡势力衡量指标的选取及说明同第三章，仍以 Wind 数据库 2014—2018 年每家上市制药企业总销售额中，下游最大五家客户交易量占比作为买方市场势力的代理变量，以每家制药企业市场份额（年度销售收入占行业销售收入比值）作为卖方抗衡势力的代理变量。

3. 影响企业产品差异化的控制变量

本章控制变量的选择上，既是第四章的顺承，又区别于后者，更深刻体现企业层面特征对企业产品差异化的影响。制药企业差异化产品反映其开发新产品的能力，带来多渠道收益的同时也具有"高投入、高风险"特征，需要企业良好经营业绩带来的利润流量为其提供资金和抵御风险保障，因此把利润增长率和资产收益率（ROA）作为影响企业产品差异化的重要控制变量。本期销售收入与上期销售收入差占后者比值表示市场对企业产品需求。制药企业的高技术特征，使得创新成为其生存与发展的根本，基于员工专用性技能和知识视角，资本密度体现员工技术能力和企业整体实力，是决定差异化产品生产的重要因素，Audretsch and Feldma（1996）认为资本密度高的企业更倾向于创新，参考 Anwar and Sun（2013）的研究，资本密度定义为固定资产与员工总数的比值。从微观企业创新投入和创新产出视角，选择创新投入（研发支出强度和研发人员强度）和创新产出（发明专利、实用新型专利和外观设计专利）作为企业多元化经营能力的重要控制变量。

在核心变量及控制变量的构建与处理过程中，依托指数平滑法对缺失数据进行预测以达到扩充数据容量的目的，计量软件为 Stata 12.0，表6.1 呈现各变量单位、符号、定义和系数预期。

表6.1　　　　　　　　　变量单位、定义和符号预期

变量类型	变量	单位	符号	定义	符号预期
被解释变量	产品差异化	比值	$Diff$	广告宣传费占年度销售收入比值	—
	买方市场势力	比值	Bmp	下游最大五家客户交易量占比	负号
解释变量	卖方抗衡势力	比值	Smp	企业销量在行业中市场份额	正号
	买卖双方势力交互项	比值·比值	$Bmp \cdot Smp$	企业下游最大五家客户交易量占比·企业市场份额	正号
	利润增长率	比值	$Gprofit$	当期利润总额与滞后一期差占后者比值	正号
	资产收益率	比值	Roa	净利润占总资产比值	正号
	市场需求增长率	比值	$Demand$	当期营业收入与滞后一期差占后者比值	负号
	资本密度	百万	$Capital$	固定资产除以员工总数	正号

变量类型	变量	单位	符号	定义	符号预期
控制变量	创新投入1	比值	*Rnd*	研发支出占销售收入比值	正号
	创新投入2	比值	*Ratio*	研发人员数量占总员工比值	正号
	创新产出1	个	*InventPat*	企业发明专利申请数量	正号
	创新产出2	个	*UtilityPat*	企业申请实用新型专利数量	正号
	创新产出3	个	*DesignPat*	企业申请外观设计专利数量	正号

（三）计量模型设定

在国内外学者对企业产品差异化影响因素的研究基础上，文中从纵向视角探索来自下游客户市场势力的影响。参考代表性研究（Köhler and Rammer，2012；Peters，2000；丁正良和于冠一，2019），计量模型中加入买方市场势力卖方抗衡势力交互项，探索卖方抗衡势力作为调节变量在买方市场势力对卖方产品差异化影响中的制约和调节作用，据此构建如下基本模型：

$$Diff = F((Bmp - \overline{Bmp}), (Smp - \overline{Smp}), (Bmp - \overline{Bmp}) \cdot (Smp - \overline{Smp}), X, \cdots\cdots) \tag{6.1}$$

$Diff$ 代表因变量产品差异化，自变量买方市场势力（$Bmp - \overline{Bmp}$）反映下游客户市场势力对供应商产品差异化的影响，文中主要经验证明其与制药企业产品差异化之间的关系，对理论研究中正反效应进行验证，体现经验研究意义。卖方抗衡势力（$Smp - \overline{Smp}$）反映供应商市场状况或竞争环境与产品差异化的关系，（$Bmp - \overline{Bmp}$）·（$Smp - \overline{Smp}$）为上下游市场势力交互项，体现买方市场势力和供应商市场势力的交互影响，卖方势力（$Smp - \overline{Smp}$）作为调节变量（抗衡势力）影响买方市场势力与供应商产品差异化的关系。

X 为表征企业特定特征，影响其差异化产品生产行为的控制变量。通过对核心变量和控制变量的选择，公式（6.1）可具体化为如下一般计量模型：

$$
\begin{aligned}
Diff_{it} =\ & \beta_0 + \beta_1(Bmp_{it} - \overline{Bmp_{it}}) + \beta_2(Smp_{it} - \overline{Smp_{it}}) \\
& + \beta_3((Bmp_{it} - \overline{Bmp_{it}}) \cdot (Smp_{it} - \overline{Smp_{it}})) \\
& + \beta_4 Grofit_{it} + \beta_5 Roa_{it} + \beta_6 Demand_{it} \\
& + \beta_7 Capital_{it} + \beta_8 Rnd_{it} + \beta_9 Ratio_{it} \\
& + \beta_{10} InventPat_{it} + \beta_{11} UtilityPat_{it} \\
& + \beta_{12} DesignPat_{it} + \varepsilon_{it}
\end{aligned} \tag{6.2}
$$

其中 $\beta_0 \sim \beta_{12}$ 均为待估参数，以关注对结果起决定作用的核心变量买方市场势力（$Bmp - \overline{Bmp}$）、卖方抗衡势力（$Smp - \overline{Smp}$）及两者交互项（$Bmp - \overline{Bmp}$）·（$Smp - \overline{Smp}$）系数大小和方向变化。

（四）理论分析及假设提出

产业链纵向关系背景下，纵向市场势力反映了企业在供应链关系中的地位与支配程度，客户作为企业经营环境的重要组成部分，其市场集中度和议价势力关系到供应商在市场交易中的地位、价格协商中的角色和经营绩效，进而影响到企业的差异化产品生产能力。

第一，基于企业议价能力视角，下游买方往往凭借优势地位在谈判过程中表现出较强的讨价还价能力，此时买方凭借较强的议价能力通过减少需求量或转换供应商等策略性行为对供应商实施可置信威胁，从而迫使供应商在批发价格、服务质量、售后服务项目、付款期限等方面提供更多的优惠条款，以获取联合利润中的更大份额（Porter，1980）。因此，具备较强市场势力的下游买方可能会较大程度增加供应商的经营风险，降低供应商的收益和研发资源的配置效率，从而降低相同数额的研发经费投入对差异化产品的贡献率（Kelly and Gosman，2000）。

第二，基于经营风险和财务风险视角，下游客户市场势力越强，意味着其市场集中度越高，买卖双方之间的交易频次越高，供应商对买方的过度依赖会使得供应商潜在的经营风险和财务风险增大。一方面，供应商所依赖的下游客户可能依托竞争优势实施前向一体化战略，即开发自有品牌产品以实现供应商产品的自主研发与自我供给，此时具有中断与供应商合作关系的较强激励，使得供应商难以凭借主要客户的销售渠道实现新产品的市场推出与销售，也无法准确获取市场需求信息与消费者偏好的相关信息，最终导致供应商难以满足消费者的新需求，不利于其实现推广新产品的目的。另一方面，下游客户的市场势力会对供应商的财务状况产生较大程度影响，当拥有市场势力的下游客户深陷财务危机甚至是濒临破产的状态时，会具有将财务风险转嫁给交易伙伴的强烈动机，此时供应商不仅难以完成预期销售计划，而且之前的应收账款很大概率上也难以收回，从而导致供应商的收益大幅下降，不利于其差异化产品生产能力的提升。

第三，基于资产专用性视角，当下游买方市场势力较大时，意味着供应商与少量客户进行重复的、多频次的集中购买交易，此时供应商对处于产业链优势地位的买方有较强的依赖性，供应商较高的资产专用性程度，提升了买方在交易过程中的谈判势力。在这种多对一的供求关系中，供应商面临的较高交易成本与转换成本使其处于劣势地位，下游买方有极强的激励实施侵占供应商利润的"敲竹杠"行为（Dowlatshahi，1999），从而提高供应商的交易成本，降低供应商的绩效，削弱其差异化产品产出能力。

第四，基于纵向交易环境的稳定性视角，较大的买方市场势力增大了供应商所面临的交易风险和经营风险，使得供应商失去了对现有的工艺或产品进行创新性改变所依赖的稳定纵向交易环境，加大了供应商开发差异化产品的难度，降低其在关键技术领域中开展创新活动的积极性，不利于供应商新产品的推出和创新绩效的提升。

第五，基于纵向交易多元化视角，企业差异化产品的推出需要多元化技术和多样化要素做支撑，买方市场势力越大，意味着供应商面临的下游客户市场集中度越高，市场交易过程中与供应商发生业务往来的下游客户数量越少。此集中化战略不仅降低了客户需求的多样性，同时过于稳定的交易渠道不利于供应商收集多元化的客户反馈信息与创新网络中的流动性知识。因此，随着下游买方市场势力的增加，供应商向市场推出的差异化产品种类有所下降。

综上所述，下游客户较强的市场势力，会降低供应商的利润收益和研发资源的配置效率，增加供应商潜在的经营风险与财务风险，有极强的激励实施侵占供应商利润的"敲竹杠"行为，使得供应商失去了对现有的工艺或产品进行创新性改变所依赖的稳定纵向交易环境，不利于供应商收集多元化的客户反馈信息与创新网络中的流动性知识，上述对供应商的不利影响均抑制其差异化产品生产能力的提升。

据此，本书提出研究假设 H_1：

H_1：买方市场势力与制药企业产品差异化呈负相关关系，即买方市场势力抑制供应商差异化产品生产能力。

随着知识经济的迅猛发展与科学技术的日益复杂化，技术创新对社会发展和企业增长的促进作用日渐显现（Schumpeter，1912）。自从 Schumpeter（1912）指出市场势力在企业创新活动中发挥的关键作用以来，两者之间的关系一直备受创新经济学和产业组织理论的关注。这一问题的核心是两种不同的市场结构对创新行为效应的探讨，即垄断性市场结构有利于创新行为，还是竞争性市场结构有利于创新行为。

Schumpeter 指出在竞争性市场结构中，新工艺和新产品的模仿时间被缩短，企业的创新租金和利润积累被削减，从而弱化了企业的创新活动意愿；只有那些处于寡头垄断或垄断市场结构，能够成功阻止创新成果被模仿的企业才有较强的激励开展创新活动。由此引出两个假说：市场势力与技术创新正相关和企业规模与技术创新正相关，分别探讨了市场势力、企业规模与创新行为的关系。Nelson and Winter（1982）认为大企业在研发活动中能够通过规模经济获得更多收益，从而增加企业创新研发投入强度。周黎安和罗凯（2005）、朱有为和徐康宁（2006）、吴延兵（2007）均证实企业规模对创新行为的促进作用，支持 Schumpeter 假说。

一些学者提出与市场势力和技术创新正相关相反的观点，Liu（2006）认为规模较大的企业容易凭借市场主导地位优势形成市场势力，较弱的市场竞争压力致使企业缺乏创新积极性，企业容易因盲目自信而陷入"能力陷阱"，最终导致企业的研发动力不足和研发投资强度降低。Scherer（1967）、简泽和段永瑞（2012）、李伟（2009）证实垄断导致组织惰性，而竞争会带来更强的创新动力。

产品差异化与创新相关联，因为新产品的开发通常构成创新活动，根据制药行业特点，本书提出研究假设 H_2：

H_2：企业横向市场份额与产品差异化正相关。

基于企业产品类别视角，Wernerfelt（1984）在《企业的资源基础理论》一文中首次提出资源基础理论，资源基础理论的思想是把企业看成资源的集合体，并将目标集中在资源的特性和战略要素市场，以此来解释企业的可持续的优势和相互间的差异。Wernerfelt（1984）认为企业具有不同的有形的和无形的资源，这些资源可转变为独特的能力，资源在企业间是不可流动且难以复制的，这些独特的资源与能力是企业获得持久竞争优势的源泉。只有在资源符合 VRIN（Valuable，即有价值的资源，它是公司构想和执行企业战略、提高效率和效能的基础；Rare，即稀缺的资源，资源即便再有价值，一旦为大部分企业所拥有，它也不能带来竞争优势或者可持续的竞争优势；Imperfectly Imitable，即无法仿制的资源；Non-Substitutable，即难以替代的资源）框架时，才可以作为竞争优势的基础。Barney（1991）也认为掌握有价值的、稀缺的、不可仿制与难以替代的异质性资源的企业，能够获得比行业内竞争对手更大的竞争优势，并带来更高的创新绩效水平，支持 Wernerfelt（1984）的观点。基于纵向依赖视角，买卖双方之间的纵向依赖程度是决定两者议价势力大小和市场势力对比的重要决定因素。当供应商对客户的依赖性较大时，后者在市场交易中的谈判势力超过前者，从而导致下游客户对上游供应商有较强的控制能力。刘端和王竹青（2017）指出掌握稀缺资源的一方，提高了交易伙伴的相对依赖程度，能够在市场中占据优势地位和拥有更强的议价势力，表明纵向市场环境中稀缺资源对企业获取竞争优势起到关键作用。

企业间竞争在同一行业内部始终存在，但竞争程度受在位者及潜在进入者企业数量、产品差异化程度以及市场供需状况等因素的影响，不同行业的市场竞争程度呈现差异化。任何企业都依托于特定的产业环境而存在，最具代表性的产业环境即为企业生产经营所依托的行业竞争环境。行业竞争的激烈程度不仅关系到企业面临的竞争压力大小，还影响到企业的策略性行为，决定了行业进入壁垒和企业的盈利能力，更决定了企业在纵向交易过程中的议价势力和外部选择价值。Blair and Harrison（1993）、Ellison and Snyder（2010）指出企业所处的行业竞争程度还会对买方市场势力产生重要影响，从而迫使企业将其战略重心转移到下游买方的市场需求上。当供应商处于垄断或寡头垄断的市场结构，会导致下游客户的转换成本较高，同时降低下游客户的外部选择价值，供应商在争夺定价权的过程中处于优势地位且拥有经营决策的自主权，从而在横向市场中处于领导地位，能够缓冲拥有市场势力的下游客户传导而来的交易风险，削弱买方市场势力过大对供应商产品差异化效应的负向影响。当上游市场中供应商竞争较激烈时，行业中企业数量较多，竞争对手之间的产品同质化程度较高及替代性较强，此时买方可供选择的交易伙伴范围较大，较低的转换成本使得买方能够权衡和比较不同供应商所提供的交易条件，不停地选择能够使自身利益最大化的供应商作为交易伙伴，在这一过程中，供应商原有的市场优势和市场地位会随着市场竞争激烈程度的增加而不断降低（Fumagalli and Motta，2008）。Inderst and Wey（2011）表明买方转换上游供应商的外部性选择是买方市场势力的来源渠道之一，若买方的外部选择价值越大市场势力越强，供应商降低下游客户外部性选择最直接的办法是通过实施产品差异化战略削弱横向市场中产品的替代性。

基于资源基础理论和外部选择价值理论，生物制药和化学制药相对中药，在治疗关乎人体生命健康安全的重特大疾病的过程中有着更好的临床疗效。但其生产难度更大，技术要求更高，具有更为严格的质量标准要求，受到监管部门更严格的管制（比如需满足注册检验、专家评审、临床测试、定期检查等监管要求）。对某种药品可能仅由少数几家甚至一家药企拥有生产批准文号和 GMP 认证（《药品生产质量管理规范》认证，它是保证药品质量行之有效的方法和手段，也是国际通行的药品生产质量管理标准），这样该药品市场就会具有很强的"锁定效果"。若此药品在临床治疗中不可或缺，那么生产此药品的企业为市场交易中拥有稀缺资源的一方，如果买方对此药品具有市场需求，则只能向其购买，对供应商的依赖程度较大，市场交易中谈判空间很小，外部选择价值较低，赋予制药企业较强的抗衡势力。即使产业链下游客户处于垄断市场结构，上游药企仍可凭借产品优势弥补下游买方市场势力过大引致的利润损失，削弱下游客户市场势力对其产品差异化效应的负向影响。

对于西部地区，从医药人力资源储备、各地区医药产业链互补程度、产业基础、研发创新能力、平台和发展环境、创新药品的生产能力等方面来看，均落后于东中部地区。基于资源基础理论和外部选择价值理论，东中部地区制药行业创新水平和对新药品的研发能力，使得下游客户对其依赖程度增加，对下游客户传导而来的交易风险具有较好的缓冲作用，能够弱化买方市场势力对产品差异化效应的负向影响。

基于企业所有权属性视角，在中国经济转型的特殊时期，国有股份的持股主体仍具有较为浓厚的行政化色彩，国有企业的经营目标往往更具多元化，除了业绩指标和成长性要求之外，增加就业、社会保障等其他方面的考虑也会成为国有企业管理者决策时的重要影响因素（李丹蒙等，2017）。因此，国有企业具备经济资源和社会资源优势，政治关联性更强，受到政府更大程度的干预，预算非刚性，在面临经营风险或陷入财务困境时，各级政府更愿意伸出"援助之手"；同时在我国金融市场上，国有企业更容易获取信贷资金支持（王爱群和赵东，2019）。上述因素使得国有企业具有更充足的资金储备和更强应对外来风险的能力，能够缓解资金约束，为企业研发活动的开展提供更好的激励机制。从而有助于降低企业因创新行为失败所承担的经济损失风险，降低企业对下游客户的纵向依赖程度，削弱买方市场势力对供应商差异化产品研发行为的抑制效应。

基于企业规模视角，第一，任曙明等（2017）指出大规模企业在融资渠道和风险分担等方面都具有优势，更容易获得金融机构贷款，能够通过资本市场融资和货币市场融资满足研发活动的现金储备需求和弥补纵向交易关系产生的预防性现金持有需求，从而减弱买方市场势力对企业差异化产品生产行为的负向效应。第二，来自下游客户的买方市场势力会使得企业营业性收入与现金流的不确定性增加，这种不确定性不仅增加企业的经营风险，而且降低企业向市场推出差异化产品的积极性。而大规模企业能在一定程度上缓解经营不确定性对企业产品差异化的负面影响，并将更多的资源配置到创新活动中以维持稳定的差异化产品产出（Czarnitzki and Toole，2013；吴祖光等，2017）。第三，规模能够发挥积极的信号传递作用，往往被交易伙伴视作经营业绩、营运能力、发展能力、投资质量及投资价值的判断依据，体现企业在行业中的市场地位和竞争优势。相比小规模企业，大规模企业在市场交易中能够凭借"规模"商标为自身树立良好的企业形象和商业信誉，从而在纵向交易关系中更容易赢得下游客户的青睐与信任，增强交易伙伴的合作意愿，也更易于买卖双方建立长久合作关系。因此，大规模企业更能够防范和化解拥有市场势力的买方带来的经营风险，抵御买方带来的外部冲击，降低买方带来的合作不确定性，最终凭借较为完备的创新链条实现稳定的差异化产品产出。

据此，本书提出研究假设 H_3 和 H_4：

H_3：（a）生物制药企业、化学制药企业的抗衡势力强于中药中成药企业；（b）东中部地区制药企业的抗衡势力强于西部企业；（c）国有企业的抗衡势力强于私有企业；（d）大规模企业的抗衡势力强于小规模企业。

H_4：（a）当把卖方抗衡势力作为调节变量，不同子样本中，上游制药企业的抗衡势力存在显著性差异，仅某类别企业（生物制药企业、化学制药企业、东中部地区制药企业、国有企业、大规模企业）的抗衡势力能够显著改善下游客户买方市场势力对制药企业产品差异化的负向影响，削弱买方市场势力的负效应。即上游供应商在横向市场同样具备一定市场势力，拥有抗衡势力时，自身产品差异化能力增强。

（b）中药中成药企业、西部企业、私有企业和小规模企业不能依靠横向市场势力抗衡来自下游的买方市场势力，下游客户在市场交易中的抑制效应仍占主导地位，企业横向市场地位难以发挥正向调节作用。

三　实证结果与分析

（一）变量描述性统计

限于空间，表6.2仅呈现总体样本各变量描述性统计。

由表6.2可得，我国上市制药企业产品差异化均值仅为0.023，处在较低水平。买方市场势力均值为 0.269，符合纵向交易中欧盟委员会对"经济依赖"的定义，为上游药企最大五家客户交易量占比测度买方市场势力提供理论与实践支持。

表 6.2　　　　　　　　　　　各变量描述性统计

变量	观测值	均值	标准差	最小值	最大值
产品差异化	1450	0.023	0.031	0.00005	0.259
买方市场势力	1450	0.269	0.158	0.003	0.910
卖方抗衡势力	1450	0.003	0.012	0.00005	0.170
买卖双方势力交互项	1450	0.0009	0.003	$5.620.10^{-6}$	0.057
利润增长率	1450	0.102	3.116	−53.867	42.223
资产收益率	1450	0.084	0.075	−0.389	0.699
市场需求增长率	1450	0.187	0.808	−20.280	14.670
资本密度	1450	0.358	0.361	0.005	6.110
研发支出强度	1450	0.051	0.049	0.00008	0.575
研发人员强度	1450	0.120	0.086	0.0007	0.676
发明专利	1450	8.304	13.035	0	162
实用新型专利	1450	6.113	19.936	0	353
外观设计专利	1450	4.572	6.634	0	69

（二）模型回归与结果分析

1. 场景 1：总体样本

当以企业广告宣传费占年度销售收入比值衡量产品差异化时，该数值处于（0，1）区间，被解释变量存在受限的情形，此类"归并数据"（censored data）如果用 OLS 估计，导致结果存在偏误，不能得到一致估计量。面板 Tobit 模型则为解决这类问题提供路径，不仅能够有效处理被解释变量非负情形，而且可以很好刻画变量之间的非线性关系。具体算法如下：

假设 $y_{it}^* = x_{it}'\beta + u_i + \varepsilon_{it}$ （6.3）

其中，y_{it}^* 不可观测，随机扰动项 $\varepsilon_{it} \sim N(0,\sigma^2)$，而 u_i 为个体效应。

如果 $u_1 = u_2 = \cdots = u_n$ ，则可直接进行混合 Tobit 回归，但须使用聚类稳健标准误；更一般地，我们允许个体效应的存在。如果 u_i 与解释变量 x_{it} 不相关，则为随机效应模型（RE），反之则为固定效应模型（FE）。对于固定效应的 Tobit 模型，由于难以寻找个体异质性 u_i 的充分统计量，故无法像固定效应的 Logit 或计数模型那样进行条件最大似然估计。如果直接在混合 Tobit 回归中加入面板单位的虚拟变量（类似 LSDV），也得到非一致固定效应估计量。因此，仅考虑随机效应的 Tobit 模型。

在给定个体效应 u_i 和个体 i 条件分布的情况下，公式（6.3）中的个体异质性 u_i 不可观测，可通过检验 " $H_0 : \sigma_u = 0$ "（Stata 中 " $sigma\_u = 0$ "）判断是否存在个体异质性。另外，可以定义同一个体不同期扰动项的自相关系数为 ρ（Stata 中记为 rho），如果 ρ 越大，则复合扰动项（ $u_i + \varepsilon_{it}$ ）中个体效应的部分（ u_i ）越重要。特别地，如果 $\rho = 0$ ，则说明 $\sigma_u^2 = 0$ ，即不存在个体随机效应，而应选择混合回归。可根据 LR 检验结果及对应 p 值，即 Chibar2（p），在随机效应和混合回归中选择；若 LR 检验结果强烈拒绝 " $H_0 : \sigma_u = 0$ "，故认为存在个体效应，应使用随机效应的面板 Tobit 模型，否则使用混合 Tobit 回归。

我们首先以因变量对买方市场势力单变量回归，其次加入卖方势力及交互项，最后添加控制变量。旨在考察核心变量买方市场势力（ $Bmp - \overline{Bmp}$ ）、卖方抗衡势力（ $Smp - \overline{Smp}$ ）和交互项（ $Bmp - \overline{Bmp}$ ） · （ $Smp - \overline{Smp}$ ）系数大小、方向及显著性水平，以探索制药企业产品差异化与横向势力、来自下游买方市场势力的关系，不同类型制药企业受下游客户市场势力的影响程度，卖方抗衡势力所发挥的作用，希冀为子样本分析提供参考基准。表6.3 展现场景1（总体样本）回归结果。

表6.3　　　　　　　　　　　　**总体样本回归结果**

解释变量	模型 1 随机效应	模型 2 随机效应	模型 3 随机效应
Bmp	- 0. 003 *** （- 2. 96）	- 0. 0007 ** （- 2. 21）	- 0. 001 ** （- 2. 34）

续表

解释变量	模型 1 随机效应	模型 2 随机效应	模型 3 随机效应
Smp		0.514 *** (3.43)	0.430 *** (2.81)
Bmp * *Smp*		0.568 (1.57)	0.398 (1.08)
Gprofit			4.640e − 07 ** (2.01)
Roa			0.001 *** (2.88)
Demand			− 0.0006 * (− 1.82)
Capital			0.002 ** (2.24)
Rnd			0.016 ** (2.38)
Ratio			0.004 *** (2.69)
InventPat			2.160e − 05 * (1.77)
UtilityPat			4.540e − 05 * (1.78)
DesignPat			7.340e − 05 ** (2.26)
C	0.022 *** (11.28)	0.024 *** (11.77)	0.024 *** (10.28)
Chibar2 (*p*)	2258.710 (0.000)	2262.890 (0.000)	2260.400 (0.000)
N	1450	1450	1450

注: *** 、** 、* 分别表示10%、5%和1%显著性水平,括号内为回归系数 z 值,下同。

2. 场景 2：企业产品类别子样本

进一步细分和深入展开中，根据中国国民经济行业分类代码，医药制造业主要包括化学药品原料药制造行业（2710）、化学药品制剂制造行业（2720）、中药饮片加工行业（2730）、中成药生产行业（2740）、生物药品制造行业（2761）、基因工程药物和疫苗制造行业（2762）等。结合所选上市制药企业的产品属性，把制药企业总体样本细分为生物制药企业（2761，2762）、化学制药企业（2710，2720）和中药中成药企业（2730，2740）。鉴于不同药企产品的临床用途、生产技术难易程度差异，与下游客户市场交易中的谈判势力呈现异质性。文中细分制药企业，观察来自下游买方市场势力分别对三类上市制药企业及细分企业产品差异化影响程度及卖方抗衡势力大小。表 6.4—6.5 展现生物制药企业及细分企业回归结果，表 6.6—6.7 展现化学制药企业及细分企业回归结果，表 6.8—6.9 展现中药中成药企业及细分企业回归结果。

表 6.4　　　　　　　　　　　生物制药企业回归结果

解释变量	模型 1 随机效应	模型 2 随机效应	模型 3 随机效应
Bmp	-0.012 (-0.55)	-0.005 (-0.85)	-0.003 (-0.51)
Smp		0.653^{***} (2.91)	0.540^{**} (2.44)
Bmp^*Smp		1.112^{**} (2.14)	1.117^{**} (2.23)
$Gprofit$			$4.380e-05^{**}$ (2.24)
Roa			$9.347e-04^{**}$ (2.19)
$Demand$			-0.004^{***} (-2.81)
$Capital$			0.005^{*} (1.75)

续表

解释变量	模型 1 随机效应	模型 2 随机效应	模型 3 随机效应
Rnd			0.042 ** (2.38)
$Ratio$			1.782e − 04 ** (2.02)
$InventPat$			1.300e − 05 ** (2.29)
$UtilityPat$			1.324e − 04 ** (2.41)
$DesignPat$			1.055e − 04 ** (2.23)
C	0.015 *** (4.87)	0.019 *** (5.61)	0.019 *** (4.51)
$Chibar2$ (p)	661.210 (0.000)	667.280 (0.000)	676.010 (0.000)
N	410	410	410

表 6.5 　　　　　　　　　　　　**生物制药细分企业回归结果**

解释变量	生物药品制造企业			基因工程药物和疫苗制造企业		
	模型 1 随机效应	模型 2 随机效应	模型 3 随机效应	模型 1 随机效应	模型 2 随机效应	模型 3 随机效应
Bmp	− 0.019 (− 1.12)	− 0.011 (− 1.48)	− 0.012 (− 1.51)	− 0.004 (− 0.58)	− 0.007 (− 0.84)	− 0.010 (− 1.34)
Smp		0.536 ** (1.99)	0.462 * (1.72)		1.687 *** (3.60)	1.093 ** (2.49)
Bmp * Smp		1.125 * (1.74)	1.053 * (1.66)		0.364 ** (2.43)	0.403 * (1.74)
$Gprofit$			7.630e − 05 ** (2.36)			9.640e − 05 ** (2.18)

续表

解释变量	生物药品制造企业			基因工程药物和疫苗制造企业		
	模型 1 随机效应	模型 2 随机效应	模型 3 随机效应	模型 1 随机效应	模型 2 随机效应	模型 3 随机效应
Roa			3.331e − 03 ** (2.28)			2.118e − 03 ** (2.35)
Demand			− 0.002 (− 1.51)			− 0.005 ** (− 2.30)
Capital			3.174e − 04 ** (2.08)			0.011 *** (2.79)
Rnd			0.026 (1.13)			0.095 *** (3.34)
Ratio			0.010 *** (2.75)			0.005 ** (2.38)
InventPat			7.690e − 06 * (1.71)			2.600e − 05 ** (2.16)
UtilityPat			1.446e − 04 ** (2.25)			2.930e − 05 (0.21)
DesignPat			2.286e − 04 ** (2.00)			1.876e − 04 * (1.69)
C	0.014 *** (3.15)	0.017 *** (3.68)	0.015 ** (2.52)	0.018 *** (4.35)	0.024 *** (5.34)	0.021 *** (3.99)
Chibar2 (p)	416.530 (0.000)	419.600 (0.000)	421.570 (0.000)	248.970 (0.000)	253.050 (0.000)	190.960 (0.000)
N	260	260	260	150	150	150

表 6.6　　　　　　　　　　　化学制药企业回归结果

解释变量	模型 1 随机效应	模型 2 随机效应	模型 3 随机效应
Bmp	− 0.012 (− 1.31)	− 0.010 (− 1.49)	− 0.010 (− 1.56)

续表

解释变量	模型 1 随机效应	模型 2 随机效应	模型 3 随机效应
Smp		0.353^{***} (2.64)	0.331^{**} (2.42)
Bmp^*Smp		0.373^{***} (3.16)	0.315^{***} (3.95)
$Gprofit$			$3.500e-05^{**}$ (2.34)
Roa			$1.032e-03^{*}$ (1.89)
$Demand$			$-5.181e-04^{**}$ (-2.21)
$Capital$			$3.396e-04^{*}$ (1.72)
Rnd			$2.849e-03^{**}$ (2.22)
$Ratio$			0.013^{*} (1.71)
$InventPat$			$1.570e-05^{**}$ (2.36)
$UtilityPat$			$1.700e-05^{***}$ (2.75)
$DesignPat$			$1.510e-05$ (0.24)
C	0.018^{***} (7.69)	0.020^{***} (8.14)	0.021^{***} (7.94)
$Chibar2$ (p)	1378.350 (0.000)	1377.510 (0.000)	1365.200 (0.000)
N	830	830	830

表6.7　　　　　　　　　　　**化学制药细分企业回归结果**

解释变量	化学药品原料药制造企业			化学药品制剂制造企业		
	模型1 随机效应	模型2 随机效应	模型3 随机效应	模型1 随机效应	模型2 随机效应	模型3 随机效应
Bmp	-0.012 (-1.23)	-0.009 (-1.36)	-0.010 (-1.43)	-0.022 (-0.30)	-0.019 (-1.61)	-0.018 (-1.62)
Smp		0.355^{***} (2.65)	0.330^{**} (2.39)		0.376^{*} (1.86)	0.383^{*} (1.84)
Bmp^{*} Smp		0.406^{**} (2.30)	0.345^{***} (3.06)		0.379^{***} (2.90)	0.263^{**} (2.16)
$Gprofit$			$2.870e-05^{**}$ (2.32)			$4.742e-04^{**}$ (2.26)
Roa			$8.799e-03^{**}$ (2.38)			$9.972e-04^{*}$ (1.76)
$Demand$			$-3.517e-04^{*}$ (-1.85)			-0.012^{***} (-5.08)
$Capital$			$4.340e-04^{**}$ (2.35)			$2.362e-04^{*}$ (1.74)
Rnd			0.012^{*} (1.88)			0.025 (0.98)
$Ratio$			$2.760e-03^{**}$ (2.34)			0.033^{**} (2.11)
$InventPat$			$1.670e-05^{*}$ (1.74)			$3.010e-06^{**}$ (2.04)
$UtilityPat$			$2.810e-05^{**}$ (2.22)			$1.170e-05^{**}$ (2.16)
$DesignPat$			$9.070e-05$ (1.20)			$5.450e-05^{*}$ (1.75)
C	0.017^{***} (6.56)	0.019^{***} (7.03)	0.019^{***} (6.36)	0.019^{***} (4.54)	0.021^{***} (4.90)	0.028^{***} (5.87)
$Chibar2$ (p)	1180.110 (0.000)	1180.040 (0.000)	1168.240 (0.000)	593.560 (0.000)	593.200 (0.000)	610.250 (0.000)
N	660	660	660	355	355	355

（1）由表 6.4—6.5 生物制药企业及细分企业回归结果，表 6.6—6.7 化学制药企业及细分企业回归结果，结合表 6.8—6.9 中药中成药企业及细分企业回归结果可得：买方市场势力系数均为负，表明买方市场势力抑制制药企业产品差异化水平。① 拥有市场力量的买方通过设定有益于自身交易条款的方式，从供应商那里获得更低批发价格或得到优惠交易条件以攫取供应商利润，由此压缩供应商利润空间，降低供应商差异化产品生产资金来源。② 企业把产品差异化行为视为区分竞争对手、降低同类产品竞争压力和获得更大市场份额的重要策略，产品差异化程度的提升有助于增强横向市场势力，提高其在纵向交易中的议价地位，往往对需求侧不利，因此买方基于自身利益最大化视角，阻止供应商通过技术创新增加产品类别。③ 下游客户市场势力越强，意味着其市场集中度越高，买卖双方之间的交易频次越高，供应商对买方的过度依赖会使得供应商潜在的经营风险和财务风险增大。基于纵向一体化视角，供应商所依赖的下游客户可能依托竞争优势实施前向一体化战略，此时具有中断与供应商合作关系的较强激励，这样供应商失去了有效获取市场动态变化信息与消费者偏好信息的重要渠道，难以及时根据消费者需求精准指导生产，不利于其实现推广新产品的目的。基于财务风险视角，当拥有市场势力的下游客户深陷财务危机甚至是濒临破产的状态时，会具有将财务风险转嫁给交易伙伴的强烈动机，从而导致供应商的收益大幅下降，不利于其差异化产品生产能力的提升。④ 当下游买方市场势力较大时，意味着供应商与少量客户进行重复的、多频次的集中购买交易，此时供应商对处于产业链优势地位上的买方有较强的依赖性，供应商较高的资产专用性程度，提升了买方在交易过程中的谈判势力。下游买方有极强的激励实施侵占供应商利润的"敲竹杠"行为，从而提高供应商的交易成本，降低供应商的绩效，削弱其差异化产品产出能力。⑤ 较大的买方市场势力增大了供应商所面临的交易风险和经营风险，使得供应商失去了对现有的工艺或产品进行创新性改变所依赖的稳定纵向交易环境，加大了供应商开发差异化产品的难度，降低其在关键技术领域中开展创新活动的积极性，不利于供应商新产品的推出和创新绩效的提升。⑥ 下游客户市场集中度越高，意味着市场交易过程中与供应商发生业务往来的客户数量越少。此集中化战略降低了客户需求的多样性，不利于供应商对客户反馈信息及创新网络中流动性知识的收集，降低向市场推出的差异化产品种类。H_1 得以验证。

（2）表6.4—6.7生物制药企业、化学制药企业及各自细分企业回归结果中，模型1—3中买方市场势力系数非显著，表明来自下游客户的市场势力对生物制药、化学制药及各自细分企业的产品差异化无显著性影响。

（3）表6.4—6.7生物制药企业、化学制药企业及各自细分企业回归结果中，体现纵向市场势力交互作用的 $(Bmp - \overline{Bmp}) \cdot (Smp - \overline{Smp})$ 系数在模型2—3中均在不同显著性水平上为正。由公式（6.2）可得，$\partial Diff_{it} / \partial (Bmp_{it} - \overline{Bmp_{it}}) = \beta_1 + \beta_3 (Smp_{it} - \overline{Smp_{it}})$。当把卖方抗衡势力作为调节变量，生物制药和化学制药企业抗衡势力能够改善买方市场势力对自身产品差异化的负向影响，削弱买方市场势力负效应。也就是说，供应商同样具备一定市场势力，即拥有抗衡势力时，差异化产品生产能力增强。H_4（a）得以验证。

表6.8　　　　　　　　　　　中药中成药企业回归结果

解释变量	模型 1 随机效应	模型 2 随机效应	模型 3 随机效应
Bmp	$-3.692e-04$ ** (-2.06)	-0.014 *** (-2.78)	-0.013 *** (-2.61)
Smp		1.143 *** (3.69)	1.021 *** (3.24)
$Bmp * Smp$		2.264 (0.78)	2.125 (1.58)
$Gprofit$			$1.890e-05$ ** (2.07)
Roa			0.013 * (1.84)
$Demand$			$-4.897e-04$ * (-1.80)
$Capital$			$8.864e-04$ ** (2.42)

续表

解释变量	模型 1 随机效应	模型 2 随机效应	模型 3 随机效应
Rnd			0.070 * (1.83)
$Ratio$			0.012 * (1.76)
$InventPat$			5.940e − 05 *** (2.85)
$UtilityPat$			8.330e − 05 ** (2.15)
$DesignPat$			1.360e − 04 ** (2.34)
C	0.028 *** (7.24)	0.034 *** (8.13)	0.031 *** (6.19)
$Chibar2$ (p)	831.640 (0.000)	839.680 (0.000)	836.260 (0.000)
N	540	540	540

表 6.9　　　　　　　　　中药中成药细分企业回归结果

解释变量	中药饮片加工企业			中成药生产企业		
	模型 1 随机效应	模型 2 随机效应	模型 3 随机效应	模型 1 随机效应	模型 2 随机效应	模型 3 随机效应
Bmp	− 0.00007 ** (− 2.01)	− 0.021 ** (− 2.44)	− 0.024 ** (− 2.00)	− 0.011 * (− 1.84)	− 0.003 *** (− 2.87)	− 0.004 ** (− 2.38)
Smp		1.200 *** (2.93)	1.263 *** (2.98)		1.018 *** (4.06)	0.802 *** (3.16)
Bmp * Smp		2.619 (1.44)	2.521 (1.38)		1.854 (0.36)	1.522 (0.49)
$Gprofit$			4.600e − 04 (0.55)			1.990e − 05 ** (2.09)
Roa			0.043 * (1.76)			4.508e − 03 ** (2.16)

续表

解释变量	中药饮片加工企业			中成药生产企业		
	模型1 随机效应	模型2 随机效应	模型3 随机效应	模型1 随机效应	模型2 随机效应	模型3 随机效应
Demand			-0.005 (-1.62)			-4.937e-04 * (-1.80)
Capital			4.696e-04 ** (2.19)			3.763e-04 ** (2.24)
Rnd			0.043 (0.49)			0.109 *** (3.50)
Ratio			0.031 * (1.72)			3.514e-04 ** (2.02)
InventPat			7.070e-05 * (1.76)			3.470e-05 ** (2.37)
UtilityPat			7.880e-05 ** (2.41)			3.310e-05 ** (2.20)
DesignPat			1.988e-04 ** (2.35)			6.100e-05 * (1.84)
C	0.030 *** (5.27)	0.039 *** (6.05)	0.043 *** (5.28)	0.021 *** (5.49)	0.028 *** (6.67)	0.022 *** (4.44)
Chibar2 (*p*)	439.000 (0.000)	443.890 (0.000)	442.820 (0.000)	521.130 (0.000)	532.350 (0.000)	542.800 (0.000)
N	295	295	295	335	335	335

（1）表6.8—6.9中药中成药及细分企业回归结果中，模型1—3中买方市场势力系数均在不同水平下显著，表明买方市场势力显著降低其差异化产品生产能力。相比中药类企业，生物制药企业和化学制药企业产品供给管制更严格，生产工艺更复杂，提高了买方对制造商产品的相对需求程度，很大程度降低下游客户的外部选择范围，提高了买方的转换成本，赋予上游制造企业更强抗衡势力，验证 H$_3$（a）生物制药、化学制药企业抗衡势力大于中药企业。

（2）表6.8—6.9中药中成药及细分企业回归结果中，交互项（*Bmp* -

$\overline{Bmp}$）·（$Smp - \overline{Smp}$）系数在模型2—3中均非显著为正。表明中药中成药企业不能依靠横向市场势力抗衡来自下游的买方市场势力，下游客户对供应商产品差异化的负效应仍居主导地位，企业横向市场地位难以发挥正向调节作用。证实 H_4（b）。

（3）表6.4—6.9中，以市场份额作为代理变量的卖方抗衡势力系数均为正，且通过不同水平显著性检验，表明制药企业市场份额与产品差异化正相关，验证 H_2。势力更强企业有充分足够高的资金来源和人力资本积累；再生产差异化产品时能够实现规模经济；由于差异化产品生产，有更强激励建立市场进入壁垒。

（4）表6.4—6.9中，对于控制变量，企业利润增长率及衡量企业盈利能力的指标资产收益率与产品差异化正相关，企业成长性和盈利能力所带来的收益能够起到摊薄专用性资产投资、降低差异化产品生产风险的作用，为多样性产品制造提供资金支持。

市场需求增长率系数为负，保持药品当前疗效和技术含量即可满足持续增长的市场需求，由此降低企业竞争压力，导致其缺乏差异化产品生产激励。资本密度与企业产品差异化行为正相关，是员工技术水平和企业整体能力的体现，资本密度高的企业多样化产品生产能力更强。

作为企业经营能力的重要衡量指标，以研发支出强度和研发人员强度为代理变量的创新投入，以发明专利、实用新型专利和外观设计专利为代理变量的创新产出与制药企业产品差异化正相关，企业创新能力为差异化产品生产提供强大技术支撑，实证结果符合理论及预期。

3. 场景3：企业所处地域子样本

我国制药行业呈现地区发展不平衡特征，东中部省份往往集中众多大型、知名制药企业，比如中国医药、华北制药、天津药业、复星医药、恒瑞医药、南京医药、天士力集团、海王药业、丽珠制药等，其产品种类广泛，大多拥有产学研一体化科技创新、医药科研与工程设计平台。建立了生物制药、基因工程制药、麻醉精神药品、抗感染药、心脑血管用药、呼吸系统用药等抗重大疾病药品生产基地和药材基地。西部地区制药企业数量和规模、产品种类、差异化新药品生产能力不如东中部地区，因此把总体样本依地区分组具有现实意义。表6.10展现东部地区制药企业回归结果，表6.11展现中部地区制药企业回归结果，表6.12展现西部地区制药企业回归结果。

表6.10　　　　　　　　　　东部地区制药企业回归结果

解释变量	模型1 随机效应	模型2 随机效应	模型3 随机效应
Bmp	-0.012 (-1.48)	-0.010 (-1.30)	-0.010 (-1.09)
Smp		0.383^{***} (2.64)	0.351^{**} (2.36)
Bmp^*Smp		0.420^{***} (2.79)	0.361^{***} (2.83)
$Gprofit$			$4.960e-06^{**}$ (2.05)
Roa			$6.797e-04^{*}$ (1.75)
$Demand$			$-5.582e-04^{*}$ (-1.84)
$Capital$			$4.880e-04^{**}$ (2.39)
Rnd			0.015^{**} (2.28)
$Ratio$			0.010^{*} (1.73)
$InventPat$			$5.610e-06^{**}$ (2.16)
$UtilityPat$			$9.450e-05^{**}$ (2.33)
$DesignPat$			$4.600e-05^{**}$ (2.19)

续表

解释变量	模型 1 随机效应	模型 2 随机效应	模型 3 随机效应
C	0.019 *** (8.57)	0.020 *** (8.98)	0.021 *** (8.00)
$Chibar2$ (p)	1537.500 (0.000)	1534.690 (0.000)	1531.900 (0.000)
N	940	940	940

表 6.11　　　　　　　　　　中部地区制药企业回归结果

解释变量	模型 1 随机效应	模型 2 随机效应	模型 3 随机效应
Bmp	-0.034 (-1.18)	-0.034 (-1.21)	-0.034 (-1.25)
Smp		0.400 *** (2.74)	0.438 *** (2.83)
$Bmp * Smp$		0.104 ** (2.06)	0.176 *** (3.11)
$Gprofit$			2.236e-04 ** (2.41)
Roa			0.051 *** (2.69)
$Demand$			-5.274e-04 (-1.26)
$Capital$			3.199e-03 ** (2.05)
Rnd			0.063 * (1.77)
$Ratio$			5.857e-03 (0.38)

续表

解释变量	模型 1 随机效应	模型 2 随机效应	模型 3 随机效应
InventPat			2.550e − 05 ** (2.31)
UtilityPat			4.840e − 05 *** (2.63)
DesignPat			2.490e − 05 (0.17)
C	0.030 *** (6.72)	0.031 *** (6.55)	0.038 *** (6.49)
*Chibar*2 (*p*)	476.540 (0.000)	475.950 (0.000)	466.160 (0.000)
N	300	300	300

（1）由表 6.10 东部地区制药企业回归结果，表 6.11 中部地区制药企业回归结果，结合 6.12 西部地区制药企业回归结果可得：对不同地区制药企业，买方市场势力系数均为负，表明买方市场势力抑制制造商产品差异化水平，验证 H_1。

（2）表 6.10—6.11 东中部地区制药企业回归结果中，买方市场势力系数非显著，表明来自下游客户的市场势力对东中部地区制药企业差异化产品生产能力无显著负向影响。

（3）表 6.10—6.11 东中部地区制药企业回归结果中，模型 2—3 中，$(Bmp - \overline{Bmp}) \cdot (Smp - \overline{Smp})$ 系数在不同水平下显著为正，也表明东中部地区制药企业的抗衡势力能够改善来自下游客户的买方市场势力对自身产品差异化的负向影响，削弱买方市场势力的负效应；供应商在横向市场同样具备一定市场势力，即拥有抗衡势力时，差异化产品生产能力增强。H_4（a）得以验证。

表 6.12 西部地区制药企业回归结果

解释变量	模型 1 随机效应	模型 2 随机效应	模型 3 随机效应
Bmp	-0.011^{***} (-2.86)	-0.014^{***} (-2.78)	-0.014^{***} (-2.81)
Smp		5.736^{***} (2.68)	3.907^{*} (1.82)
$Bmp^{*}Smp$		3.055 (0.37)	3.329 (0.41)
$Gprofit$			$4.787e-04^{*}$ (1.74)
Roa			0.007^{*} (1.78)
$Demand$			$-6.405e-03^{**}$ (-2.12)
$Capital$			0.011 (1.48)
Rnd			0.040^{*} (1.66)
$Ratio$			0.021 (0.43)
$InventPat$			$9.678e-04^{***}$ (3.80)
$UtilityPat$			$9.610e-05^{*}$ (1.95)
$DesignPat$			$4.298e-04^{*}$ (1.79)
C	0.031^{***} (4.43)	0.041^{***} (5.04)	0.035^{***} (3.42)
$Chibar2$ (p)	297.400 (0.000)	303.350 (0.000)	291.160 (0.000)
N	210	210	210

（1）表 6.12 西部地区制药企业回归结果中，买方市场势力显著降低

西部地区制药企业差异化产品生产能力。东中部地区制药科技发达程度与制药企业开发新药品能力成为其抗衡势力来源，相对下游抗衡能力强于西部地区，验证 H_3（b）东部、中部地区制药企业抗衡势力大于西部企业。

（2）表6.12 西部地区制药企业回归结果中，$(Bmp - \overline{Bmp}) \cdot (Smp - \overline{Smp})$ 系数在模型2—3中为正但非显著。表明西部地区制药企业不能依靠横向市场势力抗衡来自下游买方市场势力，下游客户在市场交易中的抑制效应仍占主导地位，企业横向市场地位难以发挥正向调节作用。H_4（b）得以验证。

（3）表6.10—6.12 中，以市场份额作为代理变量的卖方抗衡势力系数在不同水平上显著为正，表明制药企业横向市场份额的增加有助于差异化产品生产行为，证实 H_2。控制变量除显著性水平外，符号方向均与表6.4—6.9 一致，体现控制变量对企业差异化产品生产行为相同的影响机理。

4. 场景4：企业所有权属性子样本

国有企业由中央或地方政府投资或参与控制，各级国资委管理，其设立通常以实现国家调节经济为目标。企业资产归国家所有，生产经营组织形式同时具有营利法人和公益法人的特点，行为受政府的意志和利益决定，在市场交易中的地位具有与私有企业相异的特点。文中进一步按所有权属性，把制药企业细分为国有企业和私有企业，以探索所有权异质性制药企业受下游客户的影响程度，卖方抗衡势力所发挥的作用，表6.13 展现国有制药企业和私有制药企业回归结果。

表6.13　　　　　　　　**国有制药企业和私有制药企业回归结果**

解释变量	国有制药企业			私有制药企业		
	模型1 随机效应	模型2 随机效应	模型3 随机效应	模型1 随机效应	模型2 随机效应	模型3 随机效应
Bmp	−0.018 （−1.54）	−0.012 （−1.54）	−0.013 （−1.57）	−2.140−05 ** （−2.01）	−7.845e−04 * （−1.77）	−3.978e−04 * （−1.71）
Smp		0.260 * （1.71）	0.203 ** （2.23）		0.712 ** （2.16）	0.601 * （1.81）
Bmp * Smp		0.507 ** （2.23）	0.364 *** （2.81）		0.341 （0.39）	0.175 （0.20）

续表

解释变量	国有制药企业			私有制药企业		
	模型 1 随机效应	模型 2 随机效应	模型 3 随机效应	模型 1 随机效应	模型 2 随机效应	模型 3 随机效应
Gprofit			4.050e - 05 ** (2.24)			1.450e - 05 ** (2.13)
Roa			7.640e - 05 * (1.70)			1.195e - 03 * (1.88)
Demand			- 0.009 ** (- 2.49)			- 5.411e - 04 (- 1.51)
Capital			2.073e - 03 * (1.73)			2.078e - 03 ** (2.36)
Rnd			0.018 (0.74)			0.015 ** (2.11)
Ratio			6.999e - 03 * (1.73)			4.228e - 03 ** (2.15)
InventPat			5.430e - 05 * (1.80)			4.740e - 05 ** (2.13)
UtilityPat			1.650e - 05 ** (2.33)			5.940e - 05 ** (2.03)
DesignPat			5.170e - 05 ** (2.39)			1.144e - 04 * (1.66)
C	0.015 *** (4.09)	0.018 *** (4.45)	0.019 *** (4.08)	0.024 *** (10.47)	0.025 *** (10.56)	0.025 *** (9.21)
Chibar2 (*p*)	327.350 (0.000)	327.310 (0.000)	328.920 (0.000)	1893.930 (0.000)	1901.710 (0.000)	1898.660 (0.000)
N	275	275	275	1175	1175	1175

（1）买方市场势力对私有企业产品差异化影响显著为负，未发现对国有企业显著负向影响，证实 H_1。当前我国正处于新兴且转轨的市场经济环境下，国有企业受政府更大程度的干预，政治关联性更强，明显比私有企业更有政治关系优势。当国有企业面临经营风险或陷入财务困境时，面临外部融资约束程度更低，更能够享受政策优势带来的益处，且能凭借政治资源获得更多垄断资源和稀缺性关键资源，有助于企业自身的成长和规

模的扩大。其规模的扩大和垄断资源、稀缺性资源的获取，所带来的差异化产品生产能力的提升，同时通过政治关联优势形成的产品定价能力及抵御风险的能力，成为抗衡势力的重要来源。私有企业相对国有企业所不具备的资金与资源优势、政治关联优势，成为规模扩大、提升差异化产品生产能力及获得定价权的阻碍，其在市场交易中的谈判势力和议价势力远远弱于国有企业。证实 H_3（c）国有企业抗衡势力强于私有企业。

（2）制药企业市场份额均与产品差异化在不同显著性水平上正相关。国有企业回归结果中，$(Bmp - \overline{Bmp}) \cdot (Smp - \overline{Smp})$ 系数显著为正，表明国有制药企业抗衡势力能够改善买方市场势力对自身产品差异化的负向影响，削弱买方市场势力负效应；对于私有企业，交互项系数为正但非显著，H_2，H_4（a）、（b）得以验证。控制变量除显著性水平外，符号方向与表6.4—6.12一致。

5. 场景5：企业规模子样本

在上述分组的基础上，可深入考虑按规模（企业总资产）把总体样本分为大规模企业与小规模企业。首先计算总体样本2014—2018年总资产 a_i 均值 $\bar{x}_i$，其次得出290个截面单元均值 $\bar{y}_i$，其中 $\bar{x}_i, \bar{y}_i$ 的表达式如下：

$$\bar{x}_i = (\sum_{i}^{209} a_{i2014} + a_{i2015} + \cdots + a_{i2018})/290 \times 5$$

$$\bar{y}_i = (a_{i2014} + a_{i2015} + \cdots + a_{i2018})/5 \ (i = 1, 2, \cdots, 290)$$

定义 $\bar{y}_i > \bar{x}_i$ 为大规模企业，$\bar{y}_i < \bar{x}_i$ 为小规模企业，表6.14展现大规模制药企业和小规模制药企业回归结果。

表6.14　　　　　大规模制药企业和小规模制药企业回归结果

解释变量	大规模制药企业			小规模制药企业		
	模型1 随机效应	模型2 随机效应	模型3 随机效应	模型1 随机效应	模型2 随机效应	模型3 随机效应
Bmp	-0.024 (-1.19)	-0.025 (-1.54)	-0.025 (-1.49)	-0.004 ** (-2.02)	-0.007 ** (-2.35)	-0.006 ** (-2.13)
Smp		0.309 * (1.85)	0.212 ** (2.23)		1.630 ** (1.96)	1.286 *** (3.55)

续表

解释变量	大规模制药企业			小规模制药企业		
	模型 1 随机效应	模型 2 随机效应	模型 3 随机效应	模型 1 随机效应	模型 2 随机效应	模型 3 随机效应
Bmp^*Smp		0.088** (2.24)	0.136** (2.35)		1.730 (0.68)	0.957 (0.38)
$Gprofit$			2.171e−04* (1.73)			2.450e−05** (2.26)
Roa			6.349e−04** (2.25)			8.546e−03** (2.01)
$Demand$			−5.964e−04* (−1.85)			−5.672e−04* (−1.73)
$Capital$			7.917e−04** (2.37)			7.498e−03** (2.28)
Rnd			0.091 (1.54)			0.007*** (2.59)
$Ratio$			0.022* (1.79)			4.408e−03** (2.08)
$InventPat$			8.030e−06* (1.73)			3.130e−05** (2.37)
$UtilityPat$			2.730e−05** (2.07)			1.585e−04** (2.06)
$DesignPat$			3.660e−05 (0.33)			9.470e−05* (1.82)
C	0.016*** (3.39)	0.021*** (3.89)	0.016*** (2.68)	0.024*** (11.23)	0.026*** (10.69)	0.028*** (9.98)
$Chibar2$ (p)	557.560 (0.000)	559.910 (0.000)	536.260 (0.000)	1700.960 (0.000)	1713.580 (0.000)	1723.730 (0.000)
N	285	285	285	1165	1165	1165

（1）买方市场势力显著降低小规模企业的产品差异化水平，但对大规模企业的负向影响非显著，证实 H_1。大规模企业具有规模大、资金充裕、

融资方便、资源易获取等诸多优势，能够在确保高风险研发项目的融资安全方面提供保障。大规模企业更能够承担差异化产品生产活动需要的资金，其差异化产品生产能力成为抗衡势力的重要来源。小规模企业由于自身规模较小、实力普遍较弱，受限于财务约束和研发资金约束，大多停留在模仿和低层次仿制药生产层面，产品工序简单且替代性较强；缺乏开发临床效果好、治疗重大疾病的新药品的能力，市场交易中相对买方的议价势力和谈判势力较弱，难以抗衡拥有强大势力的下游客户，产品差异化水平明显受到抑制。而且小企业还面临着激烈的同行业竞争，很难通过提高产品价格或在边际成本之上制定较高价格缓解来自买方的各种压力，使得创新资金获取、差异化产品生产能力受到限制。证实 H_3（d）大规模企业抗衡势力强于小规模企业。

（2）制药企业市场份额与产品差异化在不同显著性水平上正相关。对于大规模企业，交互项（$Bmp - \overline{Bmp}$）·（$Smp - \overline{Smp}$）系数在 0.050 水平上显著为正，表明大规模药企在横向市场同样具备一定市场势力，拥有抗衡势力时，差异化产品生产能力增强。对于小规模药企，交互项系数为正但非显著，H_2，H_4（a）、（b）得以证实。控制变量除显著性水平差异，符号仍保持稳健性。

四　本章小结

本章仍基于相同数据库，探索来自下游客户买方市场势力对制药企业产品差异化的影响，实证结论如下：

第一，四类子样本回归结果中，买方市场势力系数均为负，表明来自下游买方市场势力抑制制药企业差异化产品生产能力的提升。证实制药企业面临的买方市场势力确实存在且具有普遍性，来自下游客户的市场势力对纵向关系的扭曲，支持买方市场势力的存在是不利的这一观点。

第二，当供应商卖方抗衡势力以市场份额衡量时，其系数均为正，表明制药企业市场份额与差异化产品生产行为正相关，支持熊彼特假说。

第三，买方市场势力对中药中成药企业及细分企业、西部地区制药企业、私有企业和小规模企业有显著负向影响，表明其不能依靠横向市场势力与来自下游的买方市场势力相抗衡，下游客户在市场交易中对供应商产品差异化的负向影响仍占主导地位，企业横向市场地位难以发挥正向调节作用。

买方市场势力对生物制药企业及细分企业、化学制药企业及细分企业、东中部地区制药企业、国有企业和大规模企业的负向影响非显著，当把卖方抗衡势力作为调节变量时，其能够改善下游客户市场势力对产品差异化的负向影响，削弱买方市场势力负效应。即制药企业拥有与买方相抗衡的势力时，能够提升差异化产品生产能力。

本书丰富扩展了已有关于上游产业抗衡势力来源的研究，能够从产业组织层面为制药企业差异化产品生产行为的解释提供理论依据。把下游产业的买方市场势力和上游产业的横向市场中的企业特征联系起来，体现了产业组织中买卖双方作用方式的背后机制。

第四，市场需求增长率的增加降低制药企业差异化产品生产激励；利润持续增长和资产收益率增加为制药企业产品差异化水平提升提供资金支持；资本密度高的制药企业差异化产品生产能力更强；研发支出强度、研发人员强度、发明专利、实用新型专利和外观设计专利为差异化产品生产提供强大技术支撑。

第七章
买方市场势力对供应商资产
专用性影响的实证研究

一　问题提出

专用性资产投资能够给企业带来差异化竞争优势和满足顾客的个性化需求，有助于企业提升产品竞争力和打造核心竞争力，获得竞争对手难以完全模仿和替代的优势。从而使得企业盈利能力增强，内部经营积累的留存收益也随之增加，综合价值得以提升。因此企业不仅应重视专用性资产的使用，还应适当加大对专用性资产的投入力度。制药产业作为典型的高新技术产业，只有不断进行自主研发与创新，重视与加大对专用性资产的投入力度，才能增强新药品的开发能力和全面提升竞争力。

参考 Williamson（1985）对资产专用性六个维度（即物质资产专用性、场地专用性、品牌资产专用性、人力资产专用性、特定用途资产及暂时性资产专用性）的分析可知，制药行业是专用性资产投资极具代表性的行业，研究这个行业的资产专用性情况，具有典型意义。

对企业资产专用性的研究主要从企业层面因素展开，包括资产负债率、股东权益比率、产权比率、盈利能力、代理成本、资产变现能力、资产运营效率、企业价值、企业所有权性质、外部经济环境和内部战略规划等，对来自下游客户市场势力因素的研究较少。而且，自从 Williamson（1985）提出资产专用性理论以来，主要从理论视角考察纵向势力的影响，经验研究数量极少。

在传统的结构—行为—绩效（SCP）分析框架的基础上，本章依旧对产业链的层级进行了扩展，由一层产业链扩展至两层产业链，将产业组织中下游客户的市场势力因素纳入对上游产业资产专用性影响的分析中。基于产业链纵向关系新视角，首先构造买方市场势力、卖方抗衡势力等主要变量，依托面板 Tobit 模型，在第四、五章的基础上进一步探索来自下游买方市场势力对制药企业资产专用性的影响。然后将总体样本按照产品类别、所处地域、所有权性质和规模进行分组，分析在这种影响过程中，制药企业在不同竞争模式下抗衡势力的形成机理及效应。专用性资产投资也与新药品的开发能力相关联，是第四、五章的深层次拓展。

二　研究设计

（一）数据来源
数据来源同第四章"研究设计"。

（二）变量定义
1. 因变量资产专用性

Williamson（1985）把资产专用性定义为不牺牲其生产价值的前提下，某项资产能够被重新配置于其他替代用途或是被替代使用者重新调配使用的程度，但并未寻找到资产专用性科学合理的替代变量。Cushing and McCarty（1996）依据清算前后的价值比例，运用应收账款、存货、固定资产、其他非流动资产分别与总资产的比率，加权计算出一个指数方程作为资产专用性的衡量指标，且该加权综合比率越高，资产专用性越强。在 Cushing and McCarty（1996）的基础上，李青原和王永海（2006）运用主成分分析法，以资产专用指数、资产退出价值和清算价值等构建更为综合性的评价指标测度资产专用性。Mocnik（2001）、钱春海等（2002）、王永海和范明（2004）认为企业建立品牌优势很大程度依靠技术开发，同时将品牌向市场推广并获得大众青睐又离不开广告投入，以企业研发投入与广告宣传费之和占销售收入比值衡量专用性资产的投入程度。周煜皓和张盛勇（2014）在探索金融错配、资产专用性和资本结构的关系时，以固定资产净值、在建工程净值、无形资产净值及长期待摊费用净值之和占总资产比值衡量资产专用性。文中参考周煜皓和张盛勇（2014）的研究，在数据可获得的情形下，以制药企业固定资产占总产值比值作为资产专用性的替代变量。

2. 自变量买方市场势力和卖方抗衡势力

本章对买方市场势力和卖方抗衡势力衡量指标的选取及说明同第三章，仍以 Wind 数据库 2014—2018 年每家上市制药企业总销售额中，下游最大五家客户交易量占比作为买方市场势力的代理变量，以每家制药企业市场份额（年度销售收入占行业销售收入比值）作为卖方抗衡势力的代理变量。

3. 影响企业资产专用性的控制变量

专用性资产一般为企业营利性资产，企业进行专用性资产投资后，就需要进行投融资活动。一方面，最为稳妥的就是利用企业留存收益进行内源融资，这样不仅可以保证股东收益，也能避免企业价值因外部融资带来的下跌风险。利润增长率和资产收益率（Roa）反映企业成长性和盈利能力，能够为企业专用性资产投资提供内源融资需求，因此把两者作为影响企业资产专用性的重要控制变量，并预测两者与因变量正相关。另一方面，当企业没有足够的留存收益满足融资需求时，可考虑外源融资。外源融资又包括股权融资和债务融资，当企业资产负债率较高时，一般会对专用性资产投资持谨慎态度，因为一旦市场需求未达预期或者市场上同类产品替代性较高时，企业往往面临财务困境或经营风险，同时必须满足债权人还本付息要求，甚至面临破产风险，因此企业资产负债率往往与资产专用性负相关。

股权融资是一种更为复杂的专断性内部治理结构，其特征是股票持有者在收益和资产清算两方面都有剩余索取权，股票无需还本。虽然资产专用性程度同样影响股权融资成本，因为资产清算和剩余索取权也依赖于资产的可转移性，资产专用性程度越高，企业财产破产清算价值就越低，股东的剩余索取权益就越难保障。但是债券融资成本总比股权融资成本上升更快，因为市场治理（债券融资）往往要强迫清算，而股权治理则可以在内部作出适当调整，有可能避免更大损失，预计股东权益总额占总资产比值与资产专用性正相关。企业总资产等于负债与股东权益总额之和，资产负债率与股东权益比例存在多重共线性，本章只保留控制变量资产负债率。

专用性人力资产在制药企业总资产中占据重要地位，那些高知识结构、高学历层次员工实际上也是企业不可多得的专门财富，拥有这类专门技能的人将会与企业建立更加固定的关系，由此把资本密度纳入影响企业资产专用性的控制变量中，定义为固定资产与员工总数的比值。对于制药企业，每种类型的药品需要特定生产工艺和生产设备，产品差异化程度越高，生产线资金投入越高，两者紧密相连，据此把产品差异化纳入影响企业资产专用性的控制变量集，以企业广告宣传支出占销售收入比值进行衡量。

在核心变量及控制变量的构建与处理过程中，依托指数平滑法对缺失数据进行预测以达到扩充数据容量的目的，计量软件为 Stata 12.0，表7.1 呈现各变量、单位、符号、定义和系数预期。

表7.1　　　　　　　　　　变量单位、定义和符号预期

变量类型	变量	单位	符号	定义	系数预期
被解释变量	资产专用性	比值	$Diff$	固定资产投资额占资产总额比值	—
解释变量	买方市场势力	比值	Bmp	下游最大五家客户交易量占比	负号
	卖方抗衡势力	比值	Smp	企业销量在行业中市场份额	正号
	买卖双方势力交互项	比值·比值	$Bmp \cdot Smp$	企业下游最大五家客户交易量占比·企业市场份额	正号
控制变量	利润增长率	比值	$Gprofit$	当期利润总额与滞后一期差占后者比值	正号
	资产收益率	比值	Roa	净利润占总资产比值	正号
	资产负债率	比值	Lev	年末负债总额与资产总额的比值	负号
	资本密度	百万	$Capital$	固定资产除以员工总数	正号
	产品差异化	比值	$Diff$	广告宣传费占年度销售收入比值	正号

（三）计量模型设定

对企业资产专用性的研究中，国内外学者主要从企业特征视角展开，如公司治理（Cushing and McCarty，1996）、企业借贷能力（Mocnik，2001）、公司资本结构（李青原和王永海，2006；钱春海等，2002；王永海和范明，2004；周煜皓和张盛勇，2014），极少考虑买方市场势力的影响，而产业链交易伙伴又是重要利益相关者，其市场势力对供应商专用性资产投资的影响显著，本章从纵向视角探索来自下游客户市场势力的影响。参考代表性研究（Köhler and Rammer，2012；Peters，2000；丁正良和于冠一，2019），计量模型中加入买方市场势力卖方抗衡势力交互项，探索卖方抗衡势力作为调节变量在买方市场势力对供应商资产专用性影响中的制约和调节作用，据此构建如下基本模型：

$$Asset = F((Bmp - \overline{Bmp}),(Smp - \overline{Smp}),(Bmp - \overline{Bmp}) \cdot (Smp - \overline{Smp}), X,\cdots\cdots) \tag{7.1}$$

$Asset$ 代表因变量资产专用性，买方市场势力（$Bmp - \overline{Bmp}$）作为核心自变量，文中主要经验证明其与供应商资产专用之间的关系，对理论研究中正反效应进行验证，体现经验研究意义。卖方抗衡势力（$Smp - \overline{Smp}$）反映供应商市场状况或竞争环境与资产专用性的关系，同时与买方市场势力构成交互项组成要素。两者乘积（$Bmp - \overline{Bmp}$）·（$Smp - \overline{Smp}$）为上下游市场势力交互项，体现买方市场势力和供应商市场势力的交互影响，卖方势力（$Smp - \overline{Smp}$）作为调节变量（抗衡势力）影响买方市场势力与自身资产专用性关系。

X 为表征企业特定特征，影响其资产专用性的控制变量。通过对自变量和控制变量的选择，公式（7.1）可具体化为如下一般计量模型：

$$\begin{aligned} Asset_{it} = &\beta_0 + \beta_1(Bmp_{it} - \overline{Bmp_{it}}) + \beta_2(Smp_{it} - \overline{Smp_{it}}) \\ &+ \beta_3((Bmp_{it} - \overline{Bmp_{it}}) \cdot (Smp_{it} - \overline{Smp_{it}})) \\ &+ \beta_4 Grofit_{it} + \beta_5 Roa_{it} + \beta_6 Lev_{it} + \beta_7 Capital_{it} \\ &+ \beta_8 Diff_{it} + \varepsilon_{it} \end{aligned} \tag{7.2}$$

其中 $\beta_0 \sim \beta_8$ 均为待估参数，以关注对结果起决定作用的核心变量买方市场势力（$Bmp - \overline{Bmp}$）、卖方抗衡势力（$Smp - \overline{Smp}$）及两者交互项

$(Bmp - \overline{Bmp}) \cdot (Smp - \overline{Smp})$ 系数大小和方向变化。

（四）理论分析及假设提出

随着近年来上下游产业分工协作程度的加深，客户带动供应商企业发展的现象越来越普遍（王丹等，2020）。陈宏明和张畅（2017）也指出企业处于一个由交换关系组成且环境不确定的网络中，企业的生存依赖于网络中的其他成员。自从利益相关者管理理论提出以来，越来越多的学者愈发关注作为供应链下游的客户这一重要的利益相关者对企业生产经营和发展战略等各项决策的影响。专用性资产投资能够给企业带来差异化竞争优势和满足顾客的个性化需求，有助于企业提升产品竞争力和打造核心竞争力，获得竞争对手难以完全模仿和替代的优势，是企业的一项重要战略决策，而来自下游客户的市场势力在供应商的这一策略中扮演着重要角色。

第一，基于风险预防视角，当下游客户具有较强的市场势力时，会使得供应商暴露于一定的风险中，此风险的第一大来源是客户转换供应商或者有足够的实力通过前向一体化开发自有品牌商品（王丹等，2020），在供应商短期内又难以寻找到交易伙伴的情形下，会导致销售额大幅降低。基于防范客户资源流失和合作关系破裂的实际需求，供应商往往需要保持更多的现金以抵御不可预知的外部环境变化所带来的冲击，进而减少了专用性资产投资。此风险的第二大来源是大客户面临销售业绩下降、陷入财务困境或者濒临破产边缘（王丹等，2020），如果供应商过度依赖最大客户，其经营业绩会随着下游客户的销售情况而不断波动，对下游客户的过度依赖也会引起供应商的担忧，从而不得不保持充足的资金流动性以应对外部冲击，也会减少专用性资产投资。

第二，基于交易方式视角，一方面，强势买方往往会通过终止交易关系或产品下架等手段对供应商实施可置信威胁，凭借降低产品批发价格、价格折扣、数量折扣、收取各种类别的通道费、无条件返利等方式攫取供应商的利润，使得利润由供应商层面向自身层面流动，压缩供应商的利润空间，导致供应商缺乏足够的资金从事投资行为。另一方面，强势买方往往会要求优于正常交易条件下的各种优惠交易条件，比如延迟支付货款、延长付款期限、扩大赊账金额、延长商业信用等，该行为会较大程度占用供应商的流动性资金，降低应收账款周转率，应收账款周转率的降低严重影响供应商的资本流动性，减少其可自由支配的资金。企业的自由现金流是投资决策的重要影响因素，当资产流动性下降时，管理层在扩大投资规模时可能受限于资金约束，不得不放弃某些净现值为正的项目，导致专用性投资不足。

第三，基于交易成本视角，交易成本理论最早由 Coase（1937）提出，提出了有关"企业为什么会存在""企业的本质是什么""企业与市场之间的边界何在"等相关议题，其在研究企业与市场关系时将企业从"黑箱"体系中释放出来。

Williamson（1975）把交易成本分为搜寻成本（商品信息与交易对象信息的收集），信息成本（取得交易对象信息及与交易对象进行信息交换所需的成本），议价成本（针对契约、商品质量和价格讨价还价的成本），决策成本（进行相关决策与签订契约所需的内部成本），监督成本（监督交易对象是否按照契约内容进行交易的成本，例如追踪产品、监督和验货），违约成本（违约时所需付出的事后成本）。[1] 当客户市场集中度较高时，这种大客户会增加经营环境和交易环境的不确定性，由此会增加企业的上述交易成本及项目投资失败的成本。在企业管理层风险偏好既定的条件下，可能会为了规避风险而搁浅或者放弃某些 NPV 为正的项目，进而导致投资不足。

第四，基于不完全契约和机会主义行为视角，契约的不完全性是指契约不可能做到完备的程度，可以从三个方面进行解释。首先，在复杂的、难以预测的市场环境中，交易双方难以把所有的条款都纳入契约中，并为可能发生的各种情况都制定应对措施。其次，即使能够作出单个计划，缔约各方也很难就这些计划达成协议，因为双方很难找到一种共同的语言来描述各种情况和行为。再次，即使双方可以对将来进行计划和协商，在出现纠纷的时候，外部权威（比如法院）能够明确这些计划是什么意思并强制加以执行。[2] 事后机会主义行为是指缔约方在协议签订以后利用信息

---

[1]　信息来源及详细内容参见 https：//baike. so. com/doc/6347317 - 6560942. html。

[2]　信息来源及详细内容参见 https：//baike. so. com/doc/6621320 - 6835117. html。

不对称与信息优势，通过减少自身的要素投入或采取机会主义行为，违背合同或钻合同的空子，采取隐蔽行动以实现自身效用最大化从而影响组织效率的行为。[①] 契约的不完全性为事后机会主义行为提供了便利条件。

专用性资产包括物质资产、场地资产、品牌资产、人力资产、特定用途资产及暂时性资产。作为"可置信承诺"信号的关系专用性投资，有助于交易伙伴建立长期的合作关系，及维持稳定的业务关系，也具有投入某一特定的交易关系而被锁定的特点（徐虹等，2016）。一旦双方作出专用性资产投资，则互相具有依赖性，无论哪一方转换合作伙伴均会增加交易成本。一旦既有关系或制度规则被打破，专用性资产的使用价值则大打折扣甚至几乎完全消失，投资方将付出巨大的转置和退出成本，容易产生"套牢"效应。

当下游市场集中度较高时，表明下游客户越集中，供应商不得不依赖掌握销售渠道的少数几个客户，此时客户转换供应商引致的成本小于供应商转换客户引致的成本，供应商对维护交易关系的需求更强烈及对客户的依赖性更强，下游客户则在供应链中处于优势地位，此时买方实施机会主义行为和供应商被"敲竹杠"的现象可能发生。

对于制药企业，各种药品的生产都需要特定的原材料、厂房、生产环境、技术人员、附属设施等，很难转作他用，资产专用性程度极高。当供应商面对下游势力强大的客户时，若预料到在专用性资产项目已投资的事后谈判中，买方可能凭借不完全契约实施机会主义行为，自身处于被"锁住"或"套牢"的劣势地位而失去话语权，不得不满足客户提出的苛刻条件而导致自身处于被控制的状态时，会减少专用性资产投资数额。

综上所述，当买方拥有较强的议价能力时，会使得供应商持有的预防性资金增加，压缩供应商的利润空间，占用供应商的流动性资金，增大供应商的交易成本及项目投资失败的成本，使得供应商面临的机会主义行为风险增大。这些会加大供应商的融资约束、融资成本、财务风险、交易成本和投资风险，影响供应商的投资决策，减少供应商的专用性资产投资数额，从而降低资产专用性水平。据此，本书提出研究假设 H_1：

[①] 信息来源及详细内容参见 https：//baike. so. com/doc/5997987 - 6210960. html。

H_1：买方市场势力与制药企业资产专用性呈负相关关系，买方市场势力降低供应商资产专用性程度，即降低供应商固定资产投资额在总资产中的比重。

市场势力理论认为企业通过横向并购收购同行业内其他企业，通过纵向并购或混合并购收购产业链纵向关联行业的企业，目的在于提高市场占有率和寻求占据市场支配地位。以这一理论为基础，企业在兼并一个竞争对手后，不仅降低了现有竞争者的市场份额，而且提高了其定价能力和对市场的控制能力，从而能够获得更多的超额利润。Bowsher and Meeks（2008）、Irvine et al.，（2009）表明企业市场占有率的提高能够增强其市场势力，从而提升市场绩效和盈利能力。Schumpeter（1942）认为只有那些具有垄断市场势力的企业才能够有效阻止创新产品被模仿，才能获得超额利润。三者均认为企业的市场势力与利润正相关，即市场势力的提升有助于提升盈利水平；当企业拥有充足的资金时，能够降低融资约束和融资成本，为投资行为提供资金支持；这样建立起市场势力与专用性资产投资行为的正向关联关系。本书以每个制药企业的市场份额（年度销售收入占行业销售收入比值）衡量其市场势力，表明市场份额越大，横向市场中相对竞争对手的市场势力越大，竞争优势越强。据此，本书提出研究假设 H_2：

H_2：企业横向市场份额与资产专用性正相关。

基于企业产品类别视角，依据第四章至第六章对资源基础理论的分析，Wernerfelt（1984）首先于《企业的资源基础理论》一文中提出资源基础理论，认为企业获利能力不同的重要影响因素是资源方面的差异，异质性的资源也决定了企业竞争力的差异。只有资源符合有价值、稀缺、无法仿制、难以替代四个条件时，才可以作为竞争优势的基础。刘端和王竹青（2017）指出纵向市场条件下，买卖双方进行市场交易中，资源的稀缺性对提高议价能力、增强对产业链的控制力和争夺定价权起到关键作用。掌握稀缺资源的一方提高了交易伙伴的依赖程度，在谈判过程中占据优势地位，拥有更多的话语权。

对于现实市场，同一行业内部始终存在着竞争。纵向市场结构中，上游卖方更多处于竞争性市场结构中且拥有一定市场势力，但很少处于垄断或寡头垄断市场结构中且在行业中居于主导地位和拥有支配性市场势力，对于下游买方也是如此，这样买卖双方均具有外部选择价值。若上游存在大量在位者企业和潜在进入者企业，而下游在位者企业和潜在进入者企业较少，则买方的外部选择价值大于卖方的外部选择价值，那么买方的谈判势力相对较强。基于对第四—六章外部选择价值产生的常见途径的分析，本章概括为供应商的潜在进入者数量、供应商产品的替代性和供应商所处的市场结构类型。若上游存在大量能够提供更高质量产品和服务的潜在进入者，买方可以在不同企业的产品之间进行比较，供应商处于竞争性市场结构，均能够提高买方的外部选择价值。即供应商提供的产品使用价值越相似、替代性越强，上游市场中供应商竞争越激烈，买方的外部选择价值越大。

基于资源基础理论和外部选择价值理论，生物制药和化学制药相比中药拥有更严格的生产标准和生产程序，受监管部门的管制更严格，技术壁垒更高，尤其在治疗关乎人类生命的重大特大疾病的过程中发挥着无可替代的作用。对于某类药品，可能仅由一家或几家企业拥有 GMP（《药品生产质量管理规范》）认证资格，这样就提高了交易伙伴的相对依赖程度，更能够凭借产品优势减少预防性资金需求，减轻拥有市场势力的买方对其经营绩效的抑制作用，降低大客户对经营环境和交易环境带来的不确定性，缓冲下游客户传导而来的交易风险。供应商即使预测到不完全契约引致的买方机会主义行为，也敢于增加专用性资产投资，因为产品特征使得自身为拥有稀缺资源的一方，即使失去现在的客户，也易于寻找到替代客户，能够更好地应对下游客户的"敲竹杠"行为。上述因素均能够削弱下游客户的市场势力对供应商专用性资产投资的负向影响，弱化买方市场势力对供应商资产专用性的负效应。

西部地区从资源储备、地区医药产业链互补、开发新药品的能力、研发与产业化、平台和发展环境等方面来看，均落后于东中部地区。基于资源基础理论和外部选择价值理论，东中部地区制药科技发达程度与制药企业对新药品的开发能力，成为市场交易中拥有稀缺资源的一方，提高了买方的依赖程度，降低了买方的外部选择价值，能够改善买方市场势力对制药企业专用性资产投资的抑制作用，削弱买方市场势力对制药企业资产专用性水平的负面影响。

基于企业所有权属性视角，在我国特殊的制度背景下，主要存在着国有企业和私有企业两种不同性质的企业；产权制度呈现异质性的企业，其行为决策、政府扶持力度、经营目标、经营绩效和长期发展受差异化生产经营环境的影响很大。

国有企业由中央或地方政府投资或参与控制，全部资本或主要股份归国家所有，关系到国民经济的命脉，最终控制人为各级政府机构，除了满足一定的业绩指标和实现成长性要求之外，还肩负着多重职能，比如调节社会经济秩序、增加就业、保障民生、保护环境、维护国家战略安全等。这样，国有企业与政府存在着天然的联系，在地方政府的扶持下能够获得充足的信贷资源，面临的融资约束往往较小，故而并不过度依赖于内部资金（钱晓东，2019）。除此之外，国有企业还享有国家给予的一系列政策性优惠，比如项目投资补贴、财政补贴、稀缺生产资料的获取、产品供销网络的建立、外贸税收优惠、亏损弥补和破产时的特殊照顾等。而私有企业在市场中长期处于弱势地位，更不容易获得信贷支持，通常面临着高融资约束和预算硬约束的短板，而且获得政策优惠的力度远不及国有企业。因而，国有企业更能够化解下游客户传导而来的资金流动性风险和机会主义风险，降低融资成本和交易成本、降低对下游客户的依赖程度，增强自身在纵向交易过程中的风险承受与抵御能力，减弱买方市场势力对制药企业资产专用性水平的负面影响。

基于企业规模视角，由第四—六章的分析可得，第一，大规模企业在规模经济、抵御风险和融资渠道方面具有相对优势。

大规模企业拥有"规模经济"与"范围经济"优势，能够促进人力资源、物质资源、技术资源等各种关键性资源的合理配置和有效整合，提高资源的利用率，能够以较低的投入获得较大的产出，弥补纵向交易过程中强势买方对自身利润空间的挤压。

大规模企业拥有较强的抵御风险能力，若买方根据对消费者偏好、销售额或市场占有率的调查，认为某个新产品未获得市场认可而降低需求时；或者买卖双方未就利益分配达成一致意见，企业面临强势买方终止合约或转换供应商的威胁时，能够凭借规模优势化解此类市场风险和交易风险，减少预防性资金持有需求。

投资者为企业提供融资时天生具有谨慎性倾向（吴祖光，2017），规模能够起到传递"积极信号"的作用，大规模企业在市场交易中能够凭借"规模"商标为自身树立良好的企业形象和商业信誉，信息不对称程度低。在货币市场或资本市场上，个人、金融机构等投资者往往依据企业规模大小评估其偿还贷款能力和发展能力。因此，大规模企业面临的融资约束程度更低，易于通过融资弥补投资活动对现金的需求，从而缓解现金流风险，有助于企业避免陷入财务困境并改善财务健康程度（赵秀云和鲍群，2014），从而减弱客户集中对专用性资产投资的抑制作用。

综上所述，大规模企业具有的上述优势更能够削弱客户集中带来的利润降低、预防性资金持有需求及投资活动的融资需求对资产专用性水平的负向影响。

第二，大规模企业具有经营弹性与韧性优势。就投入和收益视角来看，企业的投资行为本身具有较高的风险性，专用性资产投资对于制药企业来说也是如此。若下游客户较集中，买方实施机会主义行为和供应商被"敲竹杠"的现象可能发生，此因素尤其加持了制药企业专用性资产投资的风险性。但此风险性对大规模企业的影响要弱一些，因为大规模企业有较多的正在进行的相关性投资项目，新的投资项目可以充分利用这些既有资产，这一资产弹性意味着企业规模提供了有价值的"边际经营期权"，从而部分抵消风险性对投资的负效应（吴祖光，2017）。小企业的"边际经营期权"较小，投资的风险性会增加外部成本，因而会使得投资额降低许多（Ghosal and Loungani，2000）。不完全契约和机会主义行为降低供应商的专用性资产投资数额，但大规模企业的经营弹性与韧性优势能够缓解与客户集中相伴的风险性对资产专用性水平的负效应。

据此，本书提出研究假设 H_3 和 H_4：

H_3：（a）生物制药企业、化学制药企业的抗衡势力强于中药中成药企业；（b）东中部地区制药企业的抗衡势力强于西部企业；（c）国有企业的抗衡势力强于私有企业；（d）大规模企业的抗衡势力强于小规模企业。

H$_4$：（a）当把卖方抗衡势力作为调节变量，不同子样本中，上游制药企业的抗衡势力存在显著性差异，仅某类别企业（生物制药企业、化学制药企业、东中部地区制药企业、国有企业、大规模企业）的抗衡势力能够显著改善下游客户买方市场势力对制药企业资产专用性的负向影响，削弱买方市场势力的负效应。即上游供应商在横向市场同样具备一定市场势力，拥有抗衡势力时，自身资产专用性程度增强。

（b）中药中成药企业、西部企业、私有企业和小规模企业不能依靠横向市场势力抗衡来自下游的买方市场势力，下游客户在市场交易中的抑制效应仍占主导地位，企业横向市场地位难以发挥正向调节作用。

三　实证结果与分析

（一）变量描述性统计

限于空间，表7.2仅呈现总体样本各变量描述性统计。

表7.2　　　　　　　　　　各变量描述性统计

变量	观测值	均值	标准差	最小值	最大值
资产专用性	1450	0.209	0.134	0.002	0.943
买方市场势力	1450	0.269	0.158	0.003	0.910
卖方抗衡势力	1450	0.003	0.012	0.00005	0.170
买卖双方势力交互项	1450	0.0009	0.003	5.620E−06	0.057
利润增长率	1450	0.102	3.116	−53.867	42.223
资产收益率	1450	0.084	0.075	−0.389	0.699
资产负债率	1450	0.319	0.184	0.026	0.943
资本密度	1450	0.358	0.361	0.005	6.110
产品差异化	1450	0.023	0.031	0.00005	0.259

买方市场势力均值为0.269，符合纵向交易中欧盟委员会对"经济依赖"的定义，为上游制药企业最大五家客户交易量占比测度买方市场势

力提供理论与实践支持。

（二）模型回归与结果分析

1. 场景 1：总体样本

当以制药企业固定资产投资额占总资产投资额比值衡量资产专用性时，该数值处于（0，1）区间，被解释变量存在受限的情形，此类"归并数据"（censored data）如果用 OLS 估计，导致结果存在偏误，不能得到一致估计量。面板 Tobit 模型则为解决这类问题提供路径，不仅能够有效处理被解释变量非负情形，而且可以很好刻画变量之间的非线性关系。具体算法如下：

$$假设\ y_{it}^* = x_{it}^{'}\beta + u_i + \varepsilon_{it} \tag{7.3}$$

其中，y_{it}^* 不可观测，随机扰动项 $\varepsilon_{it} \sim N(0,\sigma^2)$，而 u_i 为个体效应。如果 $u_1 = u_2 = \cdots = u_n$，则可直接进行混合 Tobit 回归，但须使用聚类稳健标准误；更一般地，我们允许个体效应的存在。如果 u_i 与解释变量 x_{it} 不相关，则为随机效应模型（RE），反之则为固定效应模型（FE）。对于固定效应的 Tobit 模型，由于难以寻找个体异质性 u_i 的充分统计量，故无法像固定效应的 Logit 或计数模型那样进行条件最大似然估计。如果直接在混合 Tobit 回归中加入面板单位的虚拟变量（类似 LSDV），也得到非一致固定效应估计量。因此，仅考虑随机效应的 Tobit 模型。

在给定个体效应 u_i 和个体 i 条件分布的情况下，公式（7.3）中的个体异质性 u_i 不可观测，可通过检验"$H_0:\sigma_u = 0$"（Stata 中"$sigma\_u = 0$"）判断是否存在个体异质性。另外，可以定义同一个体不同期扰动项的自相关系数为 ρ（Stata 中记为 rho），如果 ρ 越大，则复合扰动项（$u_i + \varepsilon_{it}$）中个体效应的部分（u_i）越重要。特别地，如果 $\rho = 0$，则说明 $\sigma_u^2 = 0$，即不存在个体随机效应，而应选择混合回归。可根据 LR 检验结果及对应 p 值，即 Chibar2（p），在随机效应和混合回归中选择；若 LR 检验结果强烈拒绝"$H_0:\sigma_u = 0$"，故认为存在个体效应，应使用随机效应的面板 Tobit 模型，否则使用混合 Tobit 回归。

我们首先以因变量对买方市场势力单变量回归，其次加入卖方势力及交互项，最后添加控制变量。旨在考察核心变量买方市场势力（*Bmp* –

$\overline{Bmp}$）、卖方抗衡势力（$Smp - \overline{Smp}$）和交互项（$Bmp - \overline{Bmp}$）·（$Smp - \overline{Smp}$）系数大小、方向及显著性水平，以探索制药企业资产专用性与横向势力、来自下游买方市场势力的关系，不同类型制药企业受下游客户市场势力的影响程度，卖方抗衡势力所发挥的作用，希冀为子样本分析提供参考基准。表7.3展现场景1（总体样本）回归结果。

表7.3　　　　　　　　　　　**总体样本回归结果**

解释变量	模型1 随机效应	模型2 随机效应	模型3 随机效应
Bmp	-0.029 (-0.95)	-0.099 (-1.30)	-0.041 (-1.52)
Smp		5.392 *** (4.77)	0.985 (1.04)
$Bmp * Smp$		19.337 *** (5.45)	10.603 *** (3.68)
$Gprofit$			9.325e-03 ** (2.25)
Roa			0.190 *** (17.26)
Lev			-0.116 *** (-4.59)
$Capital$			0.231 ** (21.96)
$Diff$			0.017 ** (2.10)
C	0.210 *** (17.25)	0.191 *** (14.92)	0.076 *** (5.25)
$Chibar2$ （p）	928.310 (0.000)	941.310 (0.000)	1025.070 (0.000)
N	1450	1450	1450

注： *** 、 ** 、 * 分别表示10%、5%和1%显著性水平，括号内为回归系数 z 值。

2. 场景2：企业产品类别子样本

根据中国国民经济行业分类代码，医药制造业主要包括化学药品原料药制造行业（2710）、化学药品制剂制造行业（2720）、中药饮片加工行业（2730）、中成药生产行业（2740）、生物药品制造行业（2761）、基因工程药物和疫苗制造行业（2762）等。结合所选上市制药企业的产品属性，把制药企业总体样本细分为生物制药企业（2761，2762）、化学制药企业（2710，2720）和中药企业（2730，2740）。鉴于不同药企产品临床用途、生产技术难易程度差异，与下游客户市场交易中的谈判势力呈现异质性。文中细分制药企业，观察来自下游买方市场势力分别对三类上市制药企业及细分企业资产专用性影响程度及卖方抗衡势力大小。表7.4—7.5展现生物制药企业及细分企业回归结果，表7.6—7.7展现化学制药企业及细分企业回归结果，表7.8—7.9展现中药中成药企业及细分企业回归结果。

表7.4　　　　　　　　　　生物制药企业回归结果

解释变量	模型1 随机效应	模型2 随机效应	模型3 随机效应
Bmp	-0.011 (-0.19)	-0.017 (-0.25)	-0.021 (-0.40)
Smp		2.194^{***} (2.99)	2.763^{***} (2.95)
Bmp^*Smp		0.805^{**} (2.13)	3.660^{*} (1.76)
$Gprofit$			$2.726e-03^{*}$ (1.68)
Roa			0.606^{***} (12.24)
Lev			-0.090^{*} (-1.78)
$Capital$			0.334^{***} (11.91)
$Diff$			0.307 (0.73)

续表

解释变量	模型1 随机效应	模型2 随机效应	模型3 随机效应
C	0.203*** (7.64)	0.214*** (7.30)	−0.005 (−0.16)
Chibar2 (p)	405.170 (0.000)	398.220 (0.000)	342.130 (0.000)
N	410	410	410

表7.5　　　　　　　　　生物制药细分企业回归结果

解释变量	生物药品制造企业			基因工程药物和疫苗制造企业		
	模型1 随机效应	模型2 随机效应	模型3 随机效应	模型1 随机效应	模型2 随机效应	模型3 随机效应
Bmp	−0.050 (−0.71)	−0.068 (−0.77)	−0.113 (−1.61)	−0.017 (−0.20)	−0.005 (−0.06)	−0.097 (−1.48)
Smp		1.910* (1.71)	2.215* (1.78)		6.249* (1.70)	1.576** (2.47)
Bmp*Smp		2.243** (2.31)	9.044** (2.53)		4.165** (2.35)	3.704*** (2.52)
Gprofit			1.303e−03** (2.12)			5.102e−03** (2.28)
Roa			0.319*** (2.75)			0.638** (16.20)
Lev			−0.078 (−1.14)			−0.099** (−2.37)
Capital			0.434** (12.13)			0.118*** (3.43)
Diff			0.061 (1.12)			0.893* (184)
C	0.212*** (5.54)	0.224*** (5.33)	−0.006 (−0.14)	0.174*** (6.80)	0.193*** (7.11)	0.086** (2.28)

续表

解释变量	生物药品制造企业			基因工程药物和疫苗制造企业		
	模型 1 随机效应	模型 2 随机效应	模型 3 随机效应	模型 1 随机效应	模型 2 随机效应	模型 3 随机效应
Chibar2 (p)	313.490 (0.000)	309.210 (0.000)	228.750 (0.000)	35.870 (0.000)	24.780 (0.000)	99.440 (0.000)
N	260	260	260	150	150	150

表 7.6　　　　　　　　　　化学制药企业回归结果

解释变量	模型 1 随机效应	模型 2 随机效应	模型 3 随机效应
Bmp	−0.017 (−0.41)	−0.109 (−1.41)	−0.038 (−1.05)
Smp		5.654 *** (4.80)	1.534 *** (2.76)
Bmp * Smp		20.352 *** (5.15)	12.429 *** (4.00)
Gprofit			$3.817e-04$ * (1.74)
Roa			0.170 *** (14043)
Lev			−0.143 *** (−4.20)
Capital			0.218 *** (18.28)
Diff			$2.382e-03$ (0.01)
C	0.227 *** (14.45)	0.201 *** (12.16)	0.084 *** (4.44)
Chibar2 (p)	360.080 (0.000)	370.200 (0.000)	494.650 (0.000)
N	830	830	830

表7.7　　　　　　　　　　　化学制药细分企业回归结果

解释变量	化学药品原料药制造企业			化学药品制剂制造企业		
	模型1 随机效应	模型2 随机效应	模型3 随机效应	模型1 随机效应	模型2 随机效应	模型3 随机效应
Bmp	-0.033 (-0.73)	-0.138 (-0.92)	-0.058 (-1.55)	-0.089 (-1.22)	-0.067 (-0.87)	-2.085e-04 (-0.01)
Smp		6.453 *** (5.44)	1.703 * (1.68)		8.050 *** (5.43)	1.805 * (1.84)
Bmp * Smp		22.125 *** (5.60)	12.527 *** (4.06)		25.549 ** (4.86)	9.454 *** (3.22)
$Gprofit$			2.896e-03 ** (2.18)			2.974e-04 (0.28)
Roa			0.697 *** (11.66)			0.149 *** (16.10)
Lev			-0.229 *** (-5.74)			-0.173 *** (-4.26)
$Capital$			0.218 *** (18.04)			0.246 *** (21.81)
$Diff$			0.123 (0.41)			0.162 (0.56)
C	0.224 *** (12.96)	0.192 *** (10.67)	0.015 (0.67)	0.258 *** (10.20)	0.209 *** (8.06)	0.054 ** (2.19)
$Chibar2$ (p)	304.920 (0.000)	314.440 (0.000)	460.870 (0.000)	124.000 (0.000)	122.020 (0.000)	267.270 (0.000)
N	660	660	660	355	355	355

（1）由表7.4—7.5生物制药企业及细分企业回归结果，表7.6—7.7化学制药企业及细分企业回归结果，结合表7.8—7.9中药中成药企业及细分企业回归结果可得：对不同类别制药企业，买方市场势力系数均为负，表明来自下游买方市场势力降低制药企业资产专用性水平，即降低供应商固定资产投资额在总资产中的比重。① 买卖双方以契约形式对交易协议达成一致意见，鉴于契约不完全性，契约协议中不能包含每一个交易细节，事后很有可能出现机会主义行为或被另一方以退出

交易作为威胁的情形，即"敲竹杠"现象。专用性资产的投入不具备普遍流通性，且转换成本极高，被投入资产的用途也很难被转换，专用性资产面临重新配置时，其价值大打折扣。当供应商面对下游强有力买方，若预料到在专用性资产项目已投资的事后谈判中被"锁死"或"拿住"而居于弱势地位，不得不满足买方提出的苛刻条件（降低批发价格、货款延期支付、价格优惠、数量优惠、通道费、独家交易、区域排他等等）从而导致自身利润降低时，会减少专用性资产投资，从而资产专用性程度降低及固定资产在总资产中比重减少。② 当下游客户具有较强的市场势力时，会使得供应商暴露于一定的风险中，此风险的第一大来源是客户转换供应商或者有足够的实力通过前向一体化开发自有品牌商品，在供应商短期内又难以寻找到交易伙伴的情形下，会导致销售额大幅降低。基于防范客户资源流失和合作关系破裂的实际需求，供应商往往需要保持更多的现金以抵御不可预知的外部环境变化所带来的冲击，进而减少了专用性资产投资。此风险的第二大来源是大客户面临销售业绩下降、陷入财务困境或者濒临破产边缘，如果供应商过度依赖最大客户，其经营业绩会随着下游客户的销售情况而不断波动，对下游客户的过度依赖也会引起供应商的担忧，从而不得不保持充足的资金流动性以应对外部冲击，也会减少专用性资产投资。③ 强势买方往往会通过终止交易关系或产品下架等手段对供应商实施可置信威胁，通过各种方式攫取供应商的利润，导致供应商缺乏足够资金从事投资行为。还会要求优于正常交易条件下的各种优惠交易条件，该行为会较大程度占用供应商的流动性资金，影响供应商的资本流动性，当资产流动性下降时，管理层在扩大投资规模时可能受限于资金约束，不得不放弃某些净现值为正的项目，导致专用性投资不足。④ 当客户市场集中度较高时，这种大客户会增加经营环境和交易环境的不确定性，由此会增加企业的上述交易成本及项目投资失败的成本。在企业管理层风险偏好既定的条件下，可能会为了规避风险而搁浅或者放弃某些 NPV 为正的项目，进而导致投资不足。验证 H_1。

（2）表 7.4—7.7 生物制药企业、化学制药企业及各自细分企业回归结果中，模型 1—3 中买方市场势力系数非显著，表明来自下游客户市场势力对生物制药、化学制药及各自细分企业资产专用性水平无显著负向影响。

（3）表7.4—7.7生物制药企业、化学制药企业及各自细分企业回归结果中，体现纵向市场势力交互作用的 $(Bmp - \overline{Bmp}) \cdot (Smp - \overline{Smp})$ 系数在模型2—3中均在不同显著性水平下为正。由公式（7.2）可得，$\partial\ Asset_{it}/\partial\ (Bmp_{it} - \overline{Bmp_{it}}) = \beta_1 + \beta_3 (Smp_{it} - \overline{Smp_{it}})$。当把卖方抗衡势力作为调节变量，上游生物制药和化学制药企业的抗衡势力能够改善下游买方市场势力对自身资产专用性的负向影响，削弱买方市场势力负效应。也就是说，上游供应商同样具备一定市场势力，即拥有抗衡势力时，自身资产专用性程度提高。H_4（a）得以验证。

表7.8　　　　　　　　　　中药中成药企业回归结果

解释变量	模型 1 随机效应	模型 2 随机效应	模型 3 随机效应
Bmp	-0.024 ** (-2.45)	-0.048 * (-1.89)	-0.056 ** (-2.42)
Smp		0.723 ** (2.47)	1.524 *** (2.35)
$Bmp * Smp$		3.849 (0.76)	6.923 (0.92)
$Gprofit$			2.278e-03 * (1.78)
Roa			0.712 *** (15.24)
Lev			-0.142 *** (-4.57)
$Capital$			0.233 *** (21.83)
$Diff$			0.036 ** (2.22)

续表

解释变量	模型 1 随机效应	模型 2 随机效应	模型 3 随机效应
C	0.178 *** (11.53)	0.181 *** (10.40)	0.001 (0.07)
$Chibar2$ (p)	154.090 (0.000)	142.250 (0.000)	219.850 (0.000)
N	540	540	540

表 7.9　　　　　　　　　　中药中成药细分企业回归结果

解释变量	中药饮片加工企业			中成药生产企业		
	模型 1 随机效应	模型 2 随机效应	模型 3 随机效应	模型 1 随机效应	模型 2 随机效应	模型 3 随机效应
Bmp	$-4.975e-05$ *** (-3.01)	-0.045 *** (-2.69)	$-7.087e-03$ ** (-2.20)	-0.048 * (-1.73)	-0.074 ** (-1.96)	-0.070 * (-1.76)
Smp		0.076 * (1.74)	0.452 ** (2.41)		0.792 ** (2.44)	1.159 *** (2.90)
Bmp * Smp		6.423 (0.95)	1.253 (1.40)		3.399 (0.57)	7.303 (1.38)
$Gprofit$			1.068e-03 ** (2.44)			1.088e-03 (0.64)
Roa			0.073 *** (2.91)			0.820 *** (14.40)
Lev			-0.054 (-1.53)			-0.171 *** (-3.96)
$Capital$			0.254 *** (33.89)			0.229 *** (18.61)
$Diff$			0.193 ** (2.19)			0.344 (1.15)

续表

解释变量	中药饮片加工企业			中成药生产企业		
	模型 1 随机效应	模型 2 随机效应	模型 3 随机效应	模型 1 随机效应	模型 2 随机效应	模型 3 随机效应
C	0.187 *** (8.61)	0.185 *** (7.29)	0.094 *** (4.11)	0.173 *** (7.73)	0.177 *** (7.00)	− 0.038 (− 1.43)
Chibar2 (p)	139.360 (0.000)	126.340 (0.000)	256.490 (0.000)	65.180 (0.000)	57.860 (0.000)	115.000 (0.000)
N	295	295	295	335	335	335

（1）表7.8—7.9中药中成药企业及细分企业回归结果中，模型1—3中买方市场势力系数均在不同水平上显著，表明买方市场势力显著降低其资产专用性水平。即使供应商了解专用性资产高转换成本，预测到面对下游势力强大买方时"敲竹杠"现象可能发生，相比中药中成药企业，生物制药企业和化学制药企业产品供给管制更严格，生产工艺更复杂，药品治疗特定疾病"独一无二"难以替代的极佳疗效，提高了买方对制造商产品的相对需求程度，极大程度降低下游客户外部选择，提高了买方的转换成本，赋予制造商市场交易中更强的谈判地位，增强制造商的抗衡势力，资产专用性程度受势力强大下游客户的影响程度较小。验证 H₃（a）生物制药、化学制药企业抗衡势力大于中药企业。

（2）表7.8—7.9中药中成药企业及细分企业回归结果中，交互项 $(Bmp - \overline{Bmp}) \cdot (Smp - \overline{Smp})$ 系数在模型2—3中均非显著为正。表明中药中成药企业不能依靠横向市场势力抗衡来自下游的买方市场势力，下游客户对供应商资产专用性的负效应仍居主导地位，企业横向市场地位难以发挥正向调节作用。证实 H₄（b）。

（3）表7.4—7.9中，以市场份额作为代理变量的卖方抗衡势力系数均为正，且通过不同水平显著性检验，表明制药企业市场份额与产品差异化正相关，验证 H₂。企业进行专用性资产投资后，进行投融资活动中，利用留存收益进行内源融资是最为稳妥的方式，企业市场份额的增加带来的收益增长，能够为专用性资产融资提供内源融资需求。对于控制变量，资产负债率与资产专用性负相关；利润增长率、资产收益率、资本密度、产品差异化均与制药企业资产专用性正相关。

3. 场景3：企业所处地域子样本

我国制药行业呈现地区发展不平衡特征，东中部省份往往集中众多大型、知名制药企业，比如中国医药、华北制药、天津药业、复星医药、恒瑞医药、南京医药、天士力集团、海王药业、丽珠制药等，其产品种类广泛，大多拥有产学研一体化科技创新、医药科研与工程设计平台。建立了生物制药、基因工程制药、麻醉精神药品、抗感染药、心脑血管用药、呼吸系统用药等抗重大疾病药品生产基地和药材基地，西部地区制药企业数量和规模、产品种类、差异化新药品生产能力不如东中部地区，因此把总体样本依地区分组具有现实意义。表7.10展现东部地区制药企业回归结果，表7.11展现中部地区制药企业回归结果，表7.12展现西部地区制药企业回归结果。

表7.10　　　　　　　　　　东部地区制药企业回归结果

解释变量	模型1 随机效应	模型2 随机效应	模型3 随机效应
Bmp	-0.034 (-0.90)	-0.121 (-1.02)	-0.075 (-1.42)
Smp		6.000^{***} (4.76)	1.152^{***} (2.11)
Bmp^*Smp		20.914^{***} (5.49)	11.472^{***} (3.92)
$Gprofit$			$1.061\mathrm{e}-03^*$ (1.75)
Roa			0.160^{***} (14.70)
Lev			-0.153^{***} (-4.80)
$Capital$			0.234^{***} (21.05)

续表

解释变量	模型1 随机效应	模型2 随机效应	模型3 随机效应
Diff			0.148* (1.75)
C	0.213*** (12.94)	0.187*** (10.87)	0.054*** (2.86)
Chibar2 (p)	697.680 (0.000)	713.730 (0.000)	834.990 (0.000)
N	940	940	940

表7.11　　　　　中部地区制药企业回归结果

解释变量	模型1 随机效应	模型2 随机效应	模型3 随机效应
Bmp	−0.036 (−0.74)	−0.050 (−0.89)	−7.821e−03 (−0.15)
Smp		0.436** (2.15)	1.246** (2.48)
Bmp*Smp		3.963** (2.44)	2.299** (2.28)
Gprofit			6.542e−04* (1.82)
Roa			6.635e−03** (2.07)
Lev			−0.060 (−1.57)
Capital			0.227*** (7.96)
Diff			0.091 (0.36)
C	0.202*** (11.77)	0.201*** (10.80)	0.158*** (6.49)

续表

解释变量	模型1 随机效应	模型2 随机效应	模型3 随机效应
Chibar2 (p)	270.400 (0.000)	262.420 (0.000)	235.850 (0.000)
N	300	300	300

(1) 由表7.10东部地区制药企业回归结果，表7.11中部地区制药企业回归结果，结合表7.12西部地区制药企业回归结果可得：对不同地区制药企业，买方市场势力系数均为负，表明买方市场势力降低制造商资产专用性程度，验证 H_1。

(2) 表7.10—7.11东中部地区制药企业回归结果中，买方市场势力系数非显著，表明来自下游客户市场势力对东中部地区制药企业的资产专用性水平无显著负向影响。

(3) 表7.10—7.11东中部地区制药企业回归结果中，模型2—3中 $(Bmp - \overline{Bmp}) \cdot (Smp - \overline{Smp})$ 系数在不同水平上显著为正，也表明东中部地区制药企业的抗衡势力能够改善下游客户市场势力对自身资产专用性的负向影响，削弱买方市场势力的负效应。供应商在横向市场同样具备一定市场势力，即拥有抗衡势力时，资产专用性程度提高。H_4（a）得以验证。

表7.12   **西部地区制药企业回归结果**

解释变量	模型1 随机效应	模型2 随机效应	模型3 随机效应
Bmp	−0.022 ** (−2.24)	−1.649e−04 ** (−2.00)	−0.042 ** (−2.38)
Smp		10.897 ** (2.02)	15.939 * (1.78)
Bmp * Smp		3.605 (0.08)	49.452 (1.29)
Gprofit			0.014 *** (4.00)

续表

解释变量	模型 1 随机效应	模型 2 随机效应	模型 3 随机效应
Roa			0.894 *** (17.72)
Lev			-0.279 *** (-4.82)
$Capital$			0.234 *** (6.45)
$Diff$			0.118 (0.39)
C	0.206 *** (6.36)	0.234 *** (5.95)	0.006 (0.15)
$Chibar2$ （p）	27.510 (0.000)	25.940 (0.000)	96.150 (0.000)
N	210	210	210

（1）表 7.12 西部地区制药企业回归结果中，买方市场势力均在 0.050 显著性水平上降低西部地区制药企业的资产专用性水平。东中部地区制药科技发达程度与制药企业开发新药品能力成为其抗衡势力来源，相对下游的抗衡能力强于西部地区，专用性资产投资行为受买方市场势力影响非显著，验证 H_3（b）东部、中部地区制药企业抗衡势力大于西部企业。

（2）表 7.12 西部地区制药企业回归结果中，$(Bmp - \overline{Bmp}) \cdot (Smp - \overline{Smp})$ 系数在模型2—3中为正但非显著。表明西部地区制药企业不能依靠横向市场势力抗衡来自下游买方市场势力，下游客户在市场交易中的抑制效应仍占主导地位，企业横向市场地位难以发挥正向调节作用。H_4（b）得以验证。

（3）表 7.10—7.12 中，以市场份额作为代理变量的卖方抗衡势力系数在不同水平上显著为正，表明制药企业横向市场份额的增加有助于专用性资产投资行为，证实 H_2。控制变量系数除显著性水平外，符号均与表 7.4—7.9 保持一致，体现控制变量对企业资产专用性相同的影响机理。

4. 场景 4：企业所有权属性子样本

国有企业由中央或地方政府投资或参与控制，各级国资委管理，其设立通常以实现国家调节经济为目标。企业资产归国家所有，生产经营组织形式同时具有营利法人和公益法人的特点，行为受政府的意志和利益决定，在市场交易中的地位具有与私有企业相异的特点。文中进一步按所有权属性，把制药企业细分为国有企业和私有企业，以探索所有权异质性制药企业受下游客户的影响程度，卖方抗衡势力所发挥的作用，表 7.13 展现国有制药企业和私有制药企业回归结果。

表 7.13 国有制药企业和私有制药企业回归结果

解释变量	国有制药企业			私有制药企业		
	模型 1 随机效应	模型 2 随机效应	模型 3 随机效应	模型 1 随机效应	模型 2 随机效应	模型 3 随机效应
Bmp	-0.057 (-1.17)	-0.172 (-1.28)	-0.064 (-1.50)	-0.046 ** (-2.28)	-0.058 ** (-2.41)	-0.024 *** (-2.75)
Smp		6.554 *** (6.70)	3.280 *** (3.56)		0.068 ** (2.02)	4.961 * (1.92)
Bmp * Smp		24.187 *** (10.18)	15.611 *** (6.73)		5.131 (0.57)	0.297 (0.04)
$Gprofit$			1.088e-03 (1.27)			1.667e-03 * (1.76)
Roa			0.117 (1.29)			0.189 *** (16.13)
Lev			-0.195 *** (-4.39)			-0.087 *** (-2.98)
$Capital$			0.143 *** (8.92)			0.262 *** (20.73)
$Diff$			0.284 (0.90)			7.957e-03 (0.04)
C	0.244 *** (9.61)	0.174 *** (6.68)	0.067 ** (2.24)	0.204 *** (14.93)	0.204 *** (13.39)	0.085 *** (5.17)

解释变量	国有制药企业			私有制药企业		
	模型1 随机效应	模型2 随机效应	模型3 随机效应	模型1 随机效应	模型2 随机效应	模型3 随机效应
$Chibar2$ (p)	336.420 (0.000)	401.040 (0.000)	362.240 (0.000)	666.070 (0.000)	662.110 (0.000)	710.860 (0.000)
N	275	275	275	1175	1175	1175

（1）买方市场势力对私有企业资产专用性影响显著为负，未发现对国有企业显著负向影响，证实 H_1。国有企业受政府更大程度的干预，政治关联性更强，明显比私有企业更有政治关系优势。国有企业更能够享受政策优势带来的益处，且能凭借政治资源获得更多垄断资源和稀缺性关键资源，有助于企业自身的成长和规模的扩大。其规模的扩大和垄断资源、稀缺性资源的获取，所带来的创新能力的提升，同时通过政治关联优势形成的产品定价能力及抵御风险的能力，成为抗衡势力的重要来源，在市场交易中的谈判势力和议价势力远远强于私有企业，专用性资产投资行为受买方市场势力影响非显著。证实 H_3（c）国有企业抗衡势力强于私有企业。

（2）制药企业市场份额均与资产专用性在不同显著性水平上正相关。国有企业回归结果中，$(Bmp - \overline{Bmp}) \cdot (Smp - \overline{Smp})$ 系数显著为正，表明国有制药企业抗衡势力能够改善买方市场势力对自身专用性资产投资的负向影响，削弱买方市场势力负效应；对于私有企业，交互项系数为正但非显著，H_2，H_4（a）、（b）得以验证。控制变量除显著性水平外，符号方向与表7.4—7.12一致。

5. 场景5：企业规模子样本

在上述分组的基础上，可深入考虑按规模（企业总资产）把总体样本分为大规模企业与小规模企业。首先计算总体样本2014—2018年总资产 a_i 均值 $\bar{x}_i$，其次得出290个截面单元均值 $\bar{y}_i$，其中 $\bar{x}_i$、$\bar{y}_i$ 的表达式如下：

$$\bar{x}_i = (\sum_{i}^{209} a_{i2014} + a_{i2015} + \cdots + a_{i2018})/290 \times 5$$

$$\bar{y}_i = (a_{i2014} + a_{i2015} + \cdots + a_{i2018})/5 \, (i = 1, 2, \cdots, 290)$$

定义 $\bar{y}_i > \bar{x}_i$ 为大规模企业，$\bar{y}_i < \bar{x}_i$ 为小规模企业，表7.14展现大规模制药企业和小规模制药企业回归结果。

表7.14　　　　　**大规模制药企业和小规模制药企业回归结果**

解释变量	大规模制药企业			小规模制药企业		
	模型1 随机效应	模型2 随机效应	模型3 随机效应	模型1 随机效应	模型2 随机效应	模型3 随机效应
Bmp	−0.036 (−0.38)	−0.335 (−0.99)	−0.189 (−1.15)	−0.031 ** (−2.06)	−0.031 * (−1.78)	−0.018 ** (−2.47)
Smp		7.067 *** (3.68)	1.698 ** (2.45)		2.203 ** (2.32)	4.699 ** (2.87)
Bmp * Smp		26.853 *** (4.55)	14.876 *** (3.73)		1.211 (0.06)	16.291 (0.98)
Gprofit			6.528e−03 (1.24)			2.787e−03 ** (2.32)
Roa			0.140 *** (10.45)			0.605 *** (21.12)
Lev			−0.249 *** (−3.39)			−0.147 *** (−5.95)
Capital			0.230 *** (14.82)			0.263 *** (15.98)
Diff			0.071 (0.13)			0.060 ** (2.36)
C	0.208 *** (4.88)	0.125 *** (2.57)	−0.045 (−0.88)	0.210 *** (19.13)	0.207 *** (14.59)	0.039 ** (2.51)
Chibar2 (p)	214.750 (0.000)	228.080 (0.000)	303.580 (0.000)	633.370 (0.000)	632.180 (0.000)	761.820 (0.000)
N	285	285	285	1165	1165	1165

（1）买方市场势力显著降低小规模企业资产专用性，但对大规模企业的负向影响非显著，证实 H_1。大规模企业具有规模大、资金充裕、融资方便、资源易获取等诸多优势，能够在确保高风险研发项目的融资安全方面提供保障。大规模企业更能够承担创新活动需要的资金投入和创新失败

的风险，其开发创新产品的能力成为其抗衡势力的重要来源。小规模企业由于自身规模较小、实力普遍较弱，受限于财务约束和研发资金约束，大多停留在模仿和低层次仿制药生产层面，产品工序简单且替代性较强；缺乏开发临床效果好、治疗重大疾病的新药品的能力，市场交易中相对买方的议价势力和谈判势力较弱，难以抗衡拥有强大势力的下游客户，专用性资产投资行为明显受到抑制。小企业同时还面临激烈的同行业竞争，很难通过提高产品价格或在边际成本之上制定较高价格缓解来自买方的各种压力，使得专用性资产投资资金的获取受到限制。证实 H_3（d）大规模企业抗衡势力强于小规模企业。

（2）制药企业市场份额与资产专用性在不同显著性水平上正相关。对于大规模企业，交互项（$Bmp - \overline{Bmp}$）·（$Smp - \overline{Smp}$）系数显著为正，表明大规模制药企业在横向市场同样具备一定市场势力，拥有抗衡势力时，资产专用性程度提高。对于小规模制药企业，交互项系数为正但非显著，H_2，H_4（a）、（b）得以证实。相对表 7.4—7.13，控制变量除显著性水平差异，符号仍保持稳健性。

四　本章小结

本章仍以中国上市制药企业 2014—2018 年数据为基础，考察来自下游客户市场势力对制药企业资产专用性的影响，实证结果表明：

第一，四类子样本回归结果中，买方市场势力系数均为负，表明来自下游客户市场势力降低供应商资产专用性水平，即降低供应商固定资产投资额在总资产中的比重。证实制药企业面临的买方市场势力确实存在且具有普遍性，来自下游客户的市场势力对纵向关系的扭曲，支持买方市场势力的存在是不利的这一观点。

第二，当供应商卖方抗衡势力以市场份额衡量时，其系数均为正，表明制药企业市场份额增加促进专用性资产投资，支持熊彼特假说。

第三，买方市场势力对中药中成药企业及细分企业、西部地区制药企业、私有企业和小规模企业的负向影响显著，表明其不能依靠横向市场份额增加形成的市场势力抗衡来自下游的买方市场势力，下游客户在市场交易中对供应商专用性资产投资行为的抑制效应仍占主导地位，企业横向市场地位难以发挥正向调节作用。

买方市场势力对生物制药企业及细分企业、化学制药企业及细分企业、东中部地区制药企业、国有企业和大规模企业的负向影响非显著，当把卖方抗衡势力作为调节变量时，其能够改善下游客户市场势力对资产专用性的负向影响，削弱买方市场势力负效应。即制药企业拥有与买方相抗衡的势力时，增加专用性资产投资。

本书丰富扩展了已有关于上游产业抗衡势力来源的研究，能够从产业组织层面为制药企业专用性资产投资行为的解释提供理论依据。把下游产业的买方市场势力和上游产业的横向市场中的企业特征联系起来，体现了产业组织中不同层级产业交互作用的背后机制。

第四，从控制变量来看，制药企业资产负债率越高，专用性资产投资水平越低；利润增长率和资产收益率能够为制药企业专用性资产投资提供内源融资需求，提高其资产专用性水平；制药企业资本密度和产品差异化程度越高，固定资产占总资产比重越高。

第八章
结论与展望

一　主要研究结论

本书基于上海证券交易所、深圳证券交易所、香港联交所 2014—2018 年 290 家中国上市制药企业数据,实证检验来自下游客户市场势力对供应商利润、创新、产品差异化和资产专用性的影响。主要研究结论可归纳为以下几个方面:

第一,采用面板数据模型、面板 Tobit 模型和面板负二项模型,实证分析买方市场势力对制药企业的利润、创新、产品差异化和资产专用性的影响,结果发现买方市场势力对制药企业的这四种经济效应均表现为负向影响,验证了 Orland and Selten (2016)、Battigalli et al. (2007)、Chen (2004)、郭永和周鑫 (2010) 关于买方市场势力这四种经济效应的理论结果。

第二,使用制药企业市场份额来衡量其横向市场势力,探讨制药企业利用自身市场地位对利润、创新、产品差异化和资产专用性等效应的影响,研究结果表明制药企业自身市场势力对增加利润、提升能力,以及增加投资行为均有正向影响。这与战略管理追求的目标一致,也是熊彼特假说的主要思想。

第三,按照产品类别、所处地域、所有权性质和规模将样本进行分组,分析不同类别制药企业抗衡势力与买方市场势力的交互作用发现,市场势力较强的制药企业能够改善买方市场势力对自身效应的负向影响,买方市场势力不会对制药企业产生明显影响;若制药企业的市场势力较弱,则无法依靠横向市场势力抗衡买方市场势力的负向影响，买方市场势力在交易中的抑制效应仍占主导地位。

第四，基于本书的实证结果，可以为企业管理实践和反垄断部门执法提供参考。例如，制药企业应努力扩展下游外部选择，降低客户集中度；小企业可根据自身特点集中生产某一特定领域药品或细分行业药品；国家应引入竞争机制，鼓励降低全社会对公立医院的依赖程度，逐渐消除公立医院在买方市场的垄断地位；允许处方流通，社会药店同时拥有处方药销售权，增加患者对药品的选择范围等。

二　主要贡献

本书基于 2014—2018 年上市制药企业层面数据集，选取买卖双方势力以及其交互项作为自变量展开实证研究，探索买方市场势力对制药企业经济效应的影响，主要理论贡献在于提出了对该问题的经验研究框架，证实了制药企业面临的买方市场势力确实存在且具有普遍性，来自下游客户的市场势力对纵向关系的扭曲。具体包括以下几点：

第一，本书将产业组织中下游客户的市场势力因素纳入对上游产业创新和绩效影响的分析中，体现了产业组织纵向关系的本质特征。以买方市场势力突出的典型行业制药行业为研究对象，针对买方市场势力对上游产业效应的影响进行实证研究，供应商面对的下游产业拥有强大的讨价还价能力，这与完全竞争状态、下游产业不存在市场势力的情形存在本质上的区别。

传统上，假设下游市场为完全竞争市场结构时，影响企业决策的因素为横向市场特征；现在的下游市场是中间市场时，下游产业的特征也同样在上游产业的决策中起作用，而下游产业的市场势力就是典型代表。此时，有下游影响的情形与无下游影响的情形是截然不同的，这导致一个分析视角：至少两层产业的 SCP 综合分析才能解释企业决策激励，所以单层产业的 SCP 必须扩展。文中扩展了产业链的层级，由一层产业链扩展至两层产业链，从纵向视角探索影响上游产业创新及绩效的因素，更全面地诠释了产业组织理论。

　　第二，本书的实证研究结果证实了部分学者关于买方市场势力效应的理论研究。以往关于买方市场势力效应的研究尚未达成共识，一部分学者认为买方市场势力会损害竞争，给供应商带来不利影响，且给消费者福利和社会福利带来损失；而另一部分学者持相反观点，认为买方市场势力能够提高产业链效率，是有利的。本书扎根于中国市场的现实背景，选择买方市场势力突出的制药行业作为研究对象展开研究，结果表明，来自下游客户的市场势力确实会对我国制药企业的利润等经济效应产生负向影响，这一结论支持了 Orland and Selten（2016）、Inderst and Shaffer（2007）和 Chen（2004）的研究结论。本书对中国产业背景的挖掘，能够增强研究问题的理论性，同时拓展了现有关于买方市场势力效应的实证研究，丰富了产业组织理论，并揭示了买方市场势力对上游产业影响的背后机理。

　　第三，本书提出了上游产业抗衡势力新的来源渠道，丰富了已有关于上游产业抗衡势力来源的研究，能够从产业组织层面为企业行为和绩效的解释提供理论依据。由实证结果发现，买方市场势力对不同类别制药企业的影响存在显著性差异。文中对制药企业按照产品类别、所处地域、规模、所有权性质和创新水平进行分组，从表面上来看体现的是制药企业的创新能力差异，实质上能够体现出制药企业在所处市场的市场势力。已有研究多从市场集中度、企业定价权、交易成本等视角体现上游产业的抗衡势力来源，本书从制药企业的产品类别等视角来体现，尤其对制药企业的产品类别进行分组，是本书的显著贡献。

　　第四，本书把下游产业的买方市场势力和上游产业横向市场的企业特征联系起来，体现了纵向关系中买卖双方的作用方式，以及不同层级产业交互作用的背后机制。产业链上下游的市场势力是相伴而生、相互依存的，不仅买方市场势力会对上游产生单向影响，上游产业通过横向市场特征形成的市场势力也能够对买方市场势力的作用产生影响，即调节或制约买方市场势力的作用。通过在计量模型中加入买卖双方势力的交互项，能够体现卖方势力的抗衡作用。如此拓展了纵向关系研究方法，也是本书的边际贡献。

三　政策建议

（一）企业层面

第一，在激烈的市场竞争环境下，企业不仅需要加强自身创新能力的培养，通过工艺创新、产品创新、差异化产品生产和专用性资产投资获得竞争优势，而且应与产业链下游客户建立纵向研发联盟，通过信息与资源的共享来降低创新成本、提高自身的创新效率。

第二，企业应对供应链管理更加重视，维护与产业链下游客户之间的关系，在保持与交易伙伴关系稳定性的同时，又要努力扩展下游外部选择范围，降低下游客户的市场集中度和对其依赖程度，避免被特定客户"锁死"或"拿住"而失去市场交易中的话语权。此外，企业应积极培育自主创新能力，根据自身特征集中生产某一特定领域药品或细分行业药品，实现产品差异化，通过特有品牌优势增强市场交易中的议价势力。

第三，企业应及时关注市场发展动态，精准对接市场需求，针对横向市场竞争环境和纵向市场竞争环境的差异实施多样性发展战略，优化治理结构与资源配置，以求在激烈的竞争中保持优势地位。此外，企业在进行投资决策时应保持客观理智，对研发行为的预期收益与风险进行准确评估，避免出现偏离正常轨道的投资行为，最小化融资约束风险的同时为自身利润增长开辟新的空间。

第四，企业应在谈判技能与公共关系方面予以更多关注，组建专业谈判团队，根据不同下游客户特征有针对性地"量身制定"差异化谈判策略，利用谈判技巧尽力改变市场交易中相对医疗行业固有的劣势，以期为自身争取更多利益。

第五，与传统商业模式相比，由于现代商业经济呈现出日益突出的网络化特征，企业除了需要妥善处理与之发生直接商业往来的客户之外，还需有效协调与利用客户的客户以及共享商业关系等间接商业关系，更好地服务于企业经营发展的目标需求。这一点无疑对企业的客户关系管理提出了更高的要求，不仅需要企业能够与优质客户资源构建商业往来，而且更要能够利用自身网络地位优势来有效实现市场分散化，以充分应对潜在的市场不确定性与经营危机传染。

第六，企业管理层应高度重视供应链风险，增强供应链风险应对能力。一方面，管理层应密切关注供应链下游客户风险信息披露，将其融入决策框架，以便更全面地认识供应链风险及企业自身处境，提高决策效率。另一方面，管理层应加强对创新活动的重视，通过增加创新投入，培养创新型人才，聘用具有研发背景的高管等方式不断提高企业的创新能力，进而提高产品竞争力，拓宽客户市场，增强供应链风险应对能力。

第七，在数字化转型的浪潮下，企业应充分认识并理解数字技术的重要价值，积极布局数字化转型，抓住数字化转型所带来的机遇和资源，提升企业的创新能力和成本管控能力，以满足客户多样化、精细化、个性化的需求，为客户创造价值，从而实现既要抢占客户源并建立稳固的关系，又不受制于依赖大客户资源的成本和风险。同时，企业在应用数字技术治理大客户依赖的过程中，应充分识别、分析和利用数字化信息，高度关注治理路径，将专业化生产、培育渠道优势、打开降价空间等高质量发展理念嵌入生产运营各个环节，从而实现优化企业客户资源，降低客户资源过于集中所带来的风险。

（二）政府层面

第一，监管机构应引入竞争机制，鼓励民营医院发展，降低全社会对公立医院的依赖程度；允许处方流通，社会药店同时拥有处方药销售权，增加患者对药品的选择范围；以达到逐渐限制直至消除其在买方市场垄断地位的目的，这样会有利于增强制药企业的创新投入和创新产出。

第二，对下游客户，尤其是医疗行业的交易行为进行严格监管，严厉打击其利用市场支配地位、滥用市场势力对制药企业施加的各种不正当竞争行为，以降低其对制药企业利润、工艺创新和产品创新、产品差异化和资产专用性的负效应。

第三，加大对制药产业基础研究的创新投入力度，给予其一定的优惠政策。政府规制在制药企业研发过程中占据重要地位，在作为特殊消费品的药品市场，市场机制自发作用并不能替代其甄别和保护高效创新药，"反柠檬"地位，政府应根据科技的发展完善和规范药物质量监管标准，对药品的生产、零售直至使用中的每一环节均实行严格标准的动态管理。

第四，政府应构建完整的创新体系，辅助制药企业进行创新研发活动，以降低创新过程中面临的市场复杂性和技术不确定性。此外，应根据不同类型制药企业的研发情况和在产业链中所处的市场位置制定有针对性的差异化补贴政策，保证补贴资金的合理高效使用，鼓励其加大对基础研究的研发投入力度，引导企业研发投资效率最优化，以切实提高我国制药企业的自主创新能力。

第五，完善上市公司信息披露制度，提高供应链信息传递效率，客户风险信息是企业决策的重要依据，前五大客户信息的充分披露对于帮助监管部门了解供应链风险源头、控制供应链风险传染具有重要作用、监管部门应进一步规范企业年报风险信息披露的内容和形式，包括明确风险信息类别、推行风险文本信息披露形式范例等，从而充分揭示供应链风险，缓解供应链信息不对称。

第六，激发各类地区、各类企业开展创新活动的内在动力，引导企业通过创新活动提升市场竞争力，保障产业链供应链安全稳定，例如提供更多创新激励或补贴，提高供应链上下游企业的创新动力；进一步拓展融资渠道，降低融资成本，为企业创新投入提供稳定的资金支持；健全法律法规建设，完善产权保护制度，为企业创新营造良好的环境基础。

第七，鼓励企业引进数字技术和先进设备，夯实企业的底层技术以解决因数字化转型能力不足导致的"不会转"问题；及时出台相关的补贴扶持政策，缓解企业在转型过程中遇到的融资难和融资贵等现象以解决因数字化改造成本过高导致的"不能转"问题；加大对数字化人才的培养力度，增加数字技术型人才的培训服务以解决因数字化人才储备不足导致的"不敢转"问题。

四　未来研究展望

（一）进一步研究内容

数理模型可以从逻辑上分析买方市场势力效应及作用机理，但其分析结果能否应用于企业实践还需要现实的检验，因此，从实证角度验证买方市场势力效应就具有非常重要的意义。本书实证检验了买方市场势力与制药企业利润等效应的关系，虽然取得了一些研究成果，并提出了可能应用的领域，仍需从以下几个方面进行完善，这也将是笔者今后进一步研究的方向。

第一，买方市场势力的衡量指标在实证研究中处于关键位置，目前学术界还未探索出普遍认可的衡量标准。本书使用企业层面数据，以下游最大五家客户交易量占比来衡量买方市场势力，是否存在更佳衡量指标？在行业层面数据下，买方市场势力代理变量如何选取？这两个问题均有待深入探索。

第二，进一步收集微观企业层面更细致的数据，例如市场交易中细分药品的销量、批发价格和零售价格数据，下游客户向制药企业收取的通道费等数据，从而扩展买方市场势力对供应商影响的研究范围，也是未来研究的重要扩展方向。

第三，本书选择买方市场势力突出的典型行业制药行业为研究对象，所得结论可能仅适合特定行业，在研究过程中所形成的经验研究范式还能够应用于对其他行业的分析。未来研究中，可进一步搜集微观企业层面数据，深入探索买方市场势力对其余制造行业的效应，并与本书结论进行比对。本书只是开启了一扇窗，有关买方市场势力效应的奥秘还有待于进一步探索。

第四，本书探索了来自下游客户的买方市场势力对制药企业利润、工艺创新与产品创新、产品差异化与资产专用性的影响；但对于如何降低大客户市场势力、治理大客户依赖，化解潜在经营风险乃至推进企业高质量发展，仍需进一步探索。

（二）进一步研究方向

纵向关系指的是上下游行业、上下游企业之间的关系，其研究领域包括纵向企业间关系的基本特征、纵向企业的相互行为、影响纵向关系的产业环境因素、纵向行为策略的效应等。

纵向关系涵盖四种类型：纵向控制、纵向约束、抗衡势力和第三方平台主导。除了抗衡势力外，其他三种纵向关系都是未来的研究方向。

第一，对于纵向控制和纵向约束，可参考代表性文献 Dobson and Inderst（2008）、Rey and Whinston（2013）、Gabrielsen and Johansen（2015）和岳中刚（2008）的研究，从市场需求特征、零售商服务、信息特征等微观市场环境着手，讨论不同市场环境下纵向控制行为的影响及机理，比如上下游信息不对称、市场需求不确定。

第二，对于平台类型，可依托 Python 软件搜集消费者购买产品数据。在研究中，买方市场势力和卖方势力衡量指标的选取是需要解决的关键问题，需要设定两者最佳衡量指标展开研究，并选取替代变量进行稳健性检验。

参考文献

一 中文文献

白让让、谭诗羽：《研发模式、纵向一体化与自主品牌导入期的创新绩效》，《管理科学》2016 年第 4 期。

蔡基宏：《影响我国医药行业创新能力关键因素分析——美国的经验和启示》，《上海经济研究》2009 年第 11 期。

曹霞、张路蓬：《金融支持对技术创新的直接影响及空间溢出效应——基于中国 2003—2013 年省际空间面板杜宾模型》，《管理评论》2017 年第 7 期。

陈宏明、张畅：《上市公司客户集中度与盈利能力实证研究——来自创业板制造业的经验证据》，《会计之友》2017 年第 7 期。

陈峻、张志宏：《环境不确定性、客户集中度与投资效率》，《财经论纵》2016 年第 4 期。

程贵孙：《买方势力理论研究评述》，《经济学动态》2010 年第 3 期。

丁正良、于冠一：《买方势力与资产专用性对中国制药业技术创新影响的实证》，《产经评论》2019 年第 2 期。

付红艳、李长英：《国有连锁企业买方势力的福利分析》，《产业经济评论》2009 年第 4 期。

付红艳、赵爱姣：《买方势力、工艺创新与社会福利——基于多阶段博弈分析》，《中外企业家》2015 年第 25 期。

高山行、李炎炎：《生物医药企业政治行为与原始性创新：知识管理的中介作用》，《科学学与科学技术管理》2018 年第 7 期。

郭晓玲、李凯、石俊国：《买方市场势力、市场竞争环境与研发投入——

基于高新技术上市公司的经验证据》,《科研管理》2021 年第 11 期。

郭晓玲、李凯:《市场势力、资产专用性与企业研发投入:来自卖方与买方双维度考量的实证研究》,《科技进步与对策》2019 年第 20 期。

郭永、周鑫:《资产专用度、买方抗衡势力与战略联盟——对航空公司拖欠机场费用案例的考察》,《产业经济研究》2010 年第 5 期。

韩敬稳、赵道致:《零售商主导型供应链绩效的行为博弈分析》,《管理科学》2012 年第 2 期。

何然:《买方势力——反垄断法视域下的新思考》,法律出版社 2014 年版。

何玉润、林慧婷,王茂林:《产品市场竞争、高管激励与企业创新——基于中国上市公司的经验证据》,《财贸经济》2015 年第 2 期。

黄建军、李英:《零售商控制的经济效应及其政策含义》,《云南社会科学》2014 年第 3 期。

简泽、段永瑞:《企业异质性、竞争与全要素生产率的收敛》,《管理世界》2012 年第 8 期。

李超:《宏观环境对我国医药行业的影响分析》,《特区经济》2016 年第 8 期。

李丹蒙、王俊秋、张裕恒:《关系网络、产权性质与研发投入》,《科研管理》2017 年第 8 期。

李凯、陈浩:《消费者偏好背景下的买方抗衡势力形成与影响》,《管理科学》2011 年第 5 期。

李凯、丁正良、于冠一:《买方势力对医药产业利润的空间溢出效应》,《产经评论》2017 年第 6 期。

李凯、丁正良、于冠一:《买方势力空间溢出效应研究——基于空间杜宾模型》,《管理科学》2019 年第 6 期。

李凯、高佳琪:《基于买方垄断势力的产业集群纵向压榨分析》,《东北大学学报》(自然科学版)2011 年第 7 期。

李凯、郭晓玲:《买方势力与技术创新:研究综述与未来展望》,《科研管理》2019 年第 4 期。

李凯、李伟:《零售商买方势力一定会导致通道费吗?——基于纵向市场结构的合作博弈分析》，《产经评论》2014 年第 6 期。

李凯、李伟：《主导零售商买方势力背景下的制造商技术创新决策》，《技术经济》2015 年第 2 期。

李凯、刘智慧、苏慧清等：《买方抗衡势力对上游企业质量创新的影响——基于零售商 Stackelberg 竞争的分析》，《运筹与管理》2014 年第 6 期。

李凯、刘智慧、苏慧清：《买方抗衡势力对上游产品创新的激励研究》，《产业经济评论》2014 年第 3 期。

李青原、王永海：《资产专用性与公司资本结构——来自中国制造业股份有限公司的经验证据》，《会计研究》2006 年第 7 期。

李伟：《产业演进中的技术创新与市场结构关系——兼论熊彼特假说的中国解释》，《科研管理》2009 年第 6 期。

李伟：《基于横向市场竞争和纵向交易模式差异的买方势力经济效应和反垄断规制研究》，博士学位论文，东北大学，2018 年。

凌超、张赞：《纵向市场结构与企业创新——一个文献综述》，《商业经济与管理》2014 年第 9 期。

刘端、王竹青：《不同市场竞争条件下客户关系集中度对企业现金持有的影响——基于中国制造业上市公司的实证》，《管理评论》2017 年第 4 期。

刘智慧、李凯、苏慧清：《下游竞争、买方谈判能力与上游产品差异化》，《产经评论》2013 年第 2 期。

马龙龙、裴艳丽：《零售商买方势力的滥用及其对策研究》，《商业经济与管理》2003 年第 5 期。

钱春海、贺旭光、欧阳令南：《交易费用、资产专用性与企业融资决策》，《上海管理科学》2002 年第 2 期。

钱晓东：《政府质量、产权性质与现金股利》，《经济与管理评论》2019 年第 4 期。

任曙明、许梦洁、王倩等：《并购与企业研发：对中国制造业上市公司的研究》，《中国工业经济》2017 年第 7 期。

申慧慧、吴联生、肖泽忠：《环境不确定性与审计意见：基于股权结构的考察》，《会计研究》2010 年第 12 期。

沈秋欢：《药品参考价格制度典型国家创新药品定价与补偿机制》，《中国新药杂志》2017 年第 14 期。

石奇、岳中刚：《零售商对制造商实施纵向约束的机制和绩效评价》，《中国工业经济》2008 年第 5 期。

石亚如、褚淑贞：《药品价格对药品创新的影响——基于系统动力学视角》，《中国新药杂志》2017 年第 10 期。

苏东水：《产业经济学》，高等教育出版社 2014 年版。

苏慧清：《消费者偏好背景下买方抗衡势力形成机理及其影响研究》，博士学位论文，东北大学，2017 年。

孙晓华、郭旭、王昀：《政府补贴、所有权性质与企业研发决策》，《管理科学学报》2017 年第 6 期。

孙晓华、郑辉：《买方势力对工艺创新与产品创新的异质性影响》，《管理科学学报》2013 年第 10 期。

孙晓华、郑辉：《买方势力、资产专用性与技术创新——基于中国汽车工业的实证检验》，《管理评论》2011 年第 10 期。

王爱群、赵东：《客户集中度与研发资本化——沪深 A 股上市公司的经验证据》，《科技管理研究》2019 年第 8 期。

王丹、李丹、李欢：《客户集中度与企业投资效率》，《会计研究》2020 年第 1 期。

王永海、范明：《资产一体化、市场均衡与资产定价——一种适用于企业资产定价的资本定价模型（CAPM）扩展形式》，《数量经济技术经济研究》2004 年第 4 期。

王昀、孙晓华：《加价能力、行业结构与企业研发投资——市场势力与技术创新关系的再检验》，《科研管理》2018 年第 6 期。

王再平：《零售商买方势力：福利分析及公共政策》，《上海财经大学学报》2007 年第 4 期。

吴清萍、怡红：《零售商买方势力的消费者福利效应分析》，《江苏商论》2010 年第 11 期。

吴清萍、怡红：《零售商买方势力定义辨析》，《产业经济研究》2009 年第 3 期。

吴清萍、怡红：《上游市场价格歧视的形成机理及影响——大型零售商买方势力的水床效应分析》，《价格理论与实践》2008 年第 4 期。

吴延兵：《市场结构、产权结构与 R&D——中国制造业的实证分析》，《统计研究》2007 年第 5 期。

吴祖光、万迪舫、康华：《客户集中度、企业规模与研发投入强度——来自创业板上市公司的经验证据》，《研究与发展管理》2017 年第 5 期。

肖兴志、王伊攀、李姝：《政府激励、产权性质与企业创新》，《财经问题研究》2013 年第 12 期。

谢永平、孙永磊、张浩淼：《资源依赖、关系治理与技术创新网络企业核心影响力形成》，《管理评论》2014 年第 8 期。

徐虹、林钟高、芮晨：《客户关系与企业研发投资决策》，《财经论丛》2016 年第 1 期。

薛澜、郭薇、乔雪：《简政放权环境下的社会性规制探析——以中国药品准入规制为例》，《中共中央党校学报》2016 年第 4 期。

杨城、朱顺林：《企业和行业视角下创新的差异研究——以中国医药行业上市公司为例》，《科技与经济》2017 年第 6 期。

姚维保：《我国生物技术与新医药产业专利保护：现状、问题与可持续创新战略》，《科技管理研究》2005 年第 9 期。

殷天红、颜建周、邵蓉：《市场独占利益对制药行业创新的激励作用》，《中国新药杂志》2015 年第 17 期。

袁精华：《当前国内外医药行业的形势及特点》，《中国经贸》2007 年第 1 期。

岳中刚：《基于零售商主导的纵向约束研究评述》，《产业经济研究》2008 年第 1 期。

岳中刚：《零售商抗衡势力的理论与实证研究综述》，《产业经济研究》2010 年第 1 期。

岳中刚、石奇：《零售商主导的纵向约束及规制研究综述》，《商业经济与管理》2008 年第 3 期。

张庆霖、郭嘉怡：《政府规制、买方势力与技术创新：中国医药产业的研究》,《当代财经》2013 年第 6 期。

赵玻:《零售商市场势力及其福利效应》,《财经理论与实践》2005 年第
　1 期。

赵秀云、鲍群:《供应商与客户关系是否影响企业现金持有水平——基于
　制造业上市公司面板数据的实证分析》,《江西财经大学学报》2014 年
　第 5 期。

郑登攀、章丹:《供应商和客户参与对企业技术创新绩效的影响——考虑
　供应商和客户的议价能力》,《技术经济》2016 年第 6 期。

周黎安、罗凯:《企业规模与创新:来自中国升级水平的经验证据》,《经
　济学》(季刊)2005 年第 2 期。

周勤、黄亦然:《渠道势力、纵向压榨与过度投资》,《南开经济研究》
　2008 年第 4 期。

周霄雪、王永进:《跨国零售企业如何影响了中国制造业企业的技术创
　新?》,《南开经济研究》2015 年第 6 期。

周煜皓、张盛勇:《金融错配、资产专用性与资本结构》,《会计研究》
　2014 年第 8 期。

朱有为、徐康宁:《中国高技术产业研发效率的实证研究》,《中国工业经
　济》2006 年第 11 期。

庄尚文、赵亚平:《跨国零售买方势力的福利影响与规制思路——以通道
　费为例的模型分析》,《财贸经济》2009 年第 3 期。

[美] 哈罗德·德姆塞茨:《所有权、控制与企业——论经济活动的组
　织》,段毅才等译,经济科学出版社 1999 年版。

二 外文文献

Abernathy W. J. , Utterback J. M. , *Innovation and the Evolution of Technology
　in the Firm*, Harvard University Press, Cambridge, 2005.

Acharya V. , Baghai R. , Subramarian K. , " Labor Laws and Innovation",
　Journal of Law and Economics, 2013, (56) .

Acs A. J. , Audretsch D. B. , *Innovation and Small Firms*, Cambridge: MIT
　Press, 1990.

Aghion P. , Howitt P. , "A Model of Growth through Creative Destruction", *Econometrica*, 1992, 60 (2) .

Akbas H. E. , Karaduman H. A. , "The Effect of Firm Size on Profitability: An Empirical Investigation on Turkish Manufacturing Companies", *European Journal of Economics*, *Finance and Administrative Sciences*, 2012, (55) .

Albert A. F. , "Mr. Magoo Visits Wal-Mart: Finding the Right Lens for Antitrust", Working Paper, 2006, No. 06 – 07.

Almeida P. , Kogut B. , "The Exploration of Technological Diversity and Geographic Localization in Innovation: Start-up Firms in the Semiconductor Industry", *Small Business Economics*, 1997, 9 (1) .

Amici M. , Giacomelli S. , Manaresi F. , et al. , "Red Tape Reduction and Firm Entry: New Evidence from an Italian Reform", *Economics Letters*, 2016, (146) .

Anton J. J. , Greene H. , Yao D. A. , "Policy Implications of Weak Patent Rights", *Innovation Policy and the Economy*, 2006, 6 (1) .

Anwar S. , Sun S. , "Foreign Entry and Firm R&D: Evidence from Chinese Manufacturing Industries", *R&D Management*, 2013, 43 (4) .

Arrow K. , *Economic Welfare and the Allocation of Resources for Invention*, Princeton: Princeton University Press, 1962.

Audretsch D. B. , Feldma M. P. , "R&D Spillovers and the Geography of Innovation and Production", *American Economic Review*, 1996, 86 (3) .

Bain J. S. , *Industry Organization*, New York: Wiley, 1959.

Barbosa N. , Faria A. P. , "Innovation across Europe: How Important are Institutional Differences?", *Research Policy*, 2011, 40 (9) .

Barney B. , "Firm Resources and Sustained Competitive Advantage", *Journal of Management*, 1991, 17 (1) .

Battigalli P. , Fumagalli C. , Polo M. , "Buyer Power and Quality Improvements", *Research in Economics*, 2007, 61 (2) .

Baumann J. , Kritikos A. S. , "The Link between R&D, Innovation and Productivity: Are Micro Firms Different?", *Research Policy*, 2016, 45 (6) .

Beckert W. , "An Empirical Analysis of Countervailing Power In Business-to-Business Bargaining", *Review of Industrial Organization*, 2018, 52 (3).

Beneito P. , Sanchis A. , "Patents, Competition, and Firms' innovation Incentives", *Industry and Innovation*, 2014, 21 (4).

Bjarni J. , "Does the Size Matter? the Relationship between Size and Profitability of Icelandic Firs", *Bifröst Journal of Social Science*, 2007, 1 (1).

Blundell R. , Griffith R. , Reenen J. V. , "Market Share, Market Value and Innovation in a Panel of British Manufacturing Firms", *Review of Economic Studies*, 1999, 66 (3).

Bönte W. , Wiethaus L. , "Why Powerful Buyers Finance Suppliers R&D", *Schumpeter Discussion Papers*, 2008.

Blair R. D. , Harrison J. L. , *Monopoly: Antitrust Law and Economics*, Princeton: Princeton University Press, 1993.

Brandow G. E. , "Market Power and Its Sources in the Food Industry", *American Journal of Agricultural Economics*, 1969, 51 (1).

Bripi F. , "The Role of Regulation on Entry: Evidence from the Ltalian Provinces", *World Bank Policy Research Working Paper*, 2016.

Bowsher C. G. , Meeks R. , "The Dynamics of Economic Functions: Modeling and Forecasting the Yield Curve", *Journal of the American Statistical Association*, 2008, 13 (484).

Cabagnols A. , Le Bas C. , "Differences in the Determinants of Product and Process Innovations: The French Case", In Kleinknecht A, Mohnen P. Innovation and Firm Performance. Econometric Explorations of Survey Data, Palgrave, Basingstoke, 2002.

Caprice S. , Rey P. , "Buyer Power from Joint Listing Decision", *The Economic Journal*, 2015, 125 (589).

Chamarbagwala R. , Sharma G. , "Industrial De-licensing, Trade Liberalization, and Skill Upgrading in Lndia", *Journal of Development Economics*, 2010, 96 (2).

Chambolleab C. , Villas-Boasc S. B. , "Buyer Power Through the Differentiation of Suppliers", *International Journal of Industrial Organization*, 2015, (43).

Chao A. C., Lee J. Y., Wang L. F. S., "Stackelberg Competition, Innovation and Social Efficiency of Entry", *The Manchester School*, 2017, 85 (1).

Chen V. Z., Li J., Shapiro D. M., et al., "Ownership Structure and Innovation: An Emerging Market Perspective", *Asia Pacific Journal of Management*, 2014, 31 (1).

Chen L. G., Ding D., Ou J., "Power Structure and Profitability in Assembly Supply Chains", *Production & Operation Management*, 2015, 23 (9).

Chen P. Y., Chen K. Y., Wu L. Y., "The Impact of Trust And Commitment on Value Creation in Asymmetry Buyer-Seller Relationships: The Mediation Effects of Specific Assets Investments", *Journal of Business & Industrial Marketing*, 2017, 32 (3).

Chen Y., Schwartz M., "Product Innovation Incentive: Monopoly Vs Competition", *Journal of Economics and Management Strategy*, 2013, 22 (3).

Chen Z. Q., "Dominant Retailers and the Countervailing-power Hypothesis", *The RAND Journal of Economics*, 2003, 34 (4).

Chen Z. Q., "Countervailing Power and Product Diversity", *Working Paper*, 2004.

Chen Z. Q., "Buyer Power: Economic Theory and Antitrust Policy", *Research in Law & Economics*, 2007, 22 (1).

Chen Z. Q., "Defining Buyer Power", *The Antitrust Bulletin*, 2008, 53 (2).

Chen Z. Q., Ding H, Liu Z., "Downstream Competition and the Effects of Buyer Power", *Review of Industrial Organization*, 2016, 49 (1).

Chen Z. Q., "Supplier Innovation in the Presence of Buyer Power", *International Economic Review*, 2019, 60 (1).

Chowdhury R. H., Maung M. "Financial Market Development and the Effectiveness of R&D Investment: Evidence from Developed and Emerging Countries", *Research in International Business and Finance*, 2012, 26 (2).

Christensen C. M., Bower J. L., "Customer Power, Strategic Investment, and the Failure of Leading Firms", *Strategic Management Journal*, 1996, 17 (3).

Christou C., Papadopoulos K. G., "The Countervailing Power Hypothesis in the Dominant Firm-Competitive Fringe Model", *Economics Letters*, 2015, (126).

Clarke R., Davies S., Dobson P. W., et al., "Buyer Power and Competition in European Food Retailing", *Review of Industrial Organization*, 2003, 22 (4).

Coase R. H., "The Nature of the Firm", *Economica*, 1937, 4 (16).

Cohen W. M., Levinthal D. A., "Innovation and Learning: The two Faces of R&D", *The Economic Journal*, 1989, 99 (397).

Cool K., Henderson J., "Power and Firm Profitability in Supply Chains: French Manufacturing Industry in 1993", *Strategic Management Journal*, 1998, 19 (10).

Cornaggia J., Mao Y., Tian X., et al., "Does Banking Competition Affect Innovation?", *Journal of Financial Economics*, 2015, 115 (1).

Correa J. A., Ornaghi C., "Competition and Innovation: Evidence from U. S. Patent and Productivity Data", *Journal of Industrial Economics*, 2014, 62 (2).

Competition Commission, "The Supply of Groceries in the UK Market Investigation", 2008.

Cotterill R., "Market Power in the Retail Food Industry: Evidence from Vermont", *Review of Economics and Statistics*, 1986, 68 (3).

Cottschalk S., Janz N., "Innovation Dynamics and Endogenous Market Structure", Centre for European Economic Research (ZEW), Working Paper, 2001, No. 01 – 39.

Cowan K., Paswan A. K., Steenburg E. V., "When Inter-Firm Relationship Benefits Mitigate Power Asymmetry", *Industrial Marketing Management*, 2015, (48).

Crepon B., et al. "Research, Innovation and Productivity: An Econometric Analysis at the Firm Level", *Economics of Innovation and New Technology*, 1998, 7 (2): 1998, 7 (2).

Cushing W. W. J., McCarty D. E., "Asset Specificity and Corporate Governance: An Empirical Test", *Managerial Finance*, 1996, 22 (2).

Czarnitzki D., Toole A. A., "The R&D Investment-Uncertainty Relationship: Do Strategic Rivalry and Firm Size Matter?", *Managerial and Decision Economics*, 2013, 34 (1).

Deng L., Wang R. M., Dong T., et al., "Assessing the Table Grape Supply Chain Performance in China-a Value Chain Analysis Perspective", *British Food Journal*, 2016, 118 (5).

Dertwinkel-kalt M., Haucap J., Wey C., "Raising Rivals' Cost through Buyer Power", *Economics Letters*, 2015, (126).

Dey, D., "Are Small-sized Firms Really Innovation? Understanding the Indian Scenario", *Current Size*, 2017, 12 (6).

Dhaliwal D., Judd J. S., Serfling M., Shaikh S., "Customer Concentration Risk and the Cost of Equity Capital", *Journal of Accounting and Economics*, 2016, 61 (1).

Dobson P. W., Waterson M., "Countervailing Power and Consumer Prices", *The Economic Journal*, 1997, 107 (441).

Dobson P. W., Waterson M., Chu A., The Welfare Consequences of the Exercise of Buyer Power, Office of Fair Trading Research Paper 16, 1998.

Dobson P. W., "Exploiting Buyer Power: Lessons from the British grocery trade", *Antitrust law Journal*, 2005, 72 (2).

Dobson P. W., Inderst R., "The Waterbed Effect: Where Buying and Selling Power Come Together", *Wisconsin Law Review*, 2008, (2).

Dosi G., "Sources, Procedures, and Microeconomic Effects of Innovation", *Journal of Economic Literature*, 1988, 26 (3).

Dowlatshahi S., "Bargaining Power in Buyer-Supplier Relationships", *Production and Inventory Management Journal*, 1999, 40 (1).

Ebers M., Semrau T., "What Drives the Allocation of Specific Investments

Between Buyer and Supplier?", *Journal of Business Research*, 2015, 68 (2).

Eisenberg R. S., "The Role of the FDA in Innovation Policy", *Michigan Tele-communications and Technology Law Review*, 2007, 13 (2).

Elking I., Paraskevas J., Grimn C., et al. "Financial Dependence, Lean Inventory Strategy, and Firm Performance", *Journal of Supply Chain Management*, 2017, 53 (2).

Ellison S. F., Snyder C. M., "Countervailing Power in Wholesale Pharmaceuticals", *The Journal of Industrial Economics*, 2010, 58 (1).

Erutku C., "Buying Power and Strategic Interactions", *Canadian Journal of Economics*, 2005, 38 (4).

European Commission, "Buyer Power and Its Impact on Competition in the Food Retail Distribution Sectorof the European Union", Report Produced for the European Commission, Brussels, 1999.

Fabbri D., Menichini A. M. C., "Trade Credit, Collateral Liquidation, and Borrowing Constraints", *Journal of Financial Economics*, 2010, 96 (3).

Farber S. C., "Buyer Market Structure and R&D Efforts: A Simultaneous Equations Model", *Review of Economics & Statistics*, 1981, 63 (3).

Faulí-Oller R., Sandonis J., Santamaria J., "Downstream Mergers and Upstream Investment", *The Manchester School*, 2011, 22 (4).

Foellmi R., Zweimuller J., "Is Inequality Harmful for Innovation and Growth? Price Versus Market Size Effects", *Journal of Evolutionary Economics*, 2017, 27 (2).

Fumagalli C., Motta M., "Buyers' Miscoordination, Entry and Downstream Competition", *The Economic Journal*, 2008, 118 (531).

Gabrielsen T. S., Johansen B. O., "Buyer Power and Exclusion in Vertically Related Markets", *International Journal of Industrial Organization*, 2015, (38).

Galbraith J. K., *American Capitalism: The Concept of Countervailing Power*, New York: Houghton Mifflin, 1952.

Galbraith C. S. , Stiles C. H. , "Firm Profitability and Relative Firm Power", *International Journal of Industrial Organization*, 1983, 4 (3) .

Gastineau D. A. , "Will Regulation be the Death of Cell Therapy in the United States?", *Bone Marrow Transplantation*, 2004, 33 (8) .

Gayle P. G. , "Market Concentration and Innovation: New Empirical Evidence on the Schumpeterian Hypothesis", University of Colorado at Boulder, Center of Economic Analysis, Working Paper, 1 – 14.

Geroski P. A. , "Vertical Relations Between Firms and Industrial Policy", *The Economic Journal*, 1992, 102 (410) .

Geroski P. A. , *Market Structure*, *Corporation Performance and Innovative Activity*, Oxford: Clarendon Press, 1994.

Ghosal V. , Loungani P. , "The Differential Impact of Uncertainty on Investment in Small and Large Businesses", *Review of Economics and Statistics*, 2000, 82 (2) .

Giannetti M. , Burkart M. , Ellingsen T. , "What You Sell is What You Lend? Explaining Trade Credit Contracts", *Review of Financial Studies*, 2011, 24 (4) .

Goel R. K. , Ram R. , "Irreversibility of R&D Investment and the Adverse Effect of Uncertainty: Evidence From the OECD Countries", *Economic Letters*, 2001, 71 (2) .

Gosman M. L. , Kohlbeck M. J. , "Effects of the Existence and Identity of Major Customers on Supplier Profitability: Is Wal-Mart Different? ", *Journal of Management Accounting Research*, 2009, 21 (1) .

Griffith R. , Harrison R. , Simpson H. , "Product Market Reform and Innovation in the EU", *Scandinavian Journal of Economics*, 2010, 112 (2) .

Grossman G. M. , Helpman E. , "Quality Ladders in the Theory of Growth", *Review of Economic Studies*, 1991, 58 (1) .

Gschwandtner, A. , "Profit Persistence in the 'Very' Long Run: Evidence From Survivors and Exiters", *Applied Economics*, 2005, 37 (7) .

Harhoff D. "Strategic Spillovers and Incentives For Research and Development", *Management Science*, 1996, 42 (6).

Hagedoorn J., Cloodt M., "Measuring Innovative Performance: Is There an Advantage in Using Multiple Indicators?", *Research Policy*, 2003, 32 (8).

Hall R. E., "Market Structure and Macroeconomic Fluctuations", *Brookings Papers on Economic Activity*, 1986, (2).

Hartwing R., Inderfurth K., Sadrieh A., et al. "Strategic Inventory and Supply Chain Behavior", *Production and Operation Management*, 2015, 24 (8).

Hashmi A. R., Van Biesebroeck J., "The Relationship between Market Structure and Innovation in Industry Equilibrium: A Case Study of the Global Automobile Industry", *The Review of Economics and Statistics*, 2016, 98 (1).

Hauptman O., Roberts E. B., "FDA Regulation of Product Risk and Its Impact Upon Young Biomedical Firms", *Journal of Product Innovation Management*, 1987, 4 (2).

Hotelling H., "Stability in Competition", *Economic Journal*, 1929, 39 (153).

Hu B., Duenyas I., Beil D. R., "Does Pooling Purchases Lead to Higher Profits?", *Management Science*, 2013, 59 (7).

Hunter A., "Notes on Countervailing Power", *Economic Journal*, 1958, (68).

Hsu P. H., Hui H., Lee H. H., *Supply Chain Knowledge Floe*, *Innovation and Profitability*, Social Science Electronic Publishing, 2015.

Inderst R., Wey C., "Bargaining, Mergers, and Technology Choice in Bilaterally Oligopolistic Industries", *The Rand Journal of Economics*, 2003, 34 (1).

Inderst R., Wey C., "How Strong Buyers Spur Upstream Innovation", *Centre for Economic Policy Research*, 2005, 6 (10).

Inderst R., Wey C., "Buyer Power and Supplier Incentives", *European Economic Review*, 2007, 51 (3).

Inderst R., Wey C., "Countervailing Power and Dynamic Efficiency", *Journal of the European Economic Association*, 2011, 9 (4).

Inderst R. , Shaffer G. , "Retailer Mergers, Buyer Power and Product Variety", *The Economic Journal*, 2007, 117 (516) .

Inderst R. , Valletti T. M. , "Market Analysis in the Presence If Indirect Constraints and Captive Sales", *Journal of Competition Law and Economics*, 2007, 3 (2) .

Inderst R. , Valletti T. M. , "Buyer Power and the 'Waterbed Effect'", *The Journal of Industrial Economics*, 2011, 59 (1) .

Irvine P. I. , Pontiff J. , Notes A. , "Idiosyncratic Return Volatility, Cash Flows, and Product Market Competition", *The Review of Financial Studies*, 2009, 22 (3) .

Itzkowiz J. , "Customers and Cash: How Relationships Affects Suppliers' Cash Holdings", *Journal of Corporate Finance*, 2013, (19) .

Jain V. , Kumar S. , Kundu A. , et al. , "Linking Procurement Operations to Power-Influence in a Supply Chain", *Journal of Manufacturing Systems*, 2016, (41) .

Johansen B. O. , *The Effects of Buyer Power on Long-term Welfare*, Bergen: University of Bergen, 2007.

Jovanovic D. , Inderst R. , Jakubovic Z. , *Buyer Power and Functional Competition For Innovation*, Mpra Papers, 2013.

Kalayc K. , Potters J. , "Buyer Confusion and Market Prices", *International Journal of Industrial Organization*, 2011, 29 (1) .

Kaldor N. , *Causes of Slow Rate of Economic Growth of the United Kingdom: An Inaugural Lecture*, Cambridge: Cambridge University Press, 1996.

Katz M. L. , "The Welfare Effects of Third-Degree Price Discrimination in Intermediate Good Markets", *The American Economic Review*, 1987, 77 (1) .

Katz A. , "PharmaceuticalLemons: Innovation and Regulation in the Drug Industry", *Michigan Telecommunications and Technology Law Review*, 2007, 14 (1) .

Kelly T. , Gosman M. L. , "Increased Buyer concentration and its Effects on

Profitability in the Manufacturing Sector", *Review of Industrial Organization*, 2000, 17 (1).

King S. P., "Buyer Group, Antitrust and Outside", *Economic Record*, 2013, 89 (284).

Kirkwood J. B., "Buyer Power and Exclusionary Conduct: Should Brooke Group Set the Standard For Buyer-Induced Price Discrimination and Predatory Bidding Symposium", *Antitrust Law Journal*, 2005, 72 (2).

Kirkwood J. B., "Buyer Power and Healthcare Price", *Washington Law Review*, 2016, 91 (1).

Klepper S., "Entry, Exit, Growth, and Innovation Over the Product Life Cycle", *American Economic Review*, 1996, 86 (3).

Klevorick A. K., Levin R. C., Nelson R. R., et al., "On the Sources and Significance of Interindustry Differences in Technological Opportunities", *Research Policy*, 1995, 24 (2).

Köhler C., Rammer C., "Buyer Power and Suppliers' Incentives to Innovate", *Zew Discussion papers*, 2012.

Köhler C., "Bargaining in Vertical Relationships and Suppliers' R&D Profitability", *Zew Discussion Papers*, 2014.

Kokkoris I., "Buyer Power Assessment in Competition Law: A Boon or a Menace?", *World Competition*, 2006, 29 (1).

Krolikowski M., Yuan X. J., "Friend or Foe: Customer-supplier Relationships and Innovation", *Journal of Business Research*, 2017, (78).

Kyung T. K., Jung S. L., Su-Yol L., "Chain Reactions of a Collaborative Buyer-Supplier Relationship: The Mediating Role of Relationship Quality on Innovation Performance", *Total Quality Management and Business Excellence*, 2019, 30 (12).

Lambertini L., Ornini R., "Quality Improvement and Process Innovation in Monopoly: A Dynamic Analysis", *Operation Research Letters*, 2015, 43 (4).

Lariviere M. A., Padmanabhan V., "Slotting Allowances and New Product Introductions", *Marketing Science*, 1997, 16 (2).

Lerner A. P. , "The Concept of Monopoly and the Measurement of Monopoly Power", *Review of Economic Studies*, 1934, 1 (3) .

Li K. , Su H. Q. , Liu Z. H. , et al. , Countervailing Power and Upstream Product Innovation Incentive, International Conference on Management Science & Engineering, Harbin, China, 2013, (7) .

Liu W. P. , "Knowledge Exploitation, Knowledge Exploration, and Competency Trap", *Knowledge and Process Management*, 2006, 13 (3) .

Lustgarten S. H. , "The Impact of Buyer Concentration in Manufacturing Industries", *The Review of Economics and Statistics*, 1975, 57 (2) .

Ma S. , Hofer A. R. , Aloysius J. , "Supplier Dependence Asymmetry and Investment in Innovation: The Role of Psychological Uncertainty", *Journal of Purchasing & Supply Management*, 2021, 27 (2) .

Makkonen M. , Aminoff A. , Valkokari K. , "Stimulating Supplier Innovation in a Complex and Regulated Business Environment—A Dyadic Case Study", *International Journal of Innovation Management*, 2018, 22 (3) .

Maksimovic V. , Titman S. , "Financial Policy and Reputation for Product Quality", *Review of Financial Studies*, 1991, 4 (1) .

Marx L. M. , Shaffer G. , "Upfront Payments and Exclusion in Downstream Markets", *The RAND Journal of Economics*, 2007, 38 (3) .

Marx L. M. , Shaffer G. , "Slotting Allowances and Scare Shelf Space", *Journal of Economics and Management Strategy*, 2010, 19 (3) .

Matsushima N. , Yoshida S. , "The Countervailing Power Hypothesis When Dominant Retailers Function as Sales Promoters", Working Paper, 2017.

Mills D. E. , "Buyer Power and Industry Structure", *Review of Industrial Organization*, 2010, 36 (3) .

Mills D. E. , "Buyer-induced Exclusive Dealing", *Southern Economic Journal*, 2017, 84 (1) .

Mocnik D. , "Asset Specificity and A Firm'S Borrowing Ability: An Empirical Analysis of Manufacturing Firms", *Journal of Economics Behavior and Organization*, 2001, 45 (1) .

Mule R. K. , Mukras M. S. , Nzioka O. M. , "Corporate Size, Profitability and Market Value: An Econometric Panel Analysis of Listed Firms in Kenya", *European Scientific Journal*, 2015, (11).

Munos B. , "Lessons from 60 Years of Pharmaceutical Innovation", *Nature Reviews Drug Discovery*, 2009, 8 (12).

Mussa M. , Rosen S. , "Monopoly and Product Quality", *Journal of Economic Theory*, 1978, 18 (2).

Nelson R. R. , Winter S. G. , "The Schumpeterian Tradeoff Revisited", *American Economic Review*, 1982, 72 (1).

Noll R. G. , " 'Buyer Power' and Economics Policy", *Antitrust Law Journal*, 2005, 72 (2).

Nyaga G. N. , Lynch D. F. , Marshall D. , et al. "Power Asymmetry, Adaptation and Collaboration in Dynamic Relationships Involving A Power Partner", *Journal of Supply Chain Management*, 2013, 49 (3).

OECD, "Buying Power: The Exercise of Market Power By Dominant Buyers", Report of the Committee of Experts on Restrictive Practices, 1981.

OECD, "Buying Power of large Scale Multiproduct Retailers", Background Paper by the Secretariat, Roundtable on Buyer Power, 1998.

Orland A. , Selten R. , "Buyer Power in Bilateral Oligopolies with Advance Production: Experimental Evidence", *Journal of Economic Behavior and Organization*, 2016, (122).

Özgülbas N. , Koyuncugil A. S. , Yilmza F. , "Identifying the Effect of Firm Size on Financial Performance of SMEs", *The Business Review*, 2006, 6 (1).

Röder C. , Herrmann R. , Connor J. M. , "Determinants of New Product Introductions in the Us Food Industry: A Panel-Model Approach", *Applied Economics Letters*, 2000, 7 (11).

Penrose E. T. , *The Theory of the Growth of the Firm*, New York: Oxford University Press, 1959.

Peters J. , "Buyer Market Power and Innovative Activities", *Review of Industri-*

al Organization, 2000, 16 (1).

Porter M. E., Inter brand Choice, *Strategy and Bilateral Market Power*, Cambridge, MA: Harvard University Press, 1976.

Porter M. E., *Competition Strategy*: *Techniques for Analyzing Industry and Competitions*, New York: Free Press, 1980.

Prahalad C. K., Hamel G., "The Core Competence of Corporation", *Harvard Business Review*, 1990, 68 (3).

Raghupathi V., Raghupathi W., "Innovation at Country-level: Association Between Economic Develop and Patents", *Journal of Innovation and Entrepreneurship*, 2017, 6 (1).

Ravenscraft D. J., "Structure-Profit Relationships at the Line of Business and Industry Level", *The Review of Economics and Statistics*, 1983, 65 (1).

Rey P., Whinston M. D., "Does Retailer Power Lead to Exclusion?", *The RAND Journal of Economics*, 2013, 44 (1).

Robert P. L., Langlois R. N., "Innovation, Networks, and Vertical Integration", *Research Policy*, 1995, 24 (4).

Ruffle B. J., "Some Factors Affecting Demand Withholding in Posted-Offer Markets", *Economic Theory*, 2000, (16).

Ruffle B. J., "When Do Large Buyers Pay Less? Experimental Evidence", *The Journal of Industrial Economics*, 2013, 61 (1).

Salop S., "Monopolistic Competition with Experience Goods", *Bell Journal of Economics*, 1979 (10).

Scherer F. M., "Market Structure and the Employment of Scientists and Engineers", *American Economic Review*, 1967, 57 (3).

Scherer F. M., "Demand-Pull and Technological Invention: Schmookler Revisited", *The Journal of Industrial Economics*, 1982, 30 (3).

Schumacher U., "Buyer Structure and Seller Performance in U. S. Manufacturing Industries", *The Review of Economics and Statistics*, 1991, 73 (2).

Schumpeter J. A., *The Theory of Economic Development*, New York: Springer US, 1912.

Schumpeter J. A. , *Capitalism*, *Socialism*, *and Democracy*, New York: Harper and Brothers, 1942.

Schmalensee R. , "Do Markets Differ Much?", *The American Economic Review*, 1985, 75 (3) .

Shaffer G. , "Slotting Allowances and Resale Price Maintenance: A Comparison of Facilitating Practices", *Rand Journal of Economics*, 1991, 22 (1) .

Shaw A. W. , "Some Problems in Market Distribution", *Quarterly Journal of Economics*, 1912, 26 (4) .

Scherer F. M. , *Industrial Market Structure and Economic Performance*, Chicago: Rand Mcnally & Company, 1970.

Sheu J. B. , Gao X. Q. , "Alliance or No Alliance-Bargaining Power in Competing Reverse Supply Chains", *European Journal of Operation Research*, 2014, 233 (2) .

Smith H. , Thanassoulis J. , "Upstream Uncertainty and Countervailing Power", *International Journal of Industrial Organization*, 2012, 34 (6) .

Snyder C. M. , "A Dynamic Theory of Countervailing Power", *RAND Journal of Economics*, 1996, (27) .

Song J. , Wei Y. H. , Wang R. , "Market Orientation and Innovation Performance: The Moderating Roles of Firm Ownership Structure", *International Journal of Research in Marketing*, 2015, 32 (3) .

Stagnaro C. , "Competition and Innovation in Retail Electricity Markets: Evidence from Italy", *Economic Affairs*, 2017, 37 (1) .

Stefanadis C. , "Downstream Vertical Foreclosure and Upstream Innovation", *Journal of Industrial Economics*, 1997, 4 (5) .

Stigler G. J. , "The Economist Plays with Blocks", *American Economic Review Papers and Proceedings*, 1954, (44) .

Stuart T. , Wang Y. , "Who Cooks the Books in China, and Does It Pay? Evidence from Private, High-technology Firms", *Strategic Management Journal*, 2016, 37 (13) .

Sun Q. , Santoro M. A. , Meng Q. Y. , et al. , "Pharmaceutical Policy in Chi-

na", *Health Affairs*, 2008, 27 (4).

Suttonbrady C., Taylor T., Kamvounias P., "Private Label Brands: A Relationship Perspective", *Journal of Business & Industrial Marketing*, 2017, 32 (5).

Swan P. L., "Market Structure and Technological Progress: The Influence of Monopoly on Product Innovation", *Quartely Journal of Economics*, 1970, 84 (4).

Titman S., "The Effect of Capital Structure on a Firm's Liquidation Decision", *Journal of Financial Economics*, 1984, 13 (1).

Verdoorn P., "Fattori Che Regolano Lo Sviluppo Della Del Lavoro", *L' Industria*, 1949, (1).

Von Ungern-Sternberg T., "Countervailing Power Revisited", *International Journal of Industrial Organization*, 1996, 14 (4).

Waelbroeck P., Allain M. L., Competition between Retailers and Innovation, Paper Presented at the 30th Annual Conference of the European Association for Research in Industrial Economics, Helsinki: 2003.

Walsh P. P., Whelen C., Product Differentiation and Firms Size Distribution: An Application to Carbonated Soft Drinks, Discussion Paper, 2002.

Wang J. Q., Shin H., "The Impact of Contracts and Competition on Upstream Innovation in a Supply Chain", *Production and Operation Management*, 2015, 24 (1).

Wittkopp, A., Marktstruktur, Innovationsaktivität und Profitabilität Derdeutschen Ernährungswirtschaft: Das Beispiel Functional Food, University of Kiel, Department of Department of Food Economics and Consumption Studies, Working Paper EWP 0205, 2002.

Weiss C. R., Wittkopp A., "Buyer Power and Innovation of Quality Product: Empirical Evidence From the German Food Sector", Working Paper FE University of Kiel, 2003a.

Weiss C. R., Wittkopp A., "Buyer Power and Product Innovation: Empirical Evidence From the German Food Sector", Working Paper FE University of

Kiel, 2003b.

Weiss C. R. , Wittkopp A. "Retail Concentration and Product Innovation in Food Manufacturing", *European Review of Agricultural Economics*, 2005, 32 (2) .

Wen Z. , Wang J. Y. , "B2B Market Formation and Welfare Implication in a Buyer's Market", *Journal of Systems Sciences and Systems Engineering*, 2014, 23 (4) .

Wernerfelt B. "A Resource-Based View of the Firm", *Strategic Management Journal*, 1984, 5 (1) .

Wernerfelt B. A. , "From Critical Resources to Corporate Strategy", *Journal of General Management*, 1989, 14 (3) .

Williamson O. E. , *Markets and Hierarchies: Analysis and Antitrust Implications*, New York: The Free Press, 1975.

Willamson, O. E. , *The Economic Institute of Capitalism*, New York: Free Press, 1985.

Wrubel R. P. , Krimsky S. , Anderson M. D. , "Regulatory Oversight of Genetically Engineered Microorganisms: Has Regulation Inhibited Innovation?", *Environmental Management*, 1997, 21 (4) .

Wu M. L. , "Corporate Social Performance, Corporate Financial Performance, and Firm Size: A Meta-Analysis", *Journal of American Academy of Business*, 2006, 8 (1) .

Wyld J. , Pugh G. , Tyrrall D. , "Can Powerful Buyers 'Exploit' SME Suppliers? ", *Journal of Small Business and Enterprise Development*, 2012, 19 (2) .

Xue W. , Demirag O. C. , Niu B. , "Supply Chain Performance and Consumer Surplus under Alternative Structure of Channel Dominance", *European Journal of Operational Research*, 2014, 239 (1) .

附　　录

以研发人员强度衡量工艺创新稳健性检验结果

附表5.1　　　　　　总体样本工艺创新稳健性检验结果

解释变量	模型 1 随机效应	模型 2 随机效应	模型 3 随机效应
Bmp	− 0. 011 ** (− 2. 08)	− 0. 008 * (− 1. 74)	− 0. 002 * (− 1. 68)
Smp		0. 728 ** (2. 49)	0. 773 ** (2. 45)
Bmp * Smp		0. 521 (0. 38)	2. 499 (0. 12)
Asset			− 0. 028 ** (− 2. 37)
Govr			0. 030 (0. 29)
Size			0. 006 *** (3. 22)
Demand			− 0. 0006 (− 0. 44)
Rgdp			0. 003 ** (2. 48)

续表

解释变量	模型 1 随机效应	模型 2 随机效应	模型 3 随机效应
Gprofit			0.0006 (1.57)
Capital			0.021 *** (3.58)
C	0.117 *** (20.65)	0.120 *** (20.22)	0.133 (1.26)
Chibar2 (p)	1500.300 (0.000)	1484.240 (0.000)	1431.590 (0.000)
N	1450	1450	1450

附表 5.2　　　　**生物制药企业工艺创新稳健性检验结果**

解释变量	模型 1 随机效应	模型 2 随机效应	模型 3 随机效应
Bmp	-0.007 (-0.30)	-0.025 (-0.83)	-0.044 (-1.48)
Smp		2.189 ** (2.42)	1.767 * (1.86)
Bmp * Smp		2.782 ** (2.06)	4.039 * (1.89)
Asset			-0.045 * (-1.92)
Govr			0.210 (0.95)
Size			0.009 * (1.86)
Demand			-0.017 ** (-2.36)
Rgdp			0.0001 (0.06)

续表

解释变量	模型 1 随机效应	模型 2 随机效应	模型 3 随机效应
Gprofit			0.0003 (0.30)
Capital			0.032 ** (1.96)
C	0.131 *** (12.27)	0.143 *** (12.27)	0.365 (1.61)
Chibar2 (p)	341.750 (0.000)	323.040 (0.000)	293.600 (0.000)
N	410	410	410

附表 5.3　　　　生物制药细分企业工艺创新稳健性检验结果

解释变量	生物药品制造企业			基因工程药物和疫苗制造企业		
	模型 1 随机效应	模型 2 随机效应	模型 3 随机效应	模型 1 随机效应	模型 2 随机效应	模型 3 随机效应
Bmp	-0.002 (-0.07)	-0.010 (-0.27)	-0.032 (-0.89)	-0.013 (-0.28)	-0.061 (-1.17)	-0.057 (-1.22)
Smp		1.491 * (1.77)	1.236 * (1.76)		5.391 ** (2.07)	1.543 ** (2.17)
Bmp * Smp		1.200 ** (2.42)	2.799 * (1.93)		9.163 * (1.69)	18.472 *** (1.79)
Asset			-0.068 ** (-2.21)			-0.046 ** (-2.36)
Govr			0.125 (0.50)			0.742 * (1.89)
Size			0.007 (1.41)			0.066 *** (4.19)
Demand			-0.016 * (-1.88)			-0.016 (-1.22)

解释变量	生物药品制造企业			基因工程药物和疫苗制造企业		
	模型 1 随机效应	模型 2 随机效应	模型 3 随机效应	模型 1 随机效应	模型 2 随机效应	模型 3 随机效应
$Rgdp$			0.001 (0.42)			0.005 * (1.68)
$Gprofit$			0.0002 (0.15)			0.001 (0.41)
$Capital$			0.013 * (1.79)			0.160 *** (6.18)
C	0.122 *** (9.73)	0.013 *** (9.52)	0.036 (0.14)	0.146 *** (7.58)	0.169 *** (7.97)	0.842 *** (2.13)
$Chibar2$ (p)	179.990 (0.000)	167.220 (0.000)	137.570 (0.000)	152.700 (0.000)	143.240 (0.000)	171.430 (0.000)
N	260	260	260	150	150	150

附表 5.4　　　　　　　化学制药企业工艺创新稳健性检验结果

解释变量	模型 1 随机效应	模型 2 随机效应	模型 3 随机效应
Bmp	−0.043 (−0.58)	−0.044 (−0.20)	−0.035 (−0.99)
Smp		0.357 * (1.78)	0.435 * (1.81)
$Bmp * Smp$		0.302 ** (2.43)	1.632 * (1.89)
$Asset$			−0.033 ** (−2.09)
$Govr$			0.057 (0.39)
$Size$			0.005 *** (2.71)

续表

解释变量	模型 1 随机效应	模型 2 随机效应	模型 3 随机效应
Demand			−0.001 (−0.48)
Rgdp			0.002 (1.46)
Gprofit			0.0004 (1.08)
Capital			0.021 *** (3.15)
C	0.113 *** (14.61)	0.115 *** (14.16)	0.161 (1.10)
Chibar2 (p)	822.130 (0.000)	808.790 (0.000)	786.850 (0.000)
N	830	830	830

附表 5.5　　　　　**化学制药细分企业工艺创新稳健性检验结果**

解释变量	化学药品原料药制造企业			化学药品制剂制造企业		
	模型 1 随机效应	模型 2 随机效应	模型 3 随机效应	模型 1 随机效应	模型 2 随机效应	模型 3 随机效应
Bmp	−0.040 (−1.20)	−0.040 (−0.06)	−0.035 (−1.21)	−0.028 (−1.22)	−0.034 (−1.37)	−0.004 (−0.15)
Smp		0.285 (0.52)	0.372 (0.66)		0.418 (0.79)	0.316 (0.58)
Bmp * Smp		0.090 ** (2.03)	2.126 * (1.77)		1.101 * (1.71)	0.702 ** (2.42)
Asset			−0.028 ** (−2.47)			−0.118 *** (−4.90)
Govr			0.067 (0.41)			0.201 (1.05)
Size			0.005 ** (2.30)			0.008 *** (2.91)

续表

解释变量	化学药品原料药制造企业			化学药品制剂制造企业		
	模型 1 随机效应	模型 2 随机效应	模型 3 随机效应	模型 1 随机效应	模型 2 随机效应	模型 3 随机效应
Demand			-0.0008 (-0.35)			-0.011 (-1.29)
Rgdp			0.0009 (0.47)			0.007 *** (3.12)
Gprofit			0.0006 (1.37)			0.0006 (1.00)
Capital			0.022 *** (2.93)			0.039 *** (4.90)
C	0.114 *** (12.98)	0.116 *** (12.56)	0.194 (1.16)	0.109 *** (11.08)	0.112 *** (10.84)	-0.116 (-0.61)
Chibar2 (p)	656.580 (0.000)	648.530 (0.000)	639.560 (0.000)	318.950 (0.000)	312.070 (0.000)	315.570 (0.000)
N	660	660	660	355	355	355

附表 5.6　　　　　　　中药中成药企业工艺创新稳健性检验结果

解释变量	模型 1 随机效应	模型 2 随机效应	模型 3 随机效应
Bmp	-0.009 ** (-2.50)	-0.006 ** (-2.30)	-0.015 ** (-2.35)
Smp		0.639 *** (2.87)	0.060 ** (2.08)
Bmp * Smp		2.711 (1.26)	5.109 (0.69)
Asset			-0.007 ** (-2.35)
Govr			0.377 *** (2.80)
Size			0.012 *** (3.81)

续表

解释变量	模型1 随机效应	模型2 随机效应	模型3 随机效应
Demand			-0.001 (-0.82)
Rgdp			0.0002 (0.14)
Gprofit			0.0003 ** (2.44)
Capital			0.003 ** (2.37)
C	0.091 *** (12.13)	0.094 *** (11.14)	-0.290 ** (-2.12)
Chibar2 (p)	466.850 (0.000)	449.150 (0.000)	425.980 (0.000)
N	540	540	540

附表5.7　　　中药中成药细分企业工艺创新稳健性检验结果

解释变量	中药饮片加工企业			中成药生产企业		
	模型1 随机效应	模型2 随机效应	模型3 随机效应	模型1 随机效应	模型2 随机效应	模型3 随机效应
Bmp	-0.009 ** (-2.36)	-0.016 *** (-3.16)	-0.028 * (-1.77)	-0.021 *** (-2.92)	-0.004 ** (-2.16)	-0.006 ** (-2.00)
Smp		0.614 *** (3.07)	0.350 ** (2.39)		0.523 ** (2.06)	0.131 ** (2.17)
Bmp * Smp		3.318 (1.16)	4.906 (0.90)		2.281 (0.97)	4.730 (0.21)
Asset			-0.114 ** (-2.20)			-0.037 * (-1.68)
Govr			0.167 (0.84)			0.326 * (1.79)
Size			0.015 *** (3.58)			0.011 *** (3.29)

续表

解释变量	中药饮片加工企业			中成药生产企业		
	模型1 随机效应	模型2 随机效应	模型3 随机效应	模型1 随机效应	模型2 随机效应	模型3 随机效应
Demand			-0.013 (-1.42)			-0.001 (-0.53)
Rgdp			0.003 (1.33)			-0.001 (-0.40)
Gprofit			0.004* (1.94)			0.0002** (2.22)
Capital			0.026* (1.80)			0.009** (2.11)
C	0.084*** (7.88)	0.090*** (7.12)	-0.109 (-0.54)	0.090*** (9.20)	0.093*** (8.35)	-0.233 (-1.25)
Chibar2 (p)	237.800 (0.000)	232.030 (0.000)	192.300 (0.000)	272.320 (0.000)	258.810 (0.000)	244.740 (0.000)
N	295	295	295	335	335	335

附表5.8　　**东部地区制药企业工艺创新稳健性检验结果**

解释变量	模型1 随机效应	模型2 随机效应	模型3 随机效应
Bmp	-0.013 (-0.86)	-0.012 (-0.73)	-0.002 (-0.15)
Smp		0.960* (1.76)	0.992* (1.77)
Bmp*Smp		0.013** (2.01)	2.265** (2.35)
Asset			-0.058*** (-3.58)
Govr			0.012 (0.07)
Size			0.008*** (2.91)

续表

解释变量	模型 1 随机效应	模型 2 随机效应	模型 3 随机效应
Demand			−0.004 (−1.31)
Rgdp			0.002 (1.52)
Gprofit			0.0001 *** (2.19)
Capital			0.030 *** (4.36)
C	0.123 *** (16.56)	0.127 *** (16.41)	0.102 (0.62)
Chibar2 (p)	964.890 (0.000)	954.610 (0.000)	938.240 (0.000)
N	940	940	940

附表 5.9　　　　中部地区制药企业工艺创新稳健性检验结果

解释变量	模型 1 随机效应	模型 2 随机效应	模型 3 随机效应
Bmp	−0.015 (−0.41)	−0.041 (−1.04)	−0.043 (−1.10)
Smp		1.304 (0.63)	1.631 (0.80)
Bmp * Smp		8.390 ** (2.30)	11.939 * (1.78)
Asset			−0.178 *** (−3.60)
Govr			0.189 (1.02)
Size			0.004 ** (2.38)

续表

解释变量	模型 1 随机效应	模型 2 随机效应	模型 3 随机效应
Demand			-0.002 (-0.90)
Rgdp			0.00002 (0.01)
Gprofit			0.001^{**} (2.36)
Capital			0.029^{**} (2.13)
C	0.123^{***} (10.05)	0.127^{***} (9.53)	-0.096 (-0.52)
Chibar2 (p)	273.610 (0.000)	265.020 (0.000)	217.750 (0.000)
N	300	300	300

附表 5.10　　**西部地区制药企业工艺创新稳健性检验结果**

解释变量	模型 1 随机效应	模型 2 随机效应	模型 3 随机效应
Bmp	-0.026^{**} (-2.48)	-0.058^{**} (-2.25)	-0.062^{**} (-2.45)
Smp		1.743^{***} (3.58)	3.259^{**} (2.07)
Bmp * Smp		19.957 (1.50)	24.750 (1.08)
Asset			-0.023^{**} (-1.98)
Govr			0.165 (0.93)
Size			0.003^{**} (2.39)

解释变量	模型 1 随机效应	模型 2 随机效应	模型 3 随机效应
Demand			-0.010^{**} (-2.30)
Rgdp			0.006^{***} (2.91)
Gprofit			0.0001^{**} (2.10)
Capital			0.0003^{**} (2.03)
C	0.083^{***} (8.63)	0.080^{***} (7.38)	0.229 (1.28)
Chibar2 (p)	286.540 (0.000)	270.360 (0.000)	263.540 (0.000)
N	210	210	210

附表 5.11　国有制药企业和私有制药企业工艺创新稳健性检验结果

解释变量	国有制药企业			私有制药企业		
	模型 1 随机效应	模型 2 随机效应	模型 3 随机效应	模型 1 随机效应	模型 2 随机效应	模型 3 随机效应
Bmp	-0.035 (-1.51)	-0.035 (-1.60)	-0.005 (-0.20)	-0.008^{**} (-2.33)	-0.004^{**} (-2.23)	-0.0005^{**} (-2.03)
Smp		0.420^{*} (1.84)	0.497^{**} (2.06)		1.000^{***} (2.79)	1.177^{*} (1.82)
Bmp* Smp		0.263^{**} (2.23)	1.067^{***} (2.79)		1.719 (0.50)	4.730 (1.33)
Asset			-0.051 (-1.63)			-0.026^{**} (-1.97)
Govr			0.181 (0.77)			0.060 (0.52)
Size			0.004^{**} (2.32)			0.007^{***} (3.16)

续表

解释变量	国有制药企业			私有制药企业		
	模型 1 随机效应	模型 2 随机效应	模型 3 随机效应	模型 1 随机效应	模型 2 随机效应	模型 3 随机效应
Demand			-0.015 (-1.44)			-0.0005 (-0.36)
Rgdp			0.007 *** (3.98)			0.002 (1.41)
Gprofit			0.0008 ** (2.02)			0.0005 ** (2.03)
Capital			0.028 *** (3.31)			0.018 *** (2.60)
C	0.080 *** (6.37)	0.085 *** (6.22)	-0.141 (-0.61)	0.125 *** (20.10)	0.127 *** (18.72)	0.178 (1.54)
Chibar2 (*p*)	459.890 (0.000)	458.250 (0.000)	461.520 (0.000)	1071.140 (0.000)	1044.320 (0.000)	997.830 (0.000)
N	275	275	275	1175	1175	1175

附表 5.12 大规模制药企业和小规模制药企业工艺创新稳健性检验结果

解释变量	大规模制药企业			小规模制药企业		
	模型 1 随机效应	模型 2 随机效应	模型 3 随机效应	模型 1 随机效应	模型 2 随机效应	模型 3 随机效应
Bmp	-0.011 (-0.63)	-0.006 (-0.27)	-0.008 (-0.41)	-0.013 * (-1.88)	-0.003 ** (-2.17)	-0.014 * (-1.69)
Smp		0.366 *** (2.98)	0.512 ** (2.36)		2.176 * (1.85)	1.690 ** (2.43)
Bmp * *Smp*		0.405 ** (2.37)	1.457 * (1.84)		12.754 (1.26)	15.036 (1.54)
Asset			-0.011 *** (-2.73)			-0.082 *** (-5.24)
Govr			0.097 (0.55)			0.133 (1.13)
Size			0.002 * (1.66)			0.119 *** (9.53)

续表

解释变量	大规模制药企业			小规模制药企业		
	模型 1 随机效应	模型 2 随机效应	模型 3 随机效应	模型 1 随机效应	模型 2 随机效应	模型 3 随机效应
$Demand$			-0.0004 (-0.18)			-0.0005 (-0.32)
$Rgdp$			0.003^{**} (1.96)			0.005^{***} (3.96)
$Gprofit$			0.0001^{**} (2.06)			0.0005^{**} (2.45)
$Capital$			0.012^{**} (2.37)			0.068^{***} (6.17)
C	0.076^{***} (8.98)	0.081^{***} (8.35)	-0.038 (-0.22)	0.126^{***} (19.20)	0.130^{***} (16.19)	-0.014 (-0.12)
$Chibar2$ (p)	289.670 (0.000)	284.050 (0.000)	273.500 (0.000)	1149.700 (0.000)	1105.260 (0.000)	1097.920 (0.000)
N	285	285	285	1165	1165	1165

附表5.13　　　**工艺创新能力强制药企业与工艺创新能力弱**

制药企业稳健性检验结果

解释变量	工艺创新能力强制药企业			工艺创新能力弱制药企业		
	模型 1 随机效应	模型 2 随机效应	模型 3 随机效应	模型 1 随机效应	模型 2 随机效应	模型 3 随机效应
Bmp	-0.025 (-0.86)	-0.031 (-1.04)	-0.015 (-0.50)	-0.013^{*} (-1.84)	-0.012^{**} (-2.09)	-0.009^{**} (-2.12)
Smp		2.056^{**} (2.19)	5.109^{*} (1.75)		0.296^{***} (3.28)	0.395^{*} (1.65)
Bmp^{*} Smp		6.271^{**} (2.06)	23.541^{**} (2.13)		0.031 (0.04)	0.616 (0.80)
$Asset$			-0.048^{*} (-1.86)			-0.018^{***} (-2.57)

续表

解释变量	工艺创新能力强制药企业			工艺创新能力弱制药企业		
	模型1 随机效应	模型2 随机效应	模型3 随机效应	模型1 随机效应	模型2 随机效应	模型3 随机效应
Govr			0.006 (0.04)			0.034 (0.51)
Size			0.041 *** (5.32)			0.001 (1.41)
Demand			−0.010 * (−1.84)			−0.0002 (−0.21)
Rgdp			0.004 * (1.91)			0.002 *** (2.64)
Gprofit			0.001 * (1.79)			0.0002 (0.85)
Capital			0.055 *** (2.80)			0.012 *** (4.08)
C	0.186 *** (18.50)	0.184 *** (17.44)	0.166 (0.96)	0.067 *** (21.93)	0.069 *** (21.03)	0.023 (0.34)
Chibar2 (p)	284.030 (0.000)	281.850 (0.000)	291.560 (0.000)	678.560 (0.000)	673.710 (0.000)	674.620 (0.000)
N	585	585	585	865	865	865

以实用新型专利数量衡量产品创新稳健性检验结果

附表 5.14　　　　　　　总体样本产品创新稳健性检验结果

解释变量	模型1 随机效应	模型2 固定效应	模型3 随机效应
Bmp	−0.134 (−0.80)	−0.378 (−1.06)	−0.061 (−0.29)

续表

解释变量	模型 1 随机效应	模型 2 固定效应	模型 3 随机效应
Smp		3.009 ** (2.26)	5.404 ** (2.09)
$Bmp * Smp$		10.457 ** (2.26)	35.440 * (1.72)
$Asset$			-0.260 * (-1.65)
$Govr$			1.439 (1.31)
$Size$			0.001 (0.03)
$Demand$			-0.047 * (-1.83)
$Rgdp$			0.005 (0.43)
$Gprofit$			0.0004 (0.08)
$Capital$			0.260 ** (2.15)
C	0.682 *** (6.16)	0.672 *** (4.46)	2.149 * (1.87)
$Chi2$ (p)	1.870 (0.172)	8.480 (0.037)	13.710 (0.186)
$Chibar2$ (p)	843.970 (0.000)		836.680 (0.000)
N	1450	1450	1450

附表5.15　　　　　　**生物制药企业产品创新稳健性检验结果**

解释变量	模型 1 随机效应	模型 2 固定效应	模型 3 固定效应
Bmp	−0.482 (−1.48)	−1.164 (−1.62)	−1.158 (−1.46)
Smp		2.854 *** (3.13)	3.261 ** (2.13)
Bmp * Smp		59.136 *** (2.90)	65.599 ** (2.07)
Asset			−0.149 ** (−2.28)
Govr			4.324 (0.77)
Size			0.061 (0.42)
Demand			−0.045 (−0.33)
Rgdp			0.020 * (1.69)
Gprofit			0.005 ** (2.18)
Capital			0.633 * (1.69)
C	0.514 ** (2.49)	0.471 * (1.72)	4.946 (0.87)
Chi2 (p)	0.510 (0.474)	13.200 (0.004)	24.360 (0.007)
Chibar2 (p)	224.510 (0.000)		
N	410	410	410

附表 5.16　　　　生物制药细分企业产品创新稳健性检验结果

解释变量	生物药品制造企业			基因工程药物和疫苗制造企业		
	模型 1 随机效应	模型 2 固定效应	模型 3 固定效应	模型 1 随机效应	模型 2 随机效应	模型 3 随机效应
Bmp	-0.184 (-0.39)	-0.980 (-0.60)	-1.120 (-1.57)	-0.748 (-0.83)	-0.718 (-0.68)	-1.436 (-1.13)
Smp		2.506 ** (2.05)	8.094 ** (2.15)		6.382 *** (3.06)	21.317 *** (3.13)
Bmp * Smp		62.053 * (1.66)	78.783 *** (2.87)		6.673 ** (2.01)	62.842 *** (3.06)
Asset			-1.351 ** (-2.04)			-0.542 * (-1.77)
Govr			6.827 (1.05)			2.208 (0.53)
Size			0.059 * (1.74)			0.213 *** (2.76)
Demand			-0.073 (-0.31)			-0.086 (-0.16)
Rgdp			0.055 ** (2.17)			0.027 * (1.72)
Gprofit			0.007 (0.26)			0.028 (0.27)
Capital			0.228 ** (2.36)			1.505 * (1.86)
C	0.742 *** (3.06)	0.719 ** (2.06)	7.496 (1.11)	0.229 (0.88)	0.255 (1.01)	3.030 (0.68)
Chi2 (p)	0.430 (0.512)	14.650 (0.002)	21.900 (0.016)	0.540 (0.462)	0.810 (0.848)	10.480 (0.399)
Chibar2 (p)	176.340 (0.000)			18.080 (0.000)	17.950 (0.000)	18.920 (0.000)
N	260	260	260	150	150	150

附表5.17　　　　　　**化学制药企业产品创新稳健性检验结果**

解释变量	模型 1 随机效应	模型 2 随机效应	模型 3 随机效应
Bmp	−0.032 (−0.13)	−0.274 (−1.00)	−0.227 (−0.79)
Smp		12.731 ** (2.42)	12.737 ** (2.27)
Bmp * Smp		54.128 * (1.94)	53.223 *** (3.55)
Asset			−0.376 ** (−2.16)
Govr			4.590 *** (2.59)
Size			0.011 (0.26)
Demand			−0.041 ** (−2.03)
Rgdp			0.001 (0.06)
Gprofit			0.00003 ** (2.01)
Capital			0.155 *** (2.83)
C	0.864 *** (5.65)	0.917 *** (5.65)	5.568 *** (3.04)
Chi2 (p)	0.230 (0.630)	5.230 (0.156)	8.020 (0.627)
Chibar2 (p)	635.990 (0.000)	630.490 (0.000)	632.390 (0.000)
N	830	830	830

附表 5.18　　　　　化学制药细分企业产品创新稳健性检验结果

解释变量	化学药品原料药制造企业			化学药品制剂制造企业		
	模型 1 随机效应	模型 2 随机效应	模型 3 随机效应	模型 1 随机效应	模型 2 随机效应	模型 3 随机效应
Bmp	-0.084 (-0.36)	-0.160 (-0.71)	-0.081 (-0.31)	-0.080 (-0.17)	-0.257 (-0.51)	-0.064 (-0.12)
Smp		10.640^* (1.78)	7.728^* (1.84)		9.275^{**} (2.15)	15.120^* (1.71)
Bmp^*Smp		51.980^{**} (2.45)	55.162^{**} (2.26)		49.882^{***} (2.96)	16.138^* (1.76)
$Asset$			-0.215^{**} (-2.06)			-1.200^* (-1.93)
$Govr$			2.827^* (1.71)			10.338^{***} (3.63)
$Size$			0.024 (0.36)			0.150^{**} (2.13)
$Demand$			-0.055 (-0.93)			-0.070 (-0.26)
$Rgdp$			0.004 (0.24)			0.013 (0.42)
$Gprofit$			0.0007^{**} (2.10)			0.009^{**} (2.04)
$Capital$			0.212^* (1.83)			0.206^{***} (2.99)
C	0.812^{***} (5.00)	0.855^{***} (4.95)	3.794^{**} (2.32)	0.885^{***} (4.13)	0.951^{***} (3.89)	11.166^{***} (3.70)
$Chi2$ (p)	0.170 (0.679)	4.020 (0.260)	9.520 (0.391)	0.320 (0.573)	1.680 (0.641)	13.620 (0.191)
$Chibar2$ (p)	483.290 (0.000)	476.930 (0.000)	479.300 (0.000)	223.930 (0.000)	223.020 (0.000)	228.890 (0.000)
N	660	660	660	355	355	355

附表5.19　　　　　　　**中药中成药企业产品创新稳健性检验结果**

解释变量	模型1 随机效应	模型2 固定效应	模型3 固定效应
Bmp	−0.561* (−1.79)	−1.120* (−1.93)	−1.056* (−1.66)
Smp		7.088*** (2.32)	3.881** (2.19)
Bmp*Smp		56.827 (0.84)	58.674 (0.96)
Asset			−0.431** (−2.16)
Govr			1.230 (0.27)
Size			0.011*** (2.08)
Demand			−0.030 (−0.26)
Rgdp			0.065 (1.08)
Gprofit			0.00004** (2.00)
Capital			0.070** (2.07)
C	0.390** (2.42)	0.306 (1.45)	1.122 (0.25)
Chi2 (p)	0.680 (0.410)	14.000 (0.003)	16.600 (0.084)
Chibar2 (p)	103.490 (0.000)		
N	540	540	540

附表5.20　　　　　　中药中成药细分企业产品创新稳健性检验结果

解释变量	中药饮片加工企业			中成药生产企业		
	模型1 随机效应	模型2 随机效应	模型3 随机效应	模型1 随机效应	模型2 固定效应	模型3 固定效应
Bmp	-0.342** (-2.37)	-0.238** (-2.32)	-0.222* (-1.72)	-1.031** (-2.22)	-1.831*** (-2.71)	-1.733** (-2.40)
Smp		8.603*** (2.76)	5.681** (2.21)		15.857*** (3.48)	2.359** (2.05)
Bmp* Smp		13.375 (0.13)	21.026 (0.16)		87.873 (1.03)	94.663 (0.64)
Asset			-0.533* (-1.70)			-0.495*** (-2.61)
Govr			0.345 (0.10)			10.494* (1.82)
Size			0.042 (0.26)			0.065 (0.31)
Demand			-0.282** (-2.00)			-0.009* (-1.76)
Rgdp			0.024 (0.63)			0.087** (2.28)
Gprofit			0.009** (2.10)			0.004* (1.79)
Capital			0.105* (1.81)			0.063* (1.71)
C	0.402* (1.68)	0.454* (1.78)	-0.150 (-0.04)	0.371* (1.78)	0.259 (1.03)	10.495* (1.79)
Chi2 (p)	0.070 (0.788)	2.600 (0.458)	6.880 (0.737)	0.040 (0.850)	21.300 (0.000)	26.690 (0.003)
Chibar2 (p)	66.510 (0.000)	64.260 (0.000)	65.220 (0.000)	32.690 (0.000)		
N	295	295	295	335	335	335

附表 5.21　　　东部地区制药企业产品创新稳健性检验结果

解释变量	模型 1 随机效应	模型 2 固定效应	模型 3 随机效应
Bmp	−0.017 (−0.06)	−0.221 (−0.46)	−0.090 (−0.29)
Smp		6.487 ** (2.29)	9.866 *** (2.91)
Bmp * Smp		5.318 ** (2.16)	35.385 *** (2.98)
Asset			−0.129 ** (−2.09)
Govr			0.154 (0.08)
Size			0.041 ** (2.06)
Demand			−0.042 (−1.06)
Rgdp			0.007 ** (2.30)
Gprofit			0.002 ** (2.17)
Capital			0.169 * (1.72)
C	0.758 *** (4.90)	0.757 *** (3.76)	0.999 (0.54)
Chi2 (p)	1.900 (0.168)	6.390 (0.094)	10.500 (0.398)
Chibar2 (p)	446.270 (0.000)		433.530 (0.000)
N	940	940	940

附表 5.22　　　　中部地区制药企业产品创新稳健性检验结果

解释变量	模型 1 随机效应	模型 2 随机效应	模型 3 随机效应
Bmp	-0.193 (-0.34)	-0.089 (-0.13)	-0.151 (-0.18)
Smp		28.251*** (2.90)	14.814** (2.36)
Bmp*Smp		120.148* (1.80)	53.192** (2.23)
Asset			-0.997** (-2.38)
Govr			3.304* (1.65)
Size			0.012 (0.07)
Demand			-0.040 (-0.87)
Rgdp			0.053** (2.14)
Gprofit			0.0004** (2.03)
Capital			0.144** (2.30)
C	0.593*** (2.66)	0.536** (2.14)	3.614 (1.64)
Chi2 (p)	0.030 (0.867)	0.360 (0.948)	6.110 (0.635)
Chibar2 (p)	176.180 (0.000)	176.600 (0.000)	177.650 (0.000)
N	300	300	300

附表5.23　　　　西部地区制药企业产品创新稳健性检验结果

解释变量	模型 1 随机效应	模型 2 随机效应	模型 3 随机效应
Bmp	-1.097 * (-1.73)	-1.400 ** (-2.33)	-1.541 * (-1.76)
Smp		66.804 (1.00)	68.938 (0.67)
Bmp * Smp		108.766 (0.40)	87.064 (0.19)
Asset			-0.544 ** (-2.26)
Govr			2.678 ** (2.06)
Size			0.069 (0.35)
Demand			-0.326 *** (-2.83)
Rgdp			0.012 * (1.83)
Gprofit			0.030 * (1.72)
Capital			0.943 ** (2.22)
C	0.469 * (1.90)	0.281 (0.89)	-2.165 (-0.51)
Chi2 (p)	0.010 (0.912)	1.540 (0.673)	9.600 (0.384)
Chibar2 (p)	193.610 (0.000)	190.690 (0.000)	189.000 (0.000)
N	210	210	210

附表 5.24　国有制药企业和私有制药企业产品创新稳健性检验结果

解释变量	国有制药企业			私有制药企业		
	模型 1 随机效应	模型 2 随机效应	模型 3 随机效应	模型 1 随机效应	模型 2 固定效应	模型 3 固定效应
Bmp	−0.807 (−1.08)	−0.385 (−0.60)	−0.782 (−0.99)	−0.053** (−2.26)	−0.465* (−1.71)	−0.484* (−1.75)
Smp		6.733*** (3.43)	3.648** (2.18)		13.699** (2.47)	14.944** (2.44)
Bmp* Smp		47.824*** (2.96)	41.916* (1.78)		91.572 (1.07)	90.783 (0.91)
Asset			−0.397* (−1.76)			−0.124** (−2.27)
Govr			3.030 (0.74)			4.047 (1.40)
Size			0.015** (2.08)			0.007** (2.09)
Demand			−0.965** (−2.01)			−0.033 (−1.01)
Rgdp			0.002 (0.06)			0.021*** (2.76)
Gprofit			0.0009 (0.01)			0.002 (0.23)
Capital			0.331*** (2.86)			0.220* (1.83)
C	0.448* (1.80)	0.518* (1.77)	−2.648 (−0.65)	0.737*** (7.61)	0.672*** (5.66)	4.709 (1.59)
Chi2 (p)	0.000 (0.961)	0.820 (0.844)	9.280 (0.412)	2.210 (0.138)	12.900 (0.005)	17.160 (0.046)

续表

解释变量	国有制药企业			私有制药企业		
	模型 1 随机效应	模型 2 随机效应	模型 3 随机效应	模型 1 随机效应	模型 2 固定效应	模型 3 固定效应
Chibar2 (p)	213.830 (0.000)	212.860 (0.000)	215.390 (0.000)	604.880 (0.000)		
N	275	275	275	1175	1175	1175

附表 5.25　大规模制药企业和小规模制药企业产品创新稳健性检验结果

解释变量	大规模制药企业			小规模制药企业		
	模型 1 随机效应	模型 2 随机效应	模型 3 随机效应	模型 1 固定效应	模型 2 固定效应	模型 3 固定效应
Bmp	−0.172 (−0.45)	−0.361 (−0.59)	−0.108 (−0.15)	−0.445 ** (−2.06)	−1.140 * (−1.78)	−1.189 * (−1.86)
Smp		11.428 * (1.87)	7.235 ** (2.24)		169.660 * (1.66)	186.734 * (1.67)
Bmp * Smp		49.417 ** (2.11)	44.056 * (1.87)		472.776 (1.30)	526.097 (1.43)
Asset			−0.024 ** (−2.04)			−0.365 ** (−2.28)
Govr			2.881 (0.78)			2.380 (0.71)
Size			0.004 ** (2.06)			0.155 (0.52)
Demand			−0.036 (−0.14)			−0.025 (−0.75)
Rgdp			0.047 ** (2.00)			0.052 ** (2.36)
Gprofit			0.029 * (1.77)			0.0003 ** (2.05)

续表

解释变量	大规模制药企业			小规模制药企业		
	模型1 随机效应	模型2 随机效应	模型3 随机效应	模型1 固定效应	模型2 固定效应	模型3 固定效应
Capital			0.183 *** (2.95)			0.376 ** (2.40)
C	0.429 * (1.83)	0.548 ** (1.98)	3.824 (1.09)	0.712 *** (4.39)	0.486 ** (2.39)	2.627 (0.77)
Chi2 (*p*)	0.000 (0.968)	1.620 (0.655)	7.950 (0.633)	3.850 (0.050)	10.24 (0.017)	13.890 (0.085)
Chibar2 (*p*)	230.760 (0.000)	228.660 (0.000)	228.370 (0.000)			
N	285	285	285	1165	1165	1165

附表5.26　　**产品创新能力强制药企业与产品创新**

能力弱制药企业稳健性检验结果

解释变量	产品创新能力强制药企业			产品创新能力弱制药企业		
	模型1 随机效应	模型2 随机效应	模型3 随机效应	模型1 随机效应	模型2 随机效应	模型3 随机效应
Bmp	−0.329 (−0.61)	−0.039 (−0.07)	−0.525 (−0.79)	−0.031 ** (−2.19)	−0.067 * (−1.73)	−0.108 ** (−2.15)
Smp		10.488 ** (2.37)	1.305 ** (2.03)		1.278 ** (2.14)	2.862 * (1.70)
Bmp * *Smp*		35.253 * (1.77)	14.583 ** (2.19)		22.382 (0.67)	30.130 (0.73)
Asset			−0.478 *** (−2.95)			−0.058 * (−1.75)
Govr			0.962 (0.28)			0.633 (0.67)
Size			0.062 * (1.74)			0.020 (0.49)

解释变量	产品创新能力强制药企业			产品创新能力弱制药企业		
	模型 1 随机效应	模型 2 随机效应	模型 3 随机效应	模型 1 随机效应	模型 2 随机效应	模型 3 随机效应
Demand			-0.050 (-0.30)			-0.052 (-1.20)
Rgdp			0.045^* (1.72)			0.002^{**} (2.17)
Gprofit			0.036 (0.37)			0.001^* (1.76)
Capital			0.666^{**} (2.36)			0.083^{***} (2.74)
C	0.780^{***} (2.80)	0.861^{***} (2.71)	-0.438 (-0.12)	0.661^{***} (7.36)	0.671^{***} (7.21)	1.323 (1.33)
Chi2 (p)	1.890 (0.169)	2.930 (0.403)	9.730 (0.465)	0.94 (0.333)	3.060 (0.383)	7.680 (0.567)
Chibar2 (p)	216.450 (0.000)	216.870 (0.000)	222.990 (0.000)	6.970 (0.004)	6.940 (0.004)	5.990 (0.007)
N	280	280	280	1170	1170	1170

以外观设计专利数量衡量产品创新稳健性检验结果

附表 5.27　　　　　　　　总体样本产品创新稳健性检验结果

解释变量	模型 1 随机效应	模型 2 随机效应	模型 3 随机效应
Bmp	-0.046 (-0.28)	-0.016 (-0.08)	-0.010 (-0.05)
Smp		8.826^{***} (2.65)	12.216^{***} (2.78)
Bmp * Smp		19.400^{**} (2.49)	5.064^{**} (2.14)

解释变量	模型 1 随机效应	模型 2 随机效应	模型 3 随机效应
Asset			-0.022 ** (-2.11)
Govr			0.471 (0.34)
Size			0.052 * (1.88)
Demand			-0.008 ** (-2.38)
Rgdp			0.015 (1.28)
Gprofit			0.012 ** (2.10)
Capital			0.026 ** (2.28)
C	0.755 *** (6.87)	0.727 *** (6.16)	1.332 (0.93)
Chi2 (p)	0.000 (0.993)	0.950 (0.814)	4.900 (0.843)
Chibar2 (p)	359.190 (0.000)	353.470 (0.000)	351.420 (0.000)
N	1450	1450	1450

附表 5.28　　　　**生物制药企业产品创新稳健性检验结果**

解释变量	模型 1 随机效应	模型 2 随机效应	模型 3 固定效应
Bmp	-0.071 (-0.28)	-0.016 (-0.07)	-0.236 (-0.41)

续表

解释变量	模型 1 随机效应	模型 2 随机效应	模型 3 固定效应
Smp		11. 540 *** (2. 95)	17. 535 *** (2. 75)
$Bmp * Smp$		16. 967 ** (2. 34)	42. 476 *** (2. 62)
$Asset$			− 0. 285 ** (− 2. 32)
$Govr$			3. 804 (0. 69)
$Size$			0. 106 * (1. 75)
$Demand$			− 0. 116 * (− 1. 78)
$Rgdp$			0. 070 (1. 41)
$Gprofit$			0. 033 ** (2. 08)
$Capital$			0. 121 ** (2. 38)
C	0. 857 *** (4. 21)	0. 913 *** (4. 27)	4. 528 (0. 81)
$Chi2$ (p)	0. 030 (0. 871)	1. 180 (0. 759)	15. 250 (0. 084)
$Chibar2$ (p)	105. 140 (0. 000)	104. 850 (0. 000)	
N	410	410	410

附表 5.29　　　　生物制药细分企业产品创新稳健性检验结果

解释变量	生物药品制造企业			基因工程药物和疫苗制造企业		
	模型 1 随机效应	模型 2 随机效应	模型 3 固定效应	模型 1 随机效应	模型 2 随机效应	模型 3 随机效应
Bmp	−0.030 (−0.07)	−0.001 (−0.01)	−0.352 (−1.49)	−0.279 (−0.48)	−0.068 (−0.09)	−0.273 (−1.31)
Smp		8.819 ** (2.36)	7.102 ** (2.11)		14.260 * (1.75)	6.710 * (1.77)
Bmp * Smp		5.454 * (1.68)	31.392 ** (2.29)		111.250 ** (2.21)	185.109 *** (3.34)
$Asset$			−0.323 ** (−2.30)			−0.966 * (−1.74)
$Govr$			5.618 (1.00)			0.916 (0.25)
$Size$			0.061 * (1.74)			0.431 ** (2.00)
$Demand$			−0.038 (−0.30)			−0.477 (−0.97)
$Rgdp$			0.206 ** (2.26)			0.004 ** (2.10)
$Gprofit$			0.023 (0.74)			0.114 * (1.76)
$Capital$			0.507 *** (2.95)			0.427 ** (2.01)
C	0.765 *** (3.27)	0.813 *** (3.24)	5.436 (0.92)	0.983 *** (3.24)	1.052 *** (3.30)	2.260 (0.61)
$Chi2$ (p)	0.820 (0.364)	1.790 (0.618)	18.970 (0.041)	1.480 (0.224)	2.630 (0.453)	3.280 (0.974)
$Chibar2$ (p)	62.620 (0.000)	61.630 (0.000)		39.050 (0.000)	38.700 (0.000)	40.090 (0.000)
N	260	260	260	150	150	150

附表5.30 　　　　　　　　　化学制药企业产品创新稳健性检验结果

解释变量	模型 1 随机效应	模型 2 随机效应	模型 3 随机效应
Bmp	-0.249 (-1.00)	-0.339 (-0.99)	-0.442 (-1.25)
Smp		9.760^{***} (2.69)	14.060^{***} (2.91)
Bmp * Smp		22.045^{**} (2.45)	5.636^{**} (2.12)
Asset			-0.184^{*} (-1.75)
Govr			0.538^{**} (2.33)
Size			0.053 (0.82)
Demand			-0.013^{**} (-2.40)
Rgdp			0.037^{**} (2.32)
Gprofit			0.013^{**} (2.27)
Capital			0.068^{*} (1.74)
C	0.729^{***} (4.52)	0.690^{***} (3.96)	0.395 (0.23)
Chi2 (p)	0.000 (0.952)	0.580 (0.901)	1.190 (0.999)
Chibar2 (p)	256.290 (0.000)	251.840 (0.000)	248.490 (0.000)
N	830	830	830

附表 5.31　　　　　　化学制药细分企业产品创新稳健性检验结果

解释变量	化学药品原料药制造企业			化学药品制剂制造企业		
	模型 1 随机效应	模型 2 随机效应	模型 3 随机效应	模型 1 随机效应	模型 2 随机效应	模型 3 固定效应
Bmp	-0.181 (-0.68)	-0.295 (-1.08)	-0.320 (-1.18)	-0.096 (-0.22)	-0.134 (-0.30)	-0.073 (-0.12)
Smp		10.773^{*} (1.71)	14.400^{*} (1.80)		19.294^{**} (2.17)	28.855^{*} (1.77)
Bmp^{*} Smp		26.303^{**} (1.79)	2.888^{**} (2.06)		42.028^{***} (2.96)	16.434^{**} (2.21)
$Asset$			-0.254^{*} (-1.79)			-0.017^{**} (-2.03)
$Govr$			0.014^{**} (2.01)			3.881 (0.60)
$Size$			0.068 (0.89)			0.099^{**} (2.07)
$Demand$			-0.018 (-0.33)			-0.026 (-0.11)
$Rgdp$			0.028 (1.48)			0.016^{*} (1.77)
$Gprofit$			0.012^{***} (2.80)			0.017^{***} (2.93)
$Capital$			0.039^{***} (2.88)			0.084^{**} (2.33)
C	0.796^{***} (4.42)	0.753^{***} (4.01)	0.926 (0.42)	0.855^{***} (5.73)	0.745^{***} (4.86)	4.764 (0.74)
$Chi2$ (p)	0.020 (0.875)	0.310 (0.958)	2.240 (0.987)	0.010 (0.970)	0.670 (0.881)	27.280 (0.002)
$Chibar2$ (p)	202.800 (0.000)	199.020 (0.000)	195.980 (0.000)	92.940 (0.000)	81.670 (0.000)	
N	660	660	660	355	355	355

附表 5.32　　　　中药中成药企业产品创新稳健性检验结果

解释变量	模型 1 随机效应	模型 2 随机效应	模型 3 随机效应
Bmp	- 0.567 * (- 1.91)	- 0.736 ** (- 2.20)	- 0.744 ** (- 2.19)
Smp		12.799 *** (2.97)	19.486 ** (2.08)
Bmp * Smp		30.223 (0.78)	5.898 (0.12)
Asset			- 0.214 ** (- 2.44)
Govr			2.906 ** (1.98)
Size			0.088 *** (2.69)
Demand			- 0.010 (- 0.15)
Rgdp			0.0006 (0.05)
Gprofit			0.029 ** (2.25)
Capital			0.108 * (1.82)
C	0.692 *** (5.40)	0.761 *** (5.83)	3.753 ** (2.54)
Chi2 (p)	2.350 (0.125)	3.210 (0.360)	6.240 (0.795)
Chibar2 (p)	104.800 (0.000)	105.140 (0.000)	100.820 (0.000)
N	540	540	540

附表 5.33　　　　　中药中成药细分企业产品创新稳健性检验结果

解释变量	中药饮片加工企业			中成药生产企业		
	模型1 随机效应	模型2 随机效应	模型3 随机效应	模型1 随机效应	模型2 随机效应	模型3 随机效应
Bmp	−0.294* (−1.66)	−0.872** (−2.03)	−0.857* (−1.68)	−0.434* (−1.75)	−0.673** (2.00)	−0.778* (−1.65)
Smp		18.759** (2.00)	41.546** (2.42)		15.416** (2.16)	26.031** (2.40)
Bmp* Smp		83.105 (1.35)	65.831 (1.08)		33.243 (0.67)	2.519 (0.04)
Asset			−0.873** (−2.02)			−0.165** (−2.36)
Govr			2.099** (2.00)			4.298* (1.70)
Size			0.217 (1.46)			0.130 (0.89)
Demand			−1.112* (−1.73)			−0.007** (−2.08)
Rgdp			0.001 (0.05)			0.013** (2.26)
Gprofit			0.006** (2.12)			0.044* (1.75)
Capital			0.367** (2.26)			0.047** (2.24)
C	0.492** (2.43)	0.630*** (2.98)	2.848 (1.33)	0.705*** (3.32)	0.814*** (3.89)	5.138* (1.90)
Chi2 (p)	1.510 (0.219)	2.600 (0.458)	9.670 (0.470)	1.410 (0.235)	2.140 (0.543)	6.190 (0.721)
Chibar2 (p)	66.030 (0.000)	64.050 (0.000)	60.040 (0.000)	38.370 (0.000)	38.230 (0.000)	34.780 (0.000)
N	295	295	295	335	335	335

附表 5.34　　东部地区制药企业产品创新稳健性检验结果

解释变量	模型 1 随机效应	模型 2 随机效应	模型 3 随机效应
Bmp	-0.137 (-0.58)	-0.062 (-0.23)	-0.105 (-0.41)
Smp		9.374^{***} (2.66)	14.072^{***} (2.92)
Bmp^*Smp		19.677^{**} (2.39)	7.878^{**} (2.17)
$Asset$			-0.016^{**} (-2.05)
$Govr$			0.195 (0.11)
$Size$			0.095^{**} (2.12)
$Demand$			-0.027 (-0.69)
$Rgdp$			0.014^{***} (2.73)
$Gprofit$			0.009^{**} (2.15)
$Capital$			0.036^{*} (1.82)
C	0.766^{***} (6.63)	0.733^{***} (5.96)	0.677 (0.37)
$Chi2$ (p)	0.290 (0.593)	0.510 (0.916)	9.680 (0.469)
$Chibar2$ (p)	264.170 (0.000)	259.670 (0.000)	254.500 (0.000)
N	940	940	940

附表 5.35　　　　　中部地区制药企业产品创新稳健性检验结果

解释变量	模型 1 随机效应	模型 2 随机效应	模型 3 随机效应
Bmp	−0.897 (−0.78)	−0.810 (−1.60)	−0.962 (−1.63)
Smp		23.272 ** (2.18)	28.033 * (1.80)
Bmp * Smp		50.139 ** (2.34)	99.849 ** (2.35)
Asset			−0.997 *** (−2.98)
Govr			0.881 ** (2.04)
Size			0.053 (0.42)
Demand			−0.002 (−0.08)
Rgdp			0.025 ** (2.30)
Gprofit			0.015 ** (2.00)
Capital			0.075 ** (2.18)
C	0.772 *** (3.41)	0.829 ** (3.52)	2.092 (0.92)
Chi2 (p)	0.000 (0.947)	4.210 (0.239)	4.820 (0.850)
Chibar2 (p)	66.830 (0.000)	67.130 (0.000)	67.080 (0.000)
N	300	300	300

附表 5.36　　　　西部地区制药企业产品创新稳健性检验结果

解释变量	模型 1 固定效应	模型 2 随机效应	模型 3 固定效应
Bmp	− 0. 458 *** (− 2. 83)	− 0. 121 ** (− 2. 19)	− 0. 207 ** (− 2. 15)
Smp		64. 950 (1. 09)	40. 628 (0. 18)
Bmp * Smp		24. 284 (0. 07)	257. 127 (0. 28)
Asset			− 0. 101 ** (− 2. 12)
Govr			15. 585 * (1. 72)
Size			0. 160 (0. 35)
Demand			− 0. 106 ** (− 2. 28)
Rgdp			0. 084 ** (2. 21)
Gprofit			0. 011 * (1. 82)
Capital			0. 153 ** (2. 28)
C	0. 421 (1. 56)	0. 477 * (1. 69)	16. 140 * (1. 74)
Chi2 (p)	4. 040 (0. 045)	4. 660 (0. 198)	16. 420 (0. 037)
Chibar2 (p)		23. 800 (0. 000)	
N	210	210	210

附表5.37 国有制药企业和私有制药企业产品创新稳健性检验结果

解释变量	国有制药企业			私有制药企业		
	模型1 随机效应	模型2 随机效应	模型3 随机效应	模型1 随机效应	模型2 随机效应	模型3 随机效应
Bmp	-0.561 (-1.14)	-0.457 (-0.56)	-1.221 (-1.21)	-0.038* (-1.81)	-0.090** (-2.39)	-0.108** (-2.46)
Smp		6.796** (2.26)	15.057** (2.42)		2.122** (2.13)	2.793* (1.71)
Bmp* Smp		9.750** (2.11)	85.004** (1.96)		25.970 (0.54)	24.016 (0.46)
Asset			-1.344** (-1.99)			-0.138*** (-2.66)
Govr			1.429 (0.40)			0.144 (0.11)
Size			0.286** (2.04)			0.002* (1.74)
Demand			-0.565** (-2.22)			-0.004 (-0.12)
Rgdp			0.008 (0.46)			0.021** (2.09)
Gprofit			0.015 (0.63)			0.011* (1.74)
Capital			0.468* (1.73)			0.008* (1.78)
C	1.199*** (4.95)	1.131*** (3.59)	3.076 (0.87)	0.666*** (6.95)	0.662*** (6.15)	0.625 (0.48)
Chi2 (p)	0.250 (0.619)	1.770 (0.621)	11.580 (0.238)	0.100 (0.753)	6.020 (0.111)	8.960 (0.441)
Chibar2 (p)	148.600 (0.000)	142.290 (0.000)	141.280 (0.000)	185.940 (0.000)	184.740 (0.000)	180.220 (0.000)
N	275	275	275	1175	1175	1175

附表5.38 大规模制药企业和小规模制药企业产品创新稳健性检验结果

解释变量	大规模制药企业			小规模制药企业		
	模型1 随机效应	模型2 随机效应	模型3 随机效应	模型1 随机效应	模型2 固定效应	模型3 固定效应
Bmp	-0.125 (-0.28)	-0.399 (-0.66)	-0.399 (-0.59)	-0.064** (-2.31)	-0.133** (-2.33)	-0.155** (-2.38)
Smp		10.034* (1.75)	13.154* (1.73)		11.819* (1.65)	20.661** (2.26)
Bmp* Smp		26.211** (2.42)	6.184** (2.12)		41.409 (0.16)	92.323 (0.36)
Asset			-0.310*** (-2.77)			-0.613** (-2.12)
Govr			1.149 (0.31)			1.221 (0.52)
Size			0.053** (2.02)			0.576* (1.73)
Demand			-0.013 (-0.05)			-0.004 (-0.05)
Rgdp			0.032* (1.89)			0.040** (2.26)
Gprofit			0.001** (2.03)			0.015*** (4.22)
Capital			0.067*** (2.40)			0.156*** (2.62)
C	0.792*** (3.60)	0.690*** (2.59)	2.118 (0.58)	0.742*** (6.17)	0.788** (4.52)	2.009 (0.85)
Chi2 (p)	1.330 (0.249)	2.220 (0.529)	6.250 (0.794)	0.370 (0.544)	9.880 (0.020)	15.080 (0.058)
Chibar2 (p)	130.890 (0.000)	129.330 (0.000)	129.270 (0.000)	202.530 (0.000)		
N	285	285	285	1165	1165	1165

附表5.39　　　　产品创新能力强制药企业与产品创新能力
弱制药企业稳健性检验结果

解释变量	产品创新能力强制药企业			产品创新能力弱制药企业		
	模型 1 随机效应	模型 2 随机效应	模型 3 随机效应	模型 1 随机效应	模型 2 随机效应	模型 3 随机效应
Bmp	−0.098 （−0.31）	−0.016 （−0.05）	−0.025 （−0.07）	−0.066 * （−1.83）	−0.056 ** （−2.27）	−0.091 ** （−2.46）
Smp		12.827 *** （2.71）	13.473 *** （3.55）		5.679 *** （3.64）	1.423 ** （2.10）
Bmp * Smp		27.920 *** （2.66）	11.287 ** （2.21）		3.728 （0.89）	8.886 （0.19）
$Asset$			−0.190 *** （−2.74）			−0.194 *** （−2.79）
$Govr$			2.156 （1.16）			0.739 *** （2.99）
$Size$			0.039 * （1.72）			0.038 （1.30）
$Demand$			−0.006 （−0.18）			−0.003 （−0.12）
$Rgdp$			0.010 （0.61）			0.018 * （1.92）
$Gprofit$			0.031 （0.89）			0.010 * （1.76）
$Capital$			0.039 *** （3.34）			0.040 ** （2.42）
C	0.762 *** （4.60）	0.719 *** （4.18）	3.008 （1.59）	0.805 *** （8.88）	2.888 *** （10.17）	0.234 （0.29）
$Chi2$ （p）	0.100 （0.752）	0.910 （0.824）	2.370 （0.993）	0.270 （0.604）	2.780 （0.423）	8.030 （0.531）
$Chibar2$ （p）	75.470 （0.000）	72.860 （0.000）	72.850 （0.000）	36.780 （0.000）	32.280 （0.000）	35.250 （0.000）
N	440	440	440	1010	1010	1010

后　记

　　本书来源于笔者的东北大学博士学位论文《买方势力对供应商影响的实证研究——以中国上市制药企业为例》，其中部分内容曾以期刊论文《买方势力空间溢出效应研究——基于空间杜宾模型》《买方势力与资产专用性对中国制药业技术创新影响的实证》《买方势力对医药产业利润的空间溢出效应》等发表。

　　本书在博士学位论文的基础上对产业组织领域持续深入探索、认真修改完善后出版。感谢中国社会科学出版社编辑部田文老师的大力帮助，中国社会科学院外审专家的宝贵意见，博士生导师李凯教授对博士学位论文的指导，爱人和女儿对我的鼓励与支持，这些均成为笔者完成这本书源源不断的动力，在此一并表示感谢。

丁正良

于中共黑龙江省委党校（黑龙江省行政学院）

2024 年 5 月 1 日